U0145428

人類行動與實踐智慧

楊國榮◎著

五南圖書出版股份有限公司

自序

　　本書的論域屬寬泛意義上的實踐哲學。以人的行動和實踐為指向，實踐哲學本身可以展開為兩種路向。其一，基於不同實踐領域，對實踐活動做多樣的考察。道德哲學、政治哲學、法律哲學等等，在相當程度上體現了這一進路。其二，跨越特定的實踐領域，對行動、實踐做元理論層面的（meta-theoretical）研究，關於何為「行」、如何「行」以及實踐理性、實踐智慧等問題的思與辨，便與此相關。本書的研究大致可歸入後者，而其中所涉及的內容又與我前此的思考具有理論上的關聯。在數年前出版的《成己與成物──意義世界的生成》一書中，我以成己與成物為視域，對意義及意義世界做了若干考察。就其內涵而言，成己與成物以人自身的完成與世界的變革為題中之義，無論是人自身的提升（成己），抑或本來存在向人化世界的轉換（成物），都既涉及知，亦關乎行（實踐），從成己與成物的角度理解意義世界的生成，相應地也離不開實踐之維。就此而言，本書對行動和實踐的研究，可以視為我前此工作的延續。

　　在中國哲學中，「做人」、「為人」與「做事」、「行事」無法相分。從哲學的層面看，「做人」、「為人」並不僅僅是日常生活中的待人接物，其更深沉的涵義在於成就人自身。「人」並非一開始即取得人之為人的形態，所謂「做人」、「為人」，也就是透過「做」、「為」──廣義的實踐活動，使人成為真正的人。在此意義上，「成己」與「做人」具有一致性。同樣，「做事」、「行事」也並不限於日常之舉，其所涉之域包括「贊天地之化育」、「制天命而用之」，後者在實質上展開為一個化「天之天」為「人之天」（成物）的過程。就此而言，「成物」與「做事」也具有相通性。「成己」與「做人」、「成物」與「做事」的以上關

聯，同時使成己與成物的考察邏輯地引向實踐哲學的研究。

　　成己與成物以意義世界的生成爲實質的內容，關於意義世界的研究，在更廣的層面又與形上之思相涉，事實上，《成己與成物——意義世界的生成》本身便構成了「具體形上學」的內容之一。[1]與之相聯繫，由考察意義世界進而關注實踐哲學，同時涉及形上之思與實踐哲學的關係。形而上學在寬泛意義上可以視爲關於存在的理論，然而，對存在的理解和把握如果離開了人自身的知與行，便難以避免思辨的走向，歷史上各種抽象形態的形而上學，往往即同時呈現爲某種思辨哲學。從知行過程出發理解人自身的存在與世界之「在」，其進路不同於抽象形態的形而上學。與之相聯繫，實踐哲學同時表現爲對形而上學思辨性的揚棄。另一方面，對實踐過程的理解如果僅僅停留於現象的層面，同樣無法眞切地把握其具體意義。在這裡，形而上學與實踐哲學的內在關聯，既表現爲以實踐哲學揚棄對存在把握的思辨性，也展開爲以形上之思超越對實踐理解的外在性。

　　廣義視域中的實踐哲學涉及行動。關於行動，分析哲學系統的行動理論或行動哲學曾給予了較多的考察，本書對行動的研究，與之無疑具有相關性。不過，分析哲學對行動的考察主要側重於語言的分析，所涉及也常常是人的日常之行，對行動的多方面內涵及其現實內容，「分析的」行動理論往往未能給予充分的關注。以「人類行動」爲指向，本書所理解的行動不僅僅限於日常之域，而是包括廣義的實踐活動；從考察的方式看，本書的研究則首先基於行動的現實形態，而非停留於語言和邏輯的層面。不難注意到，相對於分析哲學視域中行動哲學與語言哲學的內在關聯，「人類行動」似乎更多地包含形而上的面向，後者既體現於對更廣意義上

---

[1]　2011年，北京大學出版社以「具體的形上學」爲總名，出版了我的三部相關著作，三書分別爲《道論》、《倫理與存在——道德哲學研究》、《成己與成物——意義世界的生成》。

行動過程的關注，也表現在以現實的存在作爲考察行動的具體背景。

　　與「人類行動」相關的是「實踐智慧」。從哲學的層面看，實踐較之行動往往呈現更深沉的社會歷史內涵，智慧則既滲入於對世界與人自身的把握，也有其實踐的維度。把握世界與認識人自身，首先側重於對世界和人自身的理解和說明，實踐則以改變世界及改變和人自身爲指向，二者的如上關聯既可以視爲實踐對智慧的確證，也可以看作是智慧在實踐中的落實。與實踐與智慧的互融相應，說明世界和說明人自身與改變世界和改變人自身不再彼此相分：事實上，實踐智慧的的內在特點，即具體地體現於對說明世界與改變世界、說明人自身與改變人自身的溝通和聯結。

　　要而言之，本書以行動和實踐爲考察對象，但其進路不同於狹義上的行動哲學（行動理論）和抽象形態的實踐理論。作爲具體的過程，行動和實踐包含多重方面，後者既應當從邏輯的層面加以分析，又需要從社會歷史之維加以把握，這種分析和把握在基於現實存在的同時，也關聯著形而上的視域。對行動和實踐的如上考察，一方面不同於經驗的描述和語言的辨析，另一方面也有別於思辨的推繹：作爲廣義的實踐哲學，這種研究可以看作是「具體的形上學」在行動和實踐之域的進一步展開。當然，與前此的工作相近，本書的研究僅僅表現爲對實踐哲學的階段性思考，它既未窮盡這一領域的所有方面，也遠未終結對相關問題的思與辨。

目錄

自序

導論 ……………………………………………… 9

第一章　實踐哲學視域中的行動 ……… 39
一、「是什麼」與「做什麼」 …………… 40
二、何為行動 ………………………………… 45
三、行動的結構 ……………………………… 50
四、意向性與規範性 ……………………… 58
五、習行、習性與存在境域 …………… 71

第二章　理由、原因與行動 ……………… 77
一、理由與行動 ……………………………… 78
二、行動的多重向度 ……………………… 89
三、行動的解釋與規範 …………………… 97

第三章　意志軟弱及其克服 …………… 105
一、意欲、情感與理性 ………………… 106
二、知行之辯 ……………………………… 112
三、意志軟弱的形上之維 ……………… 117
四、我思、我欲、我悅與身心之知 … 122

第四章　作為實踐背景的「勢」 …… 135
一、實踐過程中的「勢」 ……………… 136
二、人與勢的互動 ………………………… 143
三、審時度勢：回到實踐的現實背景 … 151

第五章　實踐過程中的「幾」、「數」、「運」 ……… 161

一、「幾」：趨向現實的可能 ……………………… 162

二、「數」：必然性與時空關係 …………………… 171

三、「運」與人之「在」 …………………………… 178

第六章　實踐理性及其原則 …………………… 187

一、廣義視域中的實踐理性 ……………………… 188

二、實踐理性的諸原則 …………………………… 194

三、實踐理性與實踐過程 ………………………… 208

第七章　實踐活動、交往行動與實踐過程的合理性 ……… 219

一、實踐活動與交往行動 ………………………… 220

二、實踐過程中的多重關係 ……………………… 232

三、「合理」與「合情」 …………………………… 243

第八章　實踐智慧 …………………………………… 259

一、解釋世界與改變世界：走向融合 …………… 260

二、原則的引用和情景的分析 …………………… 270

三、「合度」與「中道」 …………………………… 282

四、「神而明之，存乎其人」 ……………………… 287

後　記 ………………………………………………… 295

導　論

人既因「行」而「在」，又與「行」同「在」。歷史地看，人並不是超驗存在的創造物，也不是天地演化的自然結果。以作用於自然為前提，人內在於自然又走出自然，由此形成天人之分。人對自然的如上作用，具體表現為「做」與「為」或多樣的實踐活動。在「贊天地之化育」的廣義之「行」（action or practice）中，人既改變了世界，也成就了自身：作為與自然相合而又相分的存在，人即誕生於這一過程。透過共同的「做」「為」（「贊天地之化育」、「制天命而用之」）與生活（日「用」常「行」），人不僅使自然意義上的群居共處獲得社會的性質（建構了人倫社會關係），而且形成了多方面的能力（包括理性能力）並創造了多樣的文明和文化的形態（包括語言），從而成為社會的存在（社會的動物）、理性的存在（理性的動物）或使用語言的存在（語言的動物）。從以上方面看，人無疑因「行」而「在」。

就現實的形態而言，人同時又透過不同形式的「做」與「為」而確證自己的存在。從人類早期的日出而作、日入而息，到現代社會的工作與休閒，人都在多樣的「做」與「為」（行）中生存。與不同的社會分工系統相應，人的活動展開於經濟、政治、軍事、科技、文化等各個領域，其具體的生存形態，也體現於這些不同的「做」與「為」（行）之中。在日用常行中，人的這種生存過程同樣表現為一系列的活動。無論是飲食起居，抑或日常往來；不管是實際的操作活動，還是與言說相聯繫的以言行事，都以不同層面的「行」為其內容，而人本身則無法離開這類廣義之「行」。在此意義上，人確乎又與「行」同「在」。

在哲學的論域中，人的「做」和「為」取得了行動或實踐的形式。寬泛而言，作為人的活動，行動（action）與實踐（practice）都滲入了人的意向和目的，並在不同層面受到普遍規範的制約。不過，二者又可以分別加以考察。在區分的意義上，行動往往側重於微觀層面個體性或單一的活動，實踐則更多地涉及宏觀層面社會性、系統性的活動。單一的動

作（如舉手），可以視爲行動，但一般不歸入實踐；變革社會的歷史活動，常常被理解爲社會實踐，而非僅僅以行動指稱。當然，二者的這種區分具有相對性。行動可以涉及社會性、系統性的活動，如往來行動；實踐也包括單一或個體性的活動。事實上，在不同的哲學家認爲，二者的運用也具有交錯性。以政治領域的活動而言，亞里斯多德將其主要視爲「實踐」，但阿倫特卻將這一領域中的活動納入「行動」之域。[1]進而言之，「行動」與「實踐」固然可以做不同的界定，但區分二者，並不意味著對其加以截然分離。從理論上看，在行動的層面考察人類活動，可以推進對實踐過程的具體理解；從實踐之維研究人類活動，則有助於把握行動的社會內涵與社會意義。

　　與行動和實踐之分相關的，是行動理論與實踐哲學。從形式的層面看，行動理論側重於對行動的哲學分析，實踐哲學則以實踐爲考察的物件。寬泛而言，實踐涉及人類活動的各個方面。伽達默爾便認爲「對理論的運用也屬於我們的實踐」。「但是，這並不是一切。『實踐』還有更多的意味。它是一個整體，其中包括了我們的實踐事務，我們所有的活動和行爲，我們人類全體在這一世界的自我調整──這因而就是說，還包括我們的政治、政治協商以及立法活動。我們的實踐──它是我們的生活形式（Lebensform）。」[2]質言之，實踐作爲一個整體，包括人存在過程中的一切活動。在此意義上，實踐可以包含行動，也正是基於上述理解，伽達默爾肯定，「實踐就是行動。」[3]相應於此，行動理論也可以歸入廣義的實踐哲學。從實踐哲學本身看，其關注之點可以指向不同的實踐領域，所謂道德哲學、政治哲學、法律哲學等等，便可視爲實踐哲學的特定形

---

[1]　參見阿倫特：《人的條件》，上海人民出版社，1999。
[2]　伽達默爾：《解釋學　美學　實踐哲學──伽達默爾與杜特對談錄》，商務印書館，2005，第67-68頁。
[3]　伽達默爾：《解釋學　美學　實踐哲學──伽達默爾與杜特對談錄》，商務印書館，2005，第74頁。

態，其特點在於考察人類實踐生活的不同方面。如果以所論實踐問題的類別來劃分，則討論價值、規範等問題的價值理論、規範理論也構成了實踐哲學的重要分支。[4]與以上考察具有不同側重的，是對行動和實踐本身元理論層面的（meta-theoretical）研究，後者可以視爲狹義上的實踐哲學。關於實踐理性（practical reason）、實踐推論（practical reasoning）、實踐智慧（practical wisdom）等方面的研究，便屬後一意義上的實踐哲學，這一層面的研究所涉及的是行動或實踐的一般特點、行動或實踐的合理性品格、行動或實踐有效展開的前提及條件、行動或實踐過程中意向性與規範性、理由與原因、內在機制與外在背景的關係，等等。本書對行動和實踐活動的考察，大致與元理論層面的實踐哲學相一致。

　　從歷史上看，亞里斯多德已開始關注實踐的問題。按亞里斯多德的理解，知識或思想可以劃分爲實踐的、製作的與理論的三種形態。這裡包含二重區分：其一，實踐的知識與理論的知識之分；其二，實踐活動與製作活動之分。這一視域中的實踐，主要以政治、倫理的活動爲內容，與之相對的製作則關聯著生產性、工藝性、技術性的活動。對亞里斯多德而言，實踐活動以善爲追求目標，而最高的善即幸福。與理論活動旨在達到普遍性知識不同，實踐活動更多地展開於具體的情境，後者所指向的善，也唯有透過普遍原則與特殊情境的結合才能實現。亞里斯多德對實踐的知識與理論的知識、實踐活動與製作活動的二重區分，對往後哲學思想的演進產生了重要影響。

　　這種影響在康德那裡便不難看到。康德將實踐理性作爲討論的重要問題，以此區別於純粹理性或理論理性。與之相聯繫，康德區分了實踐哲學與理論哲學，認爲：「實踐哲學的物件是行爲（conduct），理論哲學

---

[4]　參見拉茲：《實踐理性與規範》，中國法制出版社，2011，第3-4頁。

的物件是認知（cognition）。」⁵就其劃分理論理性與實踐理性、理論哲學與實踐哲學而言，其思路與亞里斯多德無疑有相近之處。同時，康德所說的實踐理性固然與道德行為相聯繫，但在寬泛的層面上，它同時也涉及法律的領域，事實上，在其後期的《道德形而上學》（*The Metaphysics of Morals*）中，便包括「權利的學說」（the doctrine of right）與「德性的學說」（the doctrine of virtue）二個部分，前者的討論物件，即關乎法律關係和法律行為。不過，與亞里斯多德以幸福為善不同，康德更多地將善與承擔道德義務聯繫起來。同時，較之亞里斯多德注重普遍原則與特殊情境的溝通，康德在實踐理性的領域首先關注的是普遍的規則：對康德而言，道德領域中行為的自由性質使人超越了現象領域中因果必然性的制約，而道德行為的這種自由品格即源於對普遍法則或規範的遵循。以理性的普遍法則來擔保行為的自由性質，構成了康德實踐哲學的內在趨勢。⁶

　　康德之後，黑格爾也將實踐與善的理念聯繫起來。不過，較之康德首先從道德的層面考察實踐，黑格爾對法律、政治之域給予了更多的關注。在黑格爾看來，「理智的、本質的善行，在它最豐富和最重要的形式下，乃是國家的有理智的普遍善行；與國家的這種普遍行動比較起來，

---

⁵　Kant, *Lectures on Ethics*, Hackett Publishing Company, 1963, pp. 1-2.

⁶　康德在《判斷力批判》中曾批評了如下觀念：把「依據自然觀念的實踐」（what is practical according to natural concept）等同於「依據自由概念的實踐」（the practical according to the concept of freedom）。從邏輯上看，這種批評以肯定二者的區分為前提。按其內涵，「自然的概念」與因果法則相關，以此為依據的實踐也涉及道德之外的領域。與之相聯繫，康德區分了「技術實踐的」（technical practical）原則與「道德實踐的」（moral practical）原則，其中也蘊含著技術層面的實踐與道德層面的實踐之分野。不過，康德同時強調，與因果的自然概念相關的技術上的實踐規則，都只是「技藝規則」（the rules of skill），它們在實踐哲學中「沒有任何地位」，惟有基於自由概念的道德實踐法則，才能被歸屬於與理論哲學相對的實踐哲學。（參見Kant, *Critique of Judgment*, Hafner Publishing Co. New York, 1951, pp.7-9）以上看法表明，儘管康德已注意到實踐的不同形態，但對他而言，與實踐哲學相關的實踐，首先仍是道德實踐。事實上，在「實踐理性」這一主題下，康德所討論的主要便是道德領域的實踐。

一個人的個別行動根本就顯得渺乎其小，微不足道。」[7]所謂「國家有理智的普遍善行」，更與法律、政治層面的行動相關，「個別人的個別行動」則涉及個體的德行。在個體的德行低於國家的善行這一觀念背後，多少包含法律、政治之域的活動高於道德行為之意。對黑格爾而言，道德還主要停留於「應當」的層面，法律、政治之域的活動則更多地體現了現實之維。同時，就德行與德性的關係而言，行為者的德行，往往導源於其德性，而行為者是否擁有德性，又取決於各種因素，其間無普遍、確定的擔保。與法律相關的行為，則受到普遍規則的制約。以上二個方面規定了法律、政治之域的活動高於個體性的道德行為。相應於從政治、法律等層面理解實踐活動，黑格爾賦予實踐本身以更廣的內涵。按黑格爾的看法，行動或實踐包含三個環節，即「目的」，「目的的實現」或「達取目的的手段」，「被創造出來的現實」。[8]目的作為觀念性的存在，最初呈現主觀的性質，物件世界則具有外在性，實踐或行動一方面揚棄了目的的主觀性，另一方面又克服了物件的「現象」性、「外在」性。[9]在上述理解中，實踐或行動已不限於倫理、政治、法律等領域，而是同時被視為人作用於對外世界的形式。對黑格爾而言，實踐具有仲介的意義，這種仲介性不僅體現於目的與結果之間，而且在更廣的意義上表現為對客觀性與主觀性的溝通，當黑格爾肯定作為實踐理念體現的善「是概念自身的總體，是同時在自由統一形式中的客觀東西和主觀性」之時，[10]以上內涵已蘊含於其中。當然，黑格爾同時又將實踐活動納入理念、精神、邏輯之域，在《邏輯學》中，黑格爾便把目的性的活動及目的與手段的關係，理解為推

---

[7]　黑格爾：《精神現象學》，上卷，商務印書館，1983，第282頁。

[8]　黑格爾：《精神現象學》，上卷，商務印書館，1983，第264頁。

[9]　參見黑格爾：邏輯學，商務印書館，1976，第528頁。

[10]　黑格爾：《邏輯學》，下卷，商務印書館，1976，第523頁。

論的過程[11]：「目的透過手段而活動」，「但這些過程，如它們自身所表明的，是透過自身而回到目的之中。假如最初手段對有待於運用的外在客體關係，是一種直接的關係，那麼，這種關係就更早地表現出自己已經是一個推論，因為目的證明了自身是這種關係的真正中項和統一。」這些看法固然在某些方面折射了實踐的現實過程，但以「推論」表示以上關係，同時也似乎更多地側重於理念的邏輯運用。從這些方面看，黑格爾對實踐的理解無疑仍具有思辨性與抽象性。

馬克思對實踐做了更深入的考察。與亞里斯多德及康德對實踐的理解有所不同，馬克思首先將實踐與勞動、生產過程聯繫起來。在馬克思看來，「整個世界歷史不外是人透過人的勞動而誕生的過程，是自然界對人說來的一種生成過程，所以，關於他透過自身而誕生、關於他的產生過程，他有直觀的、無可辯駁的證明。因為人和自然界的實在性，即人對人來說作為自然界的存在以及自然界對人來說作為人的存在，已經變成實踐的、可以透過感覺直觀的，所以，關於某種異己的存在物、關於凌駕於自然界和人之上的存在物問題，即包含著對自然界和人的非實在性的承認問題，在實踐上已經成為不可能的了。」[12]可以看到，在馬克思的視域中，實踐不再與製作及工藝性的活動相對而限於倫理、政治等領域，相反，製作及工藝性的活動構成了實踐的題中之義。以勞動為本原的形式，實踐不僅創造了人，而且也造就了屬人的世界。與之相聯繫，實踐也不再是黑格爾意義上的理念活動或邏輯的推論，而是首先表現為現實的感性活動，後者包括人與自然之間的物質交換，其本身在呈現社會品格的同時，又展開為一個歷史的過程。在以上理解中，實踐既旨在改變世界與改變人自身，又構成了實現上述改變的基本形式，而人的改變最終又以人的解放為

---

[11]　黑格爾：《邏輯學》下卷，商務印書館，1976，第436、437頁。
[12]　馬克思：《1844年經濟學哲學手稿》，人民出版社，1985，第88頁。

目標。不難注意到，在馬克思的實踐觀中，勞動被賦予原本的意義，人與自然的互動以及人與人的社會關係均奠基於其上。以改變世界、改變人自身以及人的解放為指向，實踐活動的歷史展開同時又被理解為走向自由之境的過程。[13]

　　就中國哲學的歷史衍化而言，「行」同樣很早便成為其關注的重心之一。中國哲學的早期經典已從不同方面涉及人之「行」：《易》（《周易》）源於對人的多樣活動（「行」）的預測、展望，《禮》（《周禮》、《儀禮》、《禮記》）側重於對社會生活中不同行為的規範、引導，《書》（《尚書》）以記載歷史中的治國實踐為其實質的內容。隨著思想的演進，知行之辯逐漸成為中國哲學的重要論題。如果以儒家為中國哲學的主流，則從總的趨向看，中國哲學對「行」的考察，主要便與成己和成物的過程相聯繫。成己在廣義上指成就人自身，成物則既涉及社會生活的變遷，也關乎「贊天地之化育」。比較而言，在成己和成物的過程中，社會領域中的政治、倫理等活動具有更為主導的地位。以儒家為主幹的中國哲學始終注重禮在社會生活中的作用，依禮而行，被視為人由「野」而「文」的前提。「野」屬前文明或前社會的存在形態，「文」則是與之相對的文明化或社會化形態。按中國哲學的理解，正是在循社會規範（禮）而行的過程中，人逐漸從「野」（前文明的形態）走向「文」（文明的形態）。在這裡，與禮一致的「行」，構成了成為真正意義上的人（由「野」而「文」）所以可能的條件。

---

[13] 歷史地看，步入近代以後，對實踐的理解已逐漸逸出倫理、政治之域，如培根便區分了「實踐方面的不同分支」、並將其中的一種形式與「物理學之下」的「機械學」聯繫起來（參見培根：《新工具》，商務印書館，1984，第116-117頁），這一視域中的「實踐」與培根之前的亞里斯多德對實踐的理解，無疑有所不同。「物理學之下」的「機械學」涉及科學、技術層面的活動，就此而言，培根似乎已擴展了亞里斯多德的實踐概念，它在某些方面近於康德曾提及的「技術實踐」（參見前文註腳）。不過，儘管培根與後來康德對待「技術實踐」的態度和立場不同，但在他那裡，以上方面的思想尚未取得明確的形式並充分展開。相形之下，上述馬克思的勞動範疇，則在廣義上包括與科學、技術相關的活動：勞動展開於生產過程，這一過程在近代以後與科學、技術領域的活動便愈來愈難以相分。

　　廣而言之，在中國哲學看來，社會領域的諸種活動，都表現爲人之「行」，所謂「事者，爲也。」[14]「爲」即人在社會領域所從事的各種行動，人之「爲」同時又需要循乎「道」（普遍之則）。按中國哲學的理解，社會生活的各個方面，都離不開人自身之「爲」。以傳統社會中的親子、兄弟等關係而言，這種關係在中國哲學（儒學）看來並不是相關物件本來的規定：對缺乏倫理意識者來說，親（父母）兄等並不具有倫理的意義。同樣，離開事親、事兄等倫理之「爲」，親子、兄弟之間也難以形成現實的倫理關係。只有在事親、事兄等道德實踐的展開過程中，具有倫理意義的社會關係才可能建立。進一步看，中國哲學一再肯定日用即道，「日用」即日用常行，包括日常行爲，「道」在此則指普遍的價值原則，所謂「日用即道」，意味著普遍的社會價值原則（道）即體現於日用常行。這一看法既肯定了日用常行本身應循乎普遍之則（道），又蘊含著確認社會價值原則的落實與日用常行之間的聯繫。從以上方面看，「行」不僅是成爲眞正意義上的人之所以可能的條件，而且也是倫理關係以及更廣意義上社會生活的形成與展開所以可能的前提。

　　可以看到，政治、倫理以及廣義上的社會生活，構成了中國哲學視域中「行」的主導性內容，在這方面，中國哲學對「行」的理解與亞里斯多德以及他之後的西方哲學傳統似乎也呈現某種相通性。當然，中國哲學對人之「爲」的考察，往往首先與成己（成就人自身）相聯繫，儘管如前所述，中國哲學也肯定贊天地之化育、制天命而用之，其中涉及對存在的廣義變革，但相對而言，在中國哲學（首先是儒學）中，透過依禮而「行」以成就人自身、透過循道而「爲」以建構廣義的禮樂生活（社會生活），無疑具有某種優先性。中國哲學、特別是宋明理學中的工夫論，便比較具體地體現了這一趨向。從內容上看，中國哲學所說的工夫既涉及

14　《韓非子・喻老》。

知，也關乎行，所謂為學工夫、為善工夫，都與知、行相關；從目標上看，工夫則以成就人自身為指向。這一視域中的工夫同時與本體相涉，後者（與工夫相對的本體）在寬泛意義上可以視為以道德觀念為主要內容的精神或意識系統，它構成了工夫展開的內在根據。工夫與本體的這種統一，一方面體現了知與行的相融，從而有別於理論理性與實踐理性的分離，另一方面又使體現於日用常行中的工夫過程超越了自發性。在踐行工夫的多方面展開中，禮樂生活的建構與人自身的成就表現為同一過程的二個方面。

二十世紀以來，一方面，分析哲學、現象學、法蘭克福學派等現代西方主要的哲學流派分別以不同形式涉及實踐哲學；另一方面，倫理學、政治哲學等受到了多方面的關注，並在二十世紀後半葉後逐漸成為顯學，後一趨向在當代哲學的衍化中，呈現進一步發展之勢。如果說，前者較多地在元理論的層面關涉實踐哲學，那麼，後者則從不同的領域，體現了實踐哲學的某種復興。

現代哲學中不同的哲學流派對行動與實踐的考察，表現出不同的特點。分析哲學對行動的考察，較為集中地體現於其行動理論（theory of action）或行動哲學（philosophy of action）之中。與注重語言的邏輯分析這一哲學進路相一致，分析哲學對行動的考察更多地側重於形式的層面。在倫理學這一實踐哲學的具體領域，分析哲學便以道德概念和語言的邏輯分析為主要內容，由此形成所謂元倫理學（meta-ethics）。分析哲學對行動的考察，在某種意義上也體現了類似的趨向。以語言之域的意義為主要關注之點，分析哲學的行動理論側重於對涉及行動的語言和概念的辨析和解釋，後者所把握的，主要是概念之間的邏輯關係或理想情境之下行動的形式條件，而不是現實的行動過程和實踐過程。在分析的行動理論中，人與物件之間、人與人之間在行動中的實際聯繫往往被懸置，行動的

概念結構則被置於主導的地位。**15**

　　與分析哲學對行動的理解有所不同，現象學視域中的行動更多地與人的生存過程相聯繫。在海德格爾那裡，人的行動體現於個體的籌畫、從共在走向本眞之「我」等過程之中，相對於形式層面的邏輯分析，對行動的這種看法無疑包含更實質的內涵。不過，現象學一方面以達到作爲嚴格科學的哲學作爲目標，另一方面又從意識的分析入手，試圖透過本質還原與先驗還原而回到純粹意識，並由此爲哲學提供具有確定性、明證性的基礎。以之爲背景，現象學在其爾後的衍化中儘管也注意到運用手邊的工具進行的操作活動（海德格爾），但從總體上看，源於現象學的思考不僅主要將行動與個體的生存過程聯繫起來，而且往往以操心、煩、畏等等爲這一過程的具體內容，後者更多地將行動與內在的意識（心理體驗）聯繫起來。**16**

　　較之現象學，法蘭克福學派對行動、實踐的考察，首先以反思馬克思的相關理論爲前提。在這方面，哈貝馬斯的看法具有一定的代表性。如前所述，馬克思的實踐觀以勞動爲出發點，哈貝馬斯對實踐的理解則與之

---

15 廣而言之，從後期維特根斯坦肯定語言的意義在於運用，到奧斯丁討論如何以語詞做事（how to do things with words）或言語行動（speech act），「用」或「做」都與語言難以分離。分析哲學系統中一些晚近的人物雖然將實踐提到重要地位，肯定概念、語言的把握離不開實踐，但同時，又把實踐主要理解爲使用概念的活動，並以這種使用概念的實踐作爲語言意義生成的基礎。與之相聯繫，推論也被視爲實踐的形式，如布蘭頓一方面確認概念的把握和理解與推論的相關性，另一方面又認爲，「推論就是某種做（a kind of doing）。」（Robert B Brandom, *Making It Explicit*, Harvard University Press, 1994, p.91）儘管布蘭頓在此並未以行動或實踐本身爲討論的主題，但以上看法卻涉及對行動、實踐的理解，其內在趨向在於將行動、實踐、做首先歸入概念活動或與之相關的推論活動。

16 從以上背景看，伽達默爾的解釋學有其値得注意之點。伽達默爾在發展其哲學解釋學的同時，也對實踐給予了較多關注。但在哲學的層面，解釋學首先涉及文本的理解。與之相聯繫，一方面，以文本爲仲介，解釋學亦將語言提到突出地位：在伽達默爾看來，「誰擁有語言，誰就『擁有』世界。」（伽達默爾：《眞理與方法》下卷，上海譯文出版社，1999，第579頁）這種看法在在某種意義上表現出與分析哲學相近的趨向。另一方面，哲學解釋學在理論上可以追溯到海德格爾，並相應地有其現象學的淵源。與海德格爾的進路一致，理解往往同時被視爲人的一種存在形態，並被賦予本體論的意義，而以理解和解釋爲人的存在形態，則使人的活動難以完全超越觀念之域，後者或多或少打上了現象學的印記。當然，在總體上表現出如上趨向的同時，伽達默爾對實踐活動的若干具體考察，仍有其値得關注之處。以上現象從一個方面體現了哲學家思想的複雜性。

相異。按哈貝馬斯的理解，勞動屬目的性行動，主要涉及主體與對象的關係，與之相對的是交往行動，後者關乎主體間關係；人的實踐不僅需要超越主體性，而且應當走出主體與物件的關係。與之相聯繫，對哈貝馬斯而言，在行動和實踐活動方面，應當關注的主要不是生產過程中的勞動，而是生活世界中主體間的交往。

　　從當代哲學的衍化看，在哈貝馬斯之前，阿倫特已區分了勞動與行動。按阿倫特之見，「勞動」的主要目標是維持個體生命的延續，它沒有擺脫人類生存的必然性，因此不具有自由的性質。達到「自由」的前提是擺脫物質和生存必然性的束縛，只有公共領域展開的活動，包括政治活動，才具有這種自由的性質。公共領域中區別於勞動的各類活動（首先是政治活動），阿倫特稱之為「行動」（action）。人要獲得「自由」，便應當參與「行動」或政治活動。在進一步分析「行動」的特點時，阿倫特指出：「從現實意義上看，行為、說話、思想這三者的共同點遠勝它們各自單獨與勞動或工作的共同點，言、行、思本身不生產或帶來什麼東西，它們像生命本身一樣沒有結果。」[17]質言之，行動不同於勞動和工作，而與語言、思想一致。如果說，透過對勞動的界說，阿倫特表現了與哈貝馬斯相近的取向，那麼，對行動與語言及行動與思想的溝通，則在某種意義上分別呼應了分析哲學與現象學。

　　以上現象表明，如何理解行動與實踐依然是一個無法迴避的問題。就實踐內涵的理解而言，馬克思將勞動視為實踐的核心，無疑體現了實踐觀的歷史變革。然而，在爾後的某些教條化詮釋中，勞動在實踐中的意義往往被過分強化，由此甚而出現將實踐主要等同於勞動的趨向，後者在邏輯上容易導致以成就世界（成物）抑制成就人自身（成己）。從這些方面

---

[17] 阿倫特：《人的條件》，上海人民出版社，1999，第88-89頁。又，這裡的「行為」英文原文為action，即行動，參見H. Arendt, *Human Condition*, Second Edition, Chicago University Press, 1998, p.95.

看，區分實踐與勞動顯然有助於更具體地理解二者的涵義。然而，阿倫特和哈貝馬斯對勞動的看法，本身又存在內在的片面性。事實上，勞動既非僅僅涉及主體與物件的關係，也非外在於自由的活動之外。同時，一方面固然不能將勞動視爲實踐的唯一形式，另一方面也不能簡單否定勞動在人類生活中的原本意義。

從行動、實踐與語言的關係看，行動與實踐較之語言具有更初始的性質。就發生的角度而言，語言的意義既不是物件所固有，也不是人單向賦予，而是在生活、實踐過程中所生成。物並非先天地（本然地）作爲名的指稱對象而存在，名也不是先天地（本然地）以所指稱的物件爲其意義（語義）。語言的約定俗成性質，已從一個方面體現了語言與人的活動之間的聯繫。用某種語言符號指稱某種物件，是以物件進入人的作用之域爲前提的。當然，在語言的進一步發展（包括語義的不斷抽象化、複雜化過程）中，語言與人的行動及實踐之間的關係，常常不再如最初那樣直接，其自身也可能逐漸形成某種自我衍化的系統。但即使在這種情況下，人的行動和實踐，包括人與人之間的交往行動和人與物件之間的互動，依然構成了語言意義生成和理解的背景。後期維特根斯坦肯定語言的意義在於運用，後者又與生活形式無法分離，這一看法也有見於此。以上述方面爲視域，行動與實踐過程顯然具有更本原的性質，從而，不能將其還原爲語言之間的邏輯關係或概念的結構。分析哲學試圖從語言分析入手把握行動過程，無疑有其內在的限度。

以人與物以及人與人的互動爲形式，行動與實踐難以離開人的意識活動。從廣義的意向性到具體的動機、意欲，意識活動滲入行動和實踐的各個方面。然而，作爲人作用於世界的現實過程，行動及實踐又不同於觀念性的活動。從寬泛的層面看，行動及實踐既改變世界或成就世界，也改變人自身或成就人自身，二者都超越了單純的觀念之域。如果說，對馬克思實踐觀的教條化理解或片面闡釋容易導致強化成就世界而忽視成就人自

身，那麼，以現象學為背景，則往往趨向於關注人自身的生存而將成就世界邊緣化。在現象學的視域中，人的生存主要又與個體性的心理體驗相聯繫，儘管現象學的進路也涉及個體間的共存以及對在手邊之物的運用等，但就總體而言，它所關注的是個體生存過程中籌畫、操心、畏懼等心理體驗，與之相涉的行動、實踐，也更多地關聯心理、意識過程。對生存過程與行動及實踐的如上看法，顯然構成了與分析哲學相對的另一重限度。

　揚棄對行動、實踐的抽象理解，既以肯定行動、實踐的現實之維為前提，也需要確認行動、實踐本身的優先性。歷史地看，從思維形式（包括語言結構）到文化心理，其形成都源於行動和實踐的長期反復與延續。同時，也是基於實踐，心與言、知與行獲得了內在的統一。在現實的過程中，實踐的理性與實踐的過程也無法分離：以正當性（rightness）、有效性（effectiveness）、有益性（goodness）為指向，實踐理性的具體內涵及其現實確證，都本於多樣的實踐過程。正是在實踐的歷史展開中，何者為善（有益性）、如何達到善（有效性）、怎樣使善的追求合乎規範（正當性）獲得了具體內容，實踐過程中的內在邏輯，也逐漸凝化為實踐的理性。

　作為人的基本存在方式，廣義之「行」或實踐不同於「我行故我在」視域中的「我行」。「我行故我在」與「我思故我在」儘管有「行」與「思」之別，但二者都表現出抽象的趨向：在「我行故我在」的表述中，「我行」與「我思」相近，既被限定在個體之域，又缺乏實質的價值內容而呈現空泛的形式。就現實的形態而言，正如「思」與「所思」無法分離一樣，「行」與「所行」也難以相分，後者不僅使「行」從自我走向自我之間（社會共同體），而且使之超越空泛的形式而獲得了具體的價值內容。從廣義的價值之維看，「行」或「做」、「為」首先以存在的改變為指向。存在無法創造，但卻可以改變，改變存在的過程，也

就是透過人的「行」或「做」、「為」而賦予存在以價值意義的過程，「行」或「做」、「為」則由此成為人本身的存在方式。在這裡，存在的改變與人自身獲得真實的存在方式，表現為同一過程的二個方面。具體而言，這一過程以成己與成物為其現實的內容。成己即成就人自身，其中既包括自我的完成，也指向群體價值的實現；成物則意味著透過對世界的作用而成就世界。人的「做」和「為」一方面與人自身的存在相關，另一方面又涉及作為對象的「物」。當人的「做」和「為」尚未作用於其上時，「物」呈現本然或自在的形態。以一定的價值目的與價值理想為指向，人透過廣義之「行」變革「物」，使之合乎人的合理需要，這一過程一方面克服了目的最初所蘊含的主觀性，另一方面也揚棄了「物」的本然性和自在性。在此意義上，「做」和「為」（廣義之「行」）不僅成就人，而且成就物，人之「在」與物之「在」則由此呈現了內在的統一性。透過成己（成就人自身）與成物（成就「物」或成就世界），「做」和「為」既展現了它在人存在過程中的本原性，也使自身（廣義之「行」）獲得了具體的價值內涵。

　　當然，如果做進一步的考察，則成己與成物（改變世界與改變人自身）的過程在賦予實踐（行）以價值內涵的同時，本身又面臨如何可能的問題。在本體論的層面上，這裡首先涉及物與人的可改變性。作為本體論的規定，可改變性主要意謂：物與人的存在形態都既非預定，也非命定，二者均包含著面向未來的開放性。物的非預定與非命定為成就世界提供了前提；人的非預定與非命定則使成就人自身成為可能。與物和人的可改變性相聯繫的，是人具有改變世界與改變人自身的需要或要求，正是基於這種需要或要求，人形成了多方面的目的、理想，並進一步勾畫了不同的實踐藍圖，由此推動、引導著實踐過程的展開。當需要以及基於需要並與現實可能相涉的目的、理想尚未引入時，人與世界之間的關係往往呈現某種價值意義上的冷漠、疏離形態，需要、目的、理想則使人克服了對世

界的冷漠和疏離，並進一步引發變革世界的價值要求。就其內涵而言，目的、理想屬廣義的「當然」或「應該」，相對於現實，「當然」意味著某種存在形態應該實現但又尚未實現，它固然基於既成的現實，但又以超越現實為指向。從實踐的層面看，與「當然」或「應該」相關的是現實的存在形態，後者既涉及人的能力，也關乎具體的社會背景。以作用於世界和人自身為形式，成己與成物的實踐活動離不開人的內在能力。歷史地看，人的實踐過程與實踐能力之間的關係呈現互動性：一方面，人所具有的潛能在實踐過程中逐漸形成為現實的能力，另一方面，形成於實踐過程的能力又構成了實踐過程進一步展開的內在根據。在後一意義上，人不僅有改變世界與改變人自身的需要，而且具有實現這種改變的內在力量。與人的能力相聯繫的是具體的社會背景，後者包括社會體制、社會規範系統、社會成員之間的歷史關聯（荀子所謂「明分使群」[18]）、表現為器技及工具的文明發展成果，等等；能力的運用總是受到以上諸方面的制約。如果說，物與人的可改變性表現為成己與成物所以可能的本體論前提、基於需要的目的和理想賦予實踐過程以內在的推動力，那麼，人的能力和具體社會背景則從內在與外在的不同層面構成了實踐過程展開所以可能的現實條件。

　　在哲學史上，康德從道德實踐的層面突出了「當然」，他之強調道德義務、要求無條件地遵循道德法則、注重目的王國等等，都以「當然」為主要關注之點。相對於康德，黑格爾表現了不同的思維趨向。如所周知，黑格爾區分了道德與倫理，認為道德僅僅是「應然的觀點」，並強調，「道德中的應然在倫理的領域中才能達到」。[19]對黑格爾而言，較之

---

[18] 荀子：人「力不若牛，走不若馬，而牛馬為用，何也？曰：人能群，彼不能群也。」（《荀子・王制》）在此，作為社會聯繫形式的「群」便被理解為人作用於物件的現實條件。

[19] 黑格爾：《法哲學原理》，商務印書館，1982年，第112、113頁。

道德，倫理更多地展開於現實生活，其存在形態包括家庭、市民社會、國家等。作為具體的存在形態，「倫理的東西不像善那樣是抽象的，而是強烈的現實的。」[20]此處之「善」首先與道德上的應當相關「倫理」則涉及家庭、市民社會、國家，等等，肯定善的抽象性與倫理的現實性，同時意味著將後者放在更為優先的地位。以上看法已多少注意到：正是在家庭、市民社會、國家這類具有現實品格的存在形態中，人學會了如何行動並展開了多方面的實踐。從如何理解實踐過程這一視域看，這裡重要的並不是賦予倫理與道德以不同的意義，而是這種分野之後所蘊含的對「當然」與「現實」的不同側重：如果不限於道德與倫理的領域而對其加以引申，那麼，康德與黑格爾的以上看法所涉及的，乃是實踐過程中當然（超越現實）與實然（基於現實）的不同向度。儘管康德與黑格爾對當然與現實的理解都未能完全擺脫抽象性，但二者又以思辨的方式涉及了實踐過程既變革現實（超越現實）又合乎現實、既本於理想和規範（當然）又具有現實根據等特點。

從形而上的維度看，以成己與成物（改變世界與改變人自身）為內容的實踐過程同時涉及存在的法則（包括歷史的必然性）與人的作用之間的關係。實踐過程之基於現實，決定了其展開總是受到存在法則的制約，然而，受制於存在法則，並不意味著完全被決定。與人的知行過程相關的現實世界，不同於本然的存在或自在之物，其形成難以隔絕於人的作用過程。中國哲學所說的「贊天地之化育」，已有見於現實世界的生成包含人自身的參與。事實上，在成就世界與成就人自身的過程中，歷史的必然趨向本身離不開人的作用：就現實世界的演進而言，人的實踐活動構成了其歷史發展趨向得以實現的內在環節。

在元理論的層面上，實踐哲學首先以行動、實踐與存在的關係為

---

[20] 同上，第173頁。

關注之點。這裡所說的存在不僅涉及世界之「在」，而且關乎人自身之「在」。人既透過行動、實踐而使本然的存在成為現實的世界，也透過行動、實踐而成就人自身，二者從不同的層面改變了存在。以行動、實踐與存在的以上關係為指向，實踐哲學展現了本體論的向度。行動、實踐過程在其本身的展開過程中，進而涉及知與行、心與物、事與理，以及言、意與行為等關係，與之相涉的是何為行、為何行、如何行，以及如何達到實踐本身的合理性等問題。這些關係與問題使實踐哲學同時與價值論、認識論，以及理論理性與實踐理性等領域形成內在的關聯。可以看到，實踐的本原性既使實踐哲學在理解人與世界的過程中具有本原的意義，也賦予實踐哲學自身以多方面的內涵。

　　以人的存在為視域，「是什麼」與「做什麼」具有內在的一致性。作為社會的存在，人總是包含經濟、政治、文化、道德等不同的規定性，人本身則表現為相關領域中的主體。然而，這種存在規定之獲得現實的品格，則離不開具體的行動過程。廣而言之，人之作為理性的存在（理性的動物）、符號的存在（符號的動物）、製造和運用工具的存在，同樣是透過以理性的方式或符號的形式展開的行動、製造和運用工具的活動而得到確證。作為「是什麼」（賦予人以類的普遍本質或一定領域中的存在品格）的現實前提，「做什麼」（行動）不同於存在過程的外在方面，而是構成了人之「在」的內在規定。

　　作為人與世界互動的方式，行動的特點在於透過人的活動，使世界和人自身都發生一定的變化，後者同時賦予行動以本體論和價值論的意義。以人和世界的變化為現實的指向，行動既不僅僅限於意念活動，也非僅僅表現為身體的移動。單純的意念活動僅僅限於個體內在的精神之域，所謂有「心」（意向活動）而無「身」（肢體活動），這種意念活動對外部的存在沒有發生實質的影響，從而不同於現實的行動。單一的身體移動或者表現為肢體或身軀在外力的強制之下移動，或者表現為無意識活

動，以上移動都沒有意識的自覺或自主參與，可以視爲有「身」（身體的移動）而無「心」（內在的意向）從而也不構成具有意向性的行動。行動的現實過程，總是包含身與心的互動。

理解行動，同時需要確認行動的基本單位，後者與行動的意義無法分離。判斷某一動作是否爲行動，往往取決於這種動作是否呈現意義以及呈現何種意義。與行動相關的這種意義，首先與行動者的意向相聯繫：行動的意義同時爲行動者本身所自覺意識。在此意義上，行動的基本單位，也就是意義的基本單位。一定的活動或動作之成爲行動，其前提在於它具有爲行動者所自覺意識的意義。一種行動的意義誠然包含多種可能的理解，然而，爲特定的行動者所自覺意識的意義，則具有相對確定的內涵。

行動同時又具有系統性，行動的基本單位總是歸屬於一定的行動系統，並構成其中的一個環節。從現實的形態看，行動往往以系統爲其存在的具體形態，行動的基本單位唯有置於它所從屬的系統中，才具有完整的意義。在非單一的、綜合的形態下，行動呈現結構性。從邏輯之維看，行動的結構表現爲不同環節、方面之間的內在關聯，就時間的層面而言，其結構則展開於動態的過程。在動態的意義上，行動的結構不僅體現於從意欲到評價，從權衡到選擇、決定的觀念活動，而且滲入於行動者與物件以及行動者之間的現實關係，並以主體與物件、主體與主體（主體間）的互動與統一爲形式。

以行動者爲主體，行動既內含意向性，又具有規範性。以目的、意願、理性的明覺等形式表現出來的意向性，使行動區別於單純位移等現象。相對於意向，規範在寬泛意義上包括價值原則以及體現這種原則的行爲規則、技術性規程，等等，其作用首先表現在爲行動的評價、引導等提供普遍的準則。行動的發生總是受到價值原則、行爲規則等多重形式的制約，後者在賦予行動以規範性的同時，也使之避免了自發性而獲得了自覺

的品格。作爲行動的兩重維度，意向性與規範性本身呈現內在的關聯。就意向而言，其作用和活動，往往受到規範的制約：從意欲的評價以及行動目標的權衡、選擇、決定，到行動過程的調節，意向的作用都與規範的引導、限定相聯繫。另一方面，規範的作用過程，每每滲入了意向活動。在意向與規範的如上交融中，行動進一步展示了現實的品格。

　　作爲人的存在方式，行動首先有其理由。從理由與行動的關係看，理由可以視爲行動的根據：所謂有理由做或有理由去行動，也就是有根據做或有根據去行動。在這一論域中，理由首先與行動的可理解性相聯繫：沒有理由的舉動，往往無法理解。作爲行動的現實根據，理由並非僅僅以單一的形態呈現，而是展開爲一個結構，其中即包含事實以及對事實的認知，也涵攝人的意向、目的，並進一步涉及事實與規範、自我的身分認同與事實之間的聯繫，自然法則、社會準則與內在承諾之間的互融，等等，上述方面在現實的行動過程中往往呈現更廣的相關性。

　　行動過程中的理由同時與動機、規範等方面相涉。以理由與動機的關係爲視域，理由本身可以進一步從內在與外在二個方面加以考察。寬泛而言，理由的內在之維主要與個體的意欲、要求相聯繫，其外在之維則涉及外部的事實（包括社會的體制）、一般的原則、規範，等等。僅僅具有外在理由並不必然導向行動，然而，基於外部事實或一般規範的理由確實又從外在的方面爲行爲提供了根據。就現實的過程而言，在單純基於內在意欲之時，行動誠然可以帶有自願的特點，但每每容易導致非理性的趨向。另一方面，如果行動僅僅以有關普遍規範、原則的理解和認識爲依據，則其過程固然合乎理性，但卻常常缺乏自願的品格。理由與內在意欲的聯繫爲行動的自願趨向提供了某種前提，基於普遍的原則、規範則使理由獲得了自覺的內涵。不難注意到，在理由的內在性與外在性之辨背後，更實質的問題是行動過程中理性與非理性、自覺與自願的關係。

　　行動既涉及理由，也關乎原因。在行動之域，理由與原因呈現較爲

複雜的關係。一方面，理由不僅爲行動的解釋提供了依據，而且也在一定意義上構成了行動的原因，另一方面，原因在引發行動的同時，也爲說明、理解行動提供了背景。在更深沉的層面，理由與原因之辨，又關乎行動的解釋與行動的規範之間的關係。如果僅僅以理解與解釋爲指向，則原因或因果性便表現爲一種被觀察的物件：對已發生之事的解釋，總是基於某種旁觀的立場。分析哲學關於行動的理由—原因解釋模式，主要便涉及因果關係的觀察或旁觀立場。然而，就行動的現實過程而言，行動者不僅僅是觀察者或旁觀者，而且同時也是實際的參與者，後者爲行動者影響和作用於行動提供了可能：他可以透過自身的知與行，生成某種觀念和事件，這種觀念和事件又作爲原因，進一步影響與制約後續的行動。可以看到，對行動過程中的因果關係的具體把握，離不開觀察與參與二重維度。

就行動與原因的關係而言，行動的原因在廣義上包括事件原因（event-causation）與主體原因（agent-causation），前者體現於外部事件對行動的影響，後者表現爲行動者的意願、目的、信念等對行動的引發，二者對行動的發生都具有制約作用。作爲具體的過程，行動既非僅僅出於外在的事件，也非單純地源自行動者的內在意念。單向地關注主體原因，往往無法避免任意性；僅僅關注事件原因，則無法把握行動的自主性。在現實的行動過程中，既需要以客觀的事件（條件）抑制主體的任意性，也應當以主體原因限定事件的外在性。事件原因與主體原因的互動，既體現了行動過程中因果性與自主性的統一，也使行動過程中的原因超越了邏輯的形式而落實在一個更爲具體的層面。

行動的理由和原因，主要側重於行動發生的根據和根源，在現實的存在過程中，往往還面臨某種行動何以不發生的問題，後者所涉及的，便是行動中的意志軟弱趨向。從實質的層面看，行動中的「意志軟弱」表現爲意欲、情感等非理性規定的相對有力與理性意識的相對無力。理性的這

種「無力」在行動過程中，往往引向與理性相反的趨向。同時，「意志軟弱」過程中意欲、情感的主導與理性的相對隱退，又基於不同的價值取向與價值立場，在具體的行動情景中，意欲、情感是否實際地取得主導地位，往往取決於不同的價值取向與價值立場。進而言之，理性與非理性之辨在形而上的層面又涉及身心關係。「身」所具有的本原性使與之相涉的意欲、情感對人的行爲取向與選擇具有更切近的影響。感性存在的本原性與意欲、情感的當下性既彼此關聯，又相互作用，這種互動不僅可能強化意欲、情感對行爲選擇的影響，而且從一個方面構成了對理性作用的可能限定。

以行動的內在抑制爲趨向，意志軟弱不僅涉及意識或觀念之域，而且關乎知行之辯。與「行」相對的「知」在廣義上包括認知與評價。認知以事實的把握爲指向，評價則以價值的確認爲內容。意志軟弱的表現形式之一在於，行動者雖然在認知與評價的層面達到了自覺的認識，並由此自知應當做什麼或應當如何做，但卻未能將這種認識付諸實施。在這裡，意志軟弱與知行之間的分離形成了某種關聯，並以知而不行爲其表現形態。就其邏輯含義而言，「知其當行」屬理性之「知」，這種「知」是否能夠實際地化爲「行」，則涉及情感的認同、意志的接受。在缺乏情感認同和意志接納的背景下，以「知而不行」爲形式的意志軟弱便容易發生。

作爲實踐過程中的一種現象，意志軟弱既在本體論的層面折射了現實存在所內含的多重可能，又在觀念之域體現了個體意向、意欲的可變動性。可能趨向及偶然性的存在與內在意向及意欲的可變性相互交融，既賦予行動的選擇以某種不確定性，也爲行動中出現意志軟弱提供了現實的根據：唯有在現實之中包含不同可能及偶然性的前提下，從意向、觀念活動到行動的最後落實這一過程中的各種變化（包括作爲意志軟弱表現形式的未能實施行動），才能實際地發生。可以看到，行動背景所蘊含的各種可能性及偶然性，構成了意志軟弱（未能實施已決定之行動）的某種本體論

前提。

　　意志軟弱的實際存在，決定了對其無法加以迴避。然而，爲了達到不同的實踐目標，往往又需要在正視意志軟弱的同時，又努力克服其可能對實踐過程帶來消極作用。就其現實的形態而言，行動、實踐過程包含我思、我欲、我悅。「我思」主要表現爲行動主體的理性認知、評價和判斷，「我欲」則與行動的選擇、決定相聯繫，與之相關的「我悅」在實踐的意義上首先在於情感的認同與接受，這種認同既非導源於外在強制，也非出於內在的勉強；既不同於對理性要求的被動服從，也有別於對意欲衝動的自發順從。它以普遍的理、義爲內容，又包含愉悅之情（悅我心）。當「我思」、「我欲」、「我悅」彼此統一時，理性的認知和評價與個體的意欲便開始融入具有樂感（愉悅感）的主體意識，二者之間的張力，也將由此得到某種化解。在此意義上，「我思」、「我欲」、「我悅」的統一，爲克服以意欲壓倒理性爲形式的意志軟弱，提供了某種內在的根據。意志軟弱同時又以知與行的分離（知而不行）爲形式，克服這一形態的意志軟弱，則需要化口耳之知爲身心之知。口耳之知主要停留於語義、觀念之域，身心之知則融合於個體的整個存在，體現爲身與心、知識與德性、能力與意向等等的統一，化口耳之知爲身心之知，意味著從言說、論辯等觀念活動，轉向身心統一的行動過程，由此溝通知與行，克服以知而不行爲形式的意志軟弱。

　　意志軟弱對行動的影響，主要體現於行動發生和展開的內在過程。行動和實踐的展開，同時有其更廣意義上的現實背景，後者在「勢」之中得到了具體的體現。中國哲學對「勢」的考察，從不同方面展示了其作爲實踐背景的意義。在中國傳統哲學的視域中，「勢」首先與政治實踐相聯繫，並表現爲涉及不同政治地位的特定政治格局。在君臣關係構成政治結構的主導形式這一歷史形態之下，如何使君主之「勢」與君主之位保持在一個適當的層面之上，對於當時政治實踐的有效展開至關重要。在突出君

主之「勢」的背後，是對政治實踐具體背景和條件的關注。從更寬泛的層面看，與踐行之「位」相涉的「勢」，也內在於廣義的社會生活，並同時與實踐或行動的情境相聯繫，這種行動情境表現為特定的行動場域。要而言之，「勢」呈現為綜合形態的實踐條件或實踐背景，其中既涉及時間，也關乎空間；與行動相關的時間以歷史條件為其具體內容，行動的空間則體現於社會結構和社會境域。

　　表現為實踐背景和條件的「勢」既非本然的存在，也不同於與人無涉的外在力量。無論是表現為社會政治結構中的態勢，抑或以特定行動中的情境為形式；不管是體現於社會領域中不同事物之間的關聯與互動，還是展現為歷史變遷中的趨向，「勢」的形成與作用，始終包含人的參與，其意義也形成於實踐過程。「勢」與人相互作用，以不同方式影響和制約著人的實踐活動。一方面，「勢」作為客觀的背景，呈現為人無法左右的力量，此即所謂「勢勝人」；另一方面，人又可以以事成「勢」，乘「勢」而為，依「勢」制行（以「勢」制約人的行動）。

　　「勢」不僅構成了實踐活動展開的現實背景，而且為實踐活動的理解提供了具體的視域。實踐活動與「勢」的如上關聯，使之無法離開審「時」度「勢」。從寬泛的層面看，所謂審「時」度「勢」，也就是透過把握實踐活動的綜合背景，以引導實踐過程。「勢」既涉及特定的行動情景，也體現了現實存在的普遍內容；既基於當下或已然的存在形態，也展現了事物發展的未來趨向；既包含與行動直接相關的方面，也兼涉間接影響行動的因素；既內含必然之理，也滲入了各種形式的偶然性，由此展現為包含多重方面、具有綜合性和系統性的現實形態。當我們從「勢」的角度考察行動時，同時也意味著回到行動藉以展開的現實場域。在這裡，關注行動之「勢」與面向實踐的現實背景構成了同一過程的兩個方面。

　　作為實踐活動展開的現實背景，「勢」首先涉及社會歷史之域。以人與世界的互動為內容，實踐活動在形而上的層面進一步表現為人與世界的

互動，後者不僅涉及實然，而且關聯可能及必然與偶然。與行動和實踐相聯繫的可能、必然與偶然不同於人之外的本然趨向和規定，其存在意義無法與人的實踐活動相分離。以人的行動為視域，本體論意義上的可能、必然與偶然分別呈現為「幾」、「數」、「運」。與人的活動相關的這種「幾」、「數」、「運」，從不同的方面制約著行動和實踐過程。

與事物發展的過程相聯繫，「幾」首先表現為物、事演化的初始形態。從更為實質的本體論內涵看，這種存在方式同時關乎可能與現實的關係，以此為背景，「幾」可以看作是可能向現實的最初轉化或現實化的可能。事物所內含的可能在向現實轉化之初固然不同於完成了的現實形態，但卻以具體而微的形式，展示了事物的發展趨向，「幾」正是作為可能向現實轉化的初始形態或現實化的可能，與事物變化過程中的未來趨向形成了內在關聯。從實踐的層面看，重要的是「見幾而作」。從積極的方面看，「見幾而作」就在於透過人自身的努力，以推進具有正面價值意義的事物發展趨向。在消極的意義上，「見幾而作」則在於防微杜漸，將負面及不利的價值趨向抑制在初起或萌芽狀態。

相對於「幾」，「數」既包含必然的趨向，又與一定的時空關係相涉，可以視為必然性在一定時空關係中的體現。「數」所內含的必然趨向與一定時空關係的交融，同時也使與之相關的必然性不同於邏輯意義上的必然。邏輯意義中的必然具有形式化的特點（不涉及實質的內容），此種形式化的規定使之超越特定的時空關係。相形之下，「數」體現的是物理世界中的必然趨向，關乎事物實質的衍化過程。然而，儘管「數」不同於邏輯的必然，但它並非不可把握。從實踐的角度看，人可以「極數知來」，後者意味著從本原的層面知「數」或明「數」，由此預測未來。透過把握「數」以預知未來（極數知來），其實踐意義首先在於為行動的選擇提供根據。實踐過程的展開既涉及理與道，也關乎事與物，前者主要表現為普遍的法則或普遍必然的趨向，後者則內在於一定的時空關係。作

為必然性在一定時空關係中的體現，「數」既內含一般意義上的必然趨向，又關涉一定時空中的事與物，「數」的這一特點，使基於「數」的預見同時被賦予具體的內容，並由此對人的實踐活動提供引導。

實踐活動在現實的展開過程中既有相對確定的一面，也常常面臨不確定性，後者在「運」或「時運」之中得到了具體的體現。與「數」的相對確定趨向不同，「運」或「時運」首先與偶然性相聯繫，它從不同方面影響、制約著實踐過程。較之寬泛意義上的偶然性，「運」更直接地與人的活動相關，可以視為體現於人的存在過程及多樣活動中的偶然性。相對於「數」所具有的穩定趨向，「運」更多地呈現可變性。這種變動不僅涉及「運」的形成或消失，而且關乎不同性質的「運」之間的轉化。在實踐過程中，「運」往往呈現為某種「變數」，它作為非預期的因素而制約實踐過程。如果僅僅著眼於必然趨向而忽略以「運」等形式表現出來的偶然因素，則一旦出現偶然的變數，便往往容易使行動陷於被動之境甚至導致失利。反之，如果充分考慮現實世界及實踐過程本身之中可能發生的偶然因素，則可以為應對各種可能的變數預留充分的空間，從而始終保持人在實踐過程中的主動性。這樣，在實踐過程中，既需要「見幾而作」、「極數知來」，也應當注重「運」，並「慎處時運」。

人的實踐過程不僅受到可能、必然、偶然等形上規定的制約，而且內含規範性。在實踐的層面，規範性具體涉及做什麼、如何做等問題，後者進而關聯實踐理性。作為理性在實踐領域的體現，實踐理性以如何按人的理想來改變存在為關切之點。與廣義的實踐過程相聯繫，實踐理性透過不同於理論理性的方式，展示了人與世界的關係。在理論理性中，問題主要是人的認識如何合乎外部存在，包括如何正確地認識世界或如其所是地把握世界；在實踐理性中，問題則更多地呈現為存在如何合乎人的理想和人的合理需要。存在之合乎人的理想和人的合理需要，意味著存在本身的某種改變，這種改變乃是透過人的行動過程和實踐活動而實現的。以存在的

改變為指向，實踐理性所關注的，首先也是人的行動過程和實踐活動：透過對行動和實踐的引導和規範，使行動和實踐所作用的物件合乎人的理想與人的合理需要，構成了實踐理性的內在向度。

在形式的層面，實踐理性主要表現為正當原則（the principle of rightness），其內涵在於合乎一定的價值原則或實踐規範：行動和實踐唯有與相關的價值原則或實踐規範一致，才具有正當性。在實質的層面，價值理性則表現為有益原則或向善原則（the principle of goodness），其要義在於行動或實踐過程合乎行動主體或實踐主體的合理需要，這種需要的滿足同時意味著價值（善）在實質意義上的實現。行動與實踐過程同時涉及手段與方式，就行動和實踐過程中的手段、方式而言，實踐理性又具體展開為有效原則（the principle of effectiveness），其內在的要求在於合乎實然（事實）與必然（存在的法則）：實踐活動的有效展開，既基於事（實然），也依乎理（必然）。如果說，正當原則與向善原則主要從價值的形式之維與實質之維體現了理性與實踐的關係，那麼，有效原則更多地從手段、方式、程序上展示了理性的實踐形態。在以上視域中，行動和實踐的理性品格，主要便表現為行動和實踐過程本身合乎社會規範、體現合理需要、依乎存在法則。以求其善為總的指向，正當原則、向善原則、有效原則彼此相關，從形式與實質的統一、正當與善的交融、目的與方式的互動等方面展示了實踐理性的具體內涵。

在實踐活動的展開過程中，實踐理性滲入並引導著實踐過程。以自然之域、社會體制、生活世界為實踐活動的不同場域，實踐活動呈現為多樣的形態。涉及自然之域的實踐過程，首先以有效地變革自然為目標；社會體制中展開的實踐活動，以體制本身的有效運作及更廣意義上社會理想的實現為指向；生活世界中的日用常行，則更多地關乎日常生活的和諧展開。以上活動的最終目的，都指向人的存在：以成功地改變物件為目標的主客體之間的互動（所謂目的性活動），旨在使物件合乎人的需要和理

想：體制之域中的實踐活動，目標在於透過體制的有效運作，爲人的存在提供更好的社會空間；生活世界中主體間的交往，其作用之一則在於透過日常生活的和諧展開，爲人與人之間的共在提供更好的背景。當然，存在領域與實踐形態的以上區分同時又具有相對性，不同的實踐領域以及實踐活動固然呈現不同的特點，但並非彼此截然分離。

實踐活動的展開同時涉及不同的關係。人與世界的互動首先表現爲實踐主體對實踐物件的作用，與之相關的是主客體關係。以社會領域爲背景，實踐活動又伴隨著實踐主體之間的相互關聯，後者具體表現爲主體間關係。在實踐過程中，主體不僅與客體和他人相涉，而且需要面對自我，由此進而發生主體與自我的關係。以上關係呈現多重形態，其交錯、互動既構成了實踐活動展開的前提，也賦予實踐過程以現實的品格。從實踐的層面看，主客體關係、主體間關係以及主體與自我的關係所涉及的是實踐活動中的客觀性、主體間性、主體性。就其現實性而言，實踐過程的歷史展開既需要對主客體關係、主體間關係以及主體與自我的關係加以適當定位，也離不開對蘊含於其中的客觀性、主體性以及主體間的現實確認。

以現實中的多重關係爲具體背景，實踐過程本身又面臨理性化或合理性的問題。理性化或合理性包含不同內涵，它不僅可以從價值層面或工具（手段）的意義上加以理解，而且也可以從實踐過程所涉及的不同關係加以考察。實踐過程的合理性或理性化既涉及形式之維，也關乎實質的方面。從實質的層面看，理性化既與「理」相關，也與「情」相涉。在積極的意義上，實踐活動的理性化表現爲合「情」與合「理」，這一論域中的「合」既意味著普遍之理（存在法則與社會規範）與具體情境的交融，也展現爲形式層面的理性程序與實質層面的情感溝通、情感關切的統一。理性化的以上內涵與實踐理性的原則具有內在的一致性：如果說，實踐理性的正當原則主要表現爲與「理」（作爲當然之則的規範）相合、向善原則

作為實質層面的價值取向內在地蘊含合乎「情」（體現價值取向的「人之情」）的要求，那麼，有效原則則既意味著合「理」（合乎作為必然的普遍法則），也趨向於合「情」（合乎體現實然的「物之情」）。

　　從哲學的視域看，實踐過程不僅涉及實踐理性以及理性化的問題，而且與寬泛意義上的實踐智慧相關。作為智慧的實踐體現或智慧在實踐之域的具體形態，實踐智慧以觀念的形式存在於人之中並作用於實踐過程，其中既凝結著相應於價值取向的德性，又滲入了關於世界與人自身的知識經驗，二者融合於人的現實能力，並呈現內在的規範意義。以成己與成物為指向，實踐智慧融合了理論理性與實踐理性，體現了說明世界與改變世界的統一。在制約和作用於實踐的過程中，實踐智慧既滲入了價值的關切，也包含著理性的判斷。基於「度」的觀念，實踐智慧注重度量分界，並由此溝通普遍的理論引導與具體的情境分析。相應於德性與能力的統一，實踐智慧以實踐主體的存在為本體論前提，內在於實踐主體並與主體同「在」。在行動與實踐的歷史展開中，實踐智慧源於實踐又制約實踐，它在確認人因「行」而在、與「行」同在的同時，又引導實踐過程趨向於廣義的理性化。

第一章　實踐哲學視域中的行動

　　從日常的生活空間，到經濟、政治、文化等領域，行動發生並展開於人存在過程的各個方面。作為人存在的方式，行動本身應當如何理解？行動對世界和人呈現何種意義？當我們從實踐哲學的層面考察行動時，以上問題無疑難以迴避。

一、「是什麼」與「做什麼」

　　行動可以從廣義與狹義二個方面加以理解。狹義的行動主要表現為個體的活動或行為，在分析哲學關於行動的理論（theory of action or philosophy of action）中，行動主要便被理解為個體性的活動或行為；廣義的行動則展開為多方面的社會實踐，涉及以上所說的政治、經濟、文化等領域。行動的以上二重形式並非互不相關：個體性的活動或行為往往內在於社會實踐的過程，廣義的社會實踐則包含個體性的活動。

　　與人的存在過程多方面性相聯繫，行動的現實形態也呈現多樣性。首先是日常生活中的行動。作為人的生命生產與再生產的實現形式，日常生活構成了人存在的基本形態，這一領域的行動，一般以日用常行的方式表現出來。從家庭之中的飲食起居，到鄰里間的往來；從傳統社會中的灑掃應對，到現代社會中的休閒娛樂，日常的行動體現於不同的方面。

　　對人而言，生命的生產和再生產與生存資源的生產與再生產難以彼此分離，後者（生存資源的生產）涉及更廣意義上的勞動過程。日常生活主要以人與人之間的交往為背景，並不以物的變革為直接的指向，勞動與生產活動則更直接地關乎物的變革：在生產和勞動的領域，人的行動既基於人與人之間的相互合作、協調，又以物為直接的作用物件。

　　生產與勞動作爲行動的具體形態，屬前文提及的社會實踐。廣而言之，以社會實踐的形式呈現的行動同時展開於社會的不同方面。在經濟領域，行動表現於投資、交易、管理等多重環節；在政治、法律領域，行動則與政治主張、法律規範等相聯繫，並以政黨、政府、法律機構等組織與體制的存在爲其背景。

　　相對於經濟領域及政治、法律體制中的行動，科學、藝術等領域的活動更多體現了文化創造的品格。作爲文化領域的活動，科學研究、藝術創造無疑都涉及觀念之維，然而，它們並非僅僅囿於內在的意識之域，以科學而言，即使是理論科學，其活動也涉及科學共同體的交流、論辯，這種交流、論辯總是超乎個體的內在意識而表現爲影響和作用於其他個體的行爲。同樣，藝術的創作也透過各種形式的藝術作品而形之於外，由此對社會產生不同的影響，在這方面，其創作過程也不同於純粹的觀念活動而表現爲特定的行動。

　　科學領域的行動以眞爲指向，藝術的創作則關乎美，與眞和美相聯繫的是善，後者在道德行爲中得到了具體的體現。歷史地看，西方哲學傳統中的實踐，中國古典哲學中的「行」，往往首先涉及道德領域中的行爲。就道德行爲本身而言，其特點之一則在於既表現爲個體性的行動，又包含社會實踐的內涵。作爲德性的外化，道德行爲無疑體現了行動者的內在品格，然而，以成己與成人爲價值目標，它同時又展現於現實的社會境域，並多方面地作用於社會共同體。

　　行動既以人爲主體，又構成了人的基本存在方式。對人而言，「是什麼」與「做什麼」往往無法相分。所謂「是什麼」，既與類的層面人所達到的發展形態相聯繫，也涉及個體的存在。歷史地看，在類的層面，「人」的存在形態總是相應於他們在不同歷史時期的「行動」（實踐）。運用工具進行的勞動，是人不同於動物的基本行動形式，正是這種特定的「行動」，使人走出了自然，成爲與自然既相關又相對的特定存

在。不同的勞動方式以及與之相應的其他行動（實踐），進一步將人在不同發展時期的存在形態區分開來。以石器爲主要工具的生產活動，構成了原始時代人類的主要行動方式，這一時期的人類，則相應地處於近乎自然的存在形態。隨著歷史的演進，人的勞動方式以及其他的行動（實踐）方式不斷地發生變化，而人類自身的存在方式和存在形態也形成相應的改變。農耕或遊牧這一類勞動（行動）方式，賦予人的存在以早期（前現代）的文明形態；基於近代工業的生產活動及與之相應的政治、文化行動，使人的日常存在與非日常存在形態都形成了與農耕時代不同的特點；當代資訊技術的發展，則使人的存在方式和存在形態越來越打上資訊時代的印記，如此等等。

從個體的視域看，其存在形態也與他們的行動方式相聯繫：人的存在透過他們的行動而得到具體體現。亞里斯多德已有見於此，在談到爲何需要關注行動時，亞里斯多德指出：行動「同時決定著行動所產生的品格之性質」。[1]換言之，人具有何種品格，與他從事何種行動難以分離。加達默爾也注意到了這一點，在他看來，「人其實是透過他做什麼和他怎樣行動才成爲這樣一個已成爲如此地、但也是正在如此地以一定方式去行動的人。」[2]寬泛而言，「是什麼」涉及不同的層面，如前文所述，在最一般的意義上，「是什麼」涉及人之爲人（人不同於其他存在）的本質，與之相關的行動，首先體現爲製造與運用工具等活動。「是什麼」也關乎人的多樣存在形態，這種不同的存在形態，往往透過特定的身分、角色而表現出來，後者並非僅僅由靜態的社會關係所賦予，而是與多樣的行動方式或行動過程相聯繫，並形成於這種行動過程。作爲社會的存在，人總是包含經濟、政治、文化、道德等不同的規定性，人本身則表現爲相關領域中

---

[1]　Aristotle, *Nicomachean Ethics*,1103b30, *The Basic Works of Aristotle*, Random House, 1941, p.953.

[2]　加達默爾：《真理與方法》上卷，上海譯文出版社，1992，第401頁。

的主體。然而，這種存在規定之獲得現實的品格，又離不開具體的行動過程：正是在從事經濟活動的過程中，人成爲經濟領域的主體；在參與政治實踐的過程中，人成爲政治生活的主體；在按道德原則、道德理想而踐行的過程中，人成爲道德之域的主體。同樣，在文化傳統的認同和歸屬方面，個體也是在按一定的傳統、習俗而行動的過程中，才作爲相關文化共同體中的成員。廣而言之，關於人，有理性的存在（理性的動物）、符號的存在（符號的動物）以及製造和運用工具的存在等等不同的理解，這些理解從不同的層面確認了人之爲人的規定性（製造和運用工具涉及人的更內在、更本原的規定性），而人之作爲理性的存在（理性的動物）、符號的存在（符號的動物）、製造和運用工具的存在，同樣是透過以理性的方式或符號的形式展開的行動、製造和運用工具的活動而得到確證。不難看到，在人的存在過程中，「是什麼」與「做什麼」具有內在的一致性。

「做什麼」與「是什麼」之間以上的聯繫，不同於「以作用爲性」。以作用爲性中的「作用」，更多地表現爲缺乏內在根據的外在舉動和現象，禪宗對「作用」的理解，便表現了這一點。朱熹曾對此提出了批評。《朱子語類》中有如下記載：「問：『聖門說知性，佛氏亦言知性，有以異乎？』先生笑曰：『也問得好。據公所見如何？試說看。』曰：『據友仁所見及佛氏之說者，此一性，在心所發爲意，在目爲見，在耳爲聞，在口爲議論，在手能持，在足運奔，所謂『知性』者，知此而已。』曰：『且據公所見而言。若如此見得，只是個無星之稱，無寸之尺。若在聖門，則在心所發爲意，須是誠始得；在目雖見，須是明始得；在耳雖聞，須是聰始得；在口談論及在手在足之類，須是動之以禮始得。天生烝民，有物有則。如公所見及佛氏之說，只有物無則了，所以與聖門有差。況孟子所說知性者，乃是『物格』之謂。』」[3]見、聞，屬感

---

[3] 《朱子語類》，卷一百二十六。又，臨濟宗的（義玄）慧照曾云：「心法無形，通貫十方，在眼日見，在耳日

知活動，議論可歸入言說行為，能持、運奔則與狹義的行動有更切近的關係。「性」所體現的是人的普遍本質，「則」（禮義等規範）可以視為這種本質的外在體現。佛教（主要是禪宗）以作用為性，意味著將人的一切活動（包括目之能見、耳之能聞的機體功能和所有外在、偶然之舉）都與人之為人的本質（性）聯繫起來。如朱熹所說，這種看法蘊含著「有物無則」，並將使行動偏離人之為人的內在規定。作為成就人（使人成為什麼）的現實前提，「做什麼」不同於疏離於人之性（本質）的偶然行為或舉動：它與「是其所是」之「是」具有內在的聯繫。正是滲入與體現不同層面的普遍本質和內在規定，使行動獲得了造就人（賦予人以類的普遍規定或一定領域中的存在品格、使之成為不同於其他物件的存在或一定領域中的主體）的力量。在這裡，「是什麼」與「做什麼」進一步呈現了內在的相關性：人之達到何種存在形態（是什麼），與人展開何種實踐活動（做什麼）相涉；人的存在形態（是什麼）又制約著人進行怎樣的行動（做什麼）。歷史地看，人的存在過程，同時也是「是什麼」與「做什麼」不斷互動的過程。

　　作為人存在的方式，人的行動與其他的存在形態一樣，本質上表現為一個系統，其中各個環節都處於相互關聯之中。在某些方面，動物的活動似乎也呈現與人的行動相近的特點，如其覓食、攻擊其他動物或防範其他動物的攻擊等等，便涉及廣義的知覺、意念活動。然而，從總體上看，動物的活動具有本能的性質，儘管它們在某些方面表現出近乎人的行動的特點，但其活動從根本上既無法擺脫本能的性質，也難以超越所屬物種的限制：「動物只是按照它所屬的那個種的尺度和需要來建造。」與之相對，人的行動在總體上展開為一個不同於本能活動的過程，並能「按

聞，在鼻嗅香，在口談論，在手執捉，在足運奔。本是一精明，分為六和合。一心既無，隨處解脫。」（《古尊宿語錄》卷四，中華書局，1994，第58頁）其中即涉及朱熹所批評的「作用為性」觀念。

照任何一個種的尺度來進行生產」，[4]後者意味著擺脫物種的限制而具有自由創造的能力。無論是勞動過程，抑或日用常行，都是其走向自由的生活、實踐系統的一個方面。正是與整個存在過程的這種關聯性，使人的行動即使在日常的層面，也構成了其作為人的存在表徵。

　　人作為現實的存在，不同於既成的物件，而具有生成的性質。從類的層面看，人之走出自然，成為自然的「他者」，經歷了一個漫長的歷史過程，這一過程具體地展開為多方面的實踐活動，其中既包括人與自然的互動，也涉及人與人之間的交往活動。就個體而言，當其剛剛來到這個世界之時，他在相當程度上還是一種自然意義上的存在，正是在實際地參與各種社會生活的過程中，個體才逐漸獲得社會的品格，成為真正意義上的人，而參與實際的社會生活，則以從事多方面的行動為其題中之義。可以看到，人的現實性品格透過其生成過程而確立，而人的生成過程，則以人在不同歷史層面展開的行動為其實質的內容。

二、何為行動

　　從人的存在境域看，「是什麼」和「做什麼」的相關性，同時使「何為人」與「何為行動」之間具有了內在的關聯。作為人的存在方式，行動本身具有何種品格？這一問題進一步引向了對行動的具體理解。

　　行動展開於人與世界的關係，其內在的指向在於透過人與世界的互動，使人和世界發生一定的變化。這裡所說的變化包含二重涵義：其

---

[4] 馬克思：《1844年經濟學哲學手稿》，人民出版社，1985，第53-54頁。

一、行動作爲特定的存在形態,其發生和展開本身也表現爲廣義存在的變化過程;其二、在作用於世界的過程中,行動同時使人和世界發生了不同形式的變化。在這裡,「是什麼」與「做什麼」之間的相關性從更廣的層面得到了展示:人的行動使人和世界發生某種變化,這種變化又進一步制約著人與世界的存在形態(成爲什麼)。換言之,人與世界之成爲什麼(發生什麼變化),與人的行動(對世界與人自身的作用)無法分離。行動與世界的以上關聯既使行動獲得了現實的品格,又賦予它以深沉的本體論內涵和價值論意義。

　　以人和世界的變化爲現實的指向,行動既不同於單一的意念活動,也有別於純粹的身體移動,而是表現爲身與心的互動。[5] 單純的意念活動僅僅限於精神之域,對外部的存在沒有發生實質的影響,從而不同於現實的行動。單一的身體移動可以有不同的情形。一種情形是肢體或身軀被強制性的移動,如在外力的強制之下從某一位置移向另一位置,此時身體雖然移動,但這種移動並非出於個體的意願,而是外部力量使然。另一種情形是無意識活動,如無意中抬腿或伸臂、不經意間觸碰某物等等。在以上情形之下,身體的移動都沒有意識的自覺或自主參與,從而不構成具有意向性的行動。行動過程中身與心的互動,可以透過按開關之例來說明。被按住手、強制地撤下開關,不是行動,因爲此時有「身」(身體「被移動」)而無「心」(內在的意向);「想」按開關而無相應的肢體活動,也不是行動,因爲此時有「心」(內在的意向)而無「身」(肢體活動)。唯有既出於內在意向,又用手按下開關,才是行動,而這一過程便表現爲身與心的統一。後期墨家在對人之「爲」作界說時,曾指出:

---

[5] 在中國哲學中,「身」的內涵有廣義與狹義之分。廣義上的「身」可指作爲具體存在的個人,其中包含身與心的統一,如《大學》所說「修身」,便涉及這一意義上的「身」。狹義上的「身」則指與「心」相對的軀體。這裡所說的「身」是就狹義而言。

「志行，爲也。」[6]這裡的「志」與動機、意向相關，「行」則是與身相涉的活動，對後期墨家而言，「志」與「行」合，才構成人的實際行爲或行動（「爲」）。這一看法無疑也已注意到行動過程中身與心的互動。

行動的意義往往超乎行動的主體，並具有不同層面的社會影響。以思想或觀念而言，僅僅內在於主體意識過程中的思想或觀念，不是行動，因爲此時思想或觀念並未超出個體及其意識之域。然而，將上述思想或觀念表達出來，並與他人交流、討論，則是行動：後者超越了個體的意識之域，進入了人與人之間的理解、溝通過程，並構成了哈貝馬斯所謂交往行動（communicative action）的一個方面。同樣，以觀念、思想影響社會，也是一種行動，通常所謂傳播、宣傳，即屬於這一類行動。廣而言之，在思想、觀念的引導下展開對世界和人自身的多方面作用，並進一步化觀念爲現實，則在更內在、更實質的層面展開爲行動過程。思想、觀念與行動的以上關聯，從一個方面體現了行動所具有的社會作用和社會意義。

行動既以身與心的統一爲特點，又展示了現實的社會效應和意義。以多樣的形式爲具體的存在形態，行動同時包含普遍的規定。從行動的普遍性之維看，這裡首先涉及行動的基本單位。什麼是行動的基本單位？這一問題的實際內涵是：何爲有意義的行動？作爲一個過程，行動可以區分爲不同的系統，其中複合性的行動系統往往包含著若干從屬性的行動系統。行動的系統性，意味著行動的可分解性（複合的行動系統可分解爲不同的子系統或亞系統）。然而，這種分解又總是有其限度：超過了一定限度，則有意義的行動便不復存在，或者說，「行動」便不再是本來意義上的行動。行動的基本單位，與行動的以上限度，具有內在的聯繫。

以上事實表明，行動的基本單位，與行動的意義無法分離。判斷某

6　《墨辯・經說上》。

一動作是否為行動，往往取決於這種動作是否呈現意義以及呈現何種意義。與行動相關的這種意義，首先與行動者的意向相聯繫：行動的意義同時為行動者本身所自覺意識。某些動作作為一種現象，也許具有特定意義，但若未為行動者所自覺意識，則不構成行動。例如，不經意間抬起手，如果沒有意向的參與而僅僅表現為單純的肢體活動，便不能被視為行動：儘管從生理學、心理學等角度考察，它或許也有某種意義，但這種生理學、心理學上的意義，主要呈現於外在的觀察過程，這種觀察層面的意義顯然不同於行動的意義，因為它缺乏行動者意向的參與，未為行動者本身所自覺意識。然而，如果以舉手來表達發言的意願，則手的抬起或舉起便是行動，因為此時手的抬起不僅呈現為一種意義的符號（與發言相聯繫）而且同時滲入了行動者的自覺意向（希望發言或要求發言）。這裡同樣涉及身與心等關係：「心」在此表現為內在的意欲（希望發言）以及信念（相信透過舉手可以實現以上意欲），「身」則體現於舉手的動作，「身」與「心」的如上統一，同時展現為一種具有符號意義的活動，在行動中這種意義又為行動者所自覺意識。要而言之，沒有意義的動作，不構成行動；不具有符號形態的「意義」（單純的內在觀念），也不同於行動：作為意義表達形式的符號，總是有形之於外的一面，而單純的意識活動則缺乏後一品格；同樣，上述意義如果未為行動者所自覺意識，與之相涉的動作也無法被視為行動。

可以看到，行動的基本單位，也就是意義的基本單位。一定的活動或動作之成為行動，其前提在於它具有為行動者所自覺意識的意義。當然，意義的呈現，同時與一定的背景以及理解過程相聯繫，理解則進一步涉及不同的視域，與之相聯繫，一種行動，其意義往往包含多種可能的理解。不過，為特定的行動者所自覺意識到的意義，則具有相對確定的內涵。以按電燈的開關而言，從意義理解的層面看，這一活動可以被解釋為「按開關」、「開燈」、「讓房間變亮」等等，其中每一種陳述都有特定

的意義。然而，具體的行動者在一定的時間、條件下所自覺意識到的意義又包含確定的內涵，與之相應，對他而言，這種行動也表現為特定的形態：他或者僅僅是按開關，或者操作開燈動作，或者實施讓房間變亮的行動。就其包含意義並且這種意義又為行動者所自覺意識而言，這種活動無疑屬行動，而它所包含的較廣解釋空間，則表明同一行動可以獲得不同的理解。[7]在這裡，行動內含意義之維與行動意義的理解具有開放性表現為相互關聯的兩個方面，而行動以意義為基本單位與行動意義本身的多樣呈現，則並行而不悖。

　　行動的基本單位具有相對獨立的意義，這種意義使相關的活動獲得行動的性質。然而，如前所述，行動同時又具有系統性，行動的基本單位總是歸屬於一定的行動系統，並構成其中的一個環節。從現實的形態看，行動大都以系統為其存在的具體形態，行動的基本單位唯有置於它所從屬的系統中，才具有完整的意義。以前文提及的舉手而言，作為以發言為意向的動作，它無疑構成了一種有意義的行動，然而，這種行動同時又處於更廣的行動系統之中：舉手發言作為一種有意義的行動，總是與課堂提問、學術會議或更廣意義上的公共討論等行動系統相聯繫，其具體的意義也唯有基於這些教學、學術、討論活動，才能形成。進而言之，完整意義上的行動，往往包含不同的環節。以戰鬥中的射擊而言，行動者的欲望是消滅敵人，這同時也構成了其行動的目的；選擇適當的位置、物件，在最佳的時間扣動扳機等等，構成了射擊的方式；命中目標或偏離目標，則是其結果。以上幾個方面，便構成了戰鬥中射擊行動的相關環節，它們彼此聯繫，從另一方面賦予行動以綜合的形態。這種行動不同於僅僅以扣動扳機為內容的單一性行動，它構成了戰鬥過程中射擊的現實存在形態。可以

---

[7]　戴維森將以上現象稱之為對一件事情的不同描述。（參見戴維森：《行動、理由與原因》，載戴維森：《真理、意義與方法》，商務印書館，2008，第388頁）從邏輯上看，不同描述的背後，便是不同的理解。

看到，在邏輯的層面上，行動可以區分為單一的形態與綜合的形態，在現實的層面或完整的意義上，行動則首先呈現綜合性的特點。

當代的分析哲學曾對行動做了種種的考察，然而，從總體上看，其行動理論或行動哲學（the theory of action or the philosophy of action）關注的主要是具有單一性質的行動，如開槍、開燈、發動汽車，等等，對行動的理解，基本上也限於以上層面。對很多分析哲學的行動理論而言，以上層面的行動似乎便構成了一個完整的系統，他們的進一步討論，常常主要涉及扣扳機與開槍或殺人的關係、按下開關與開燈的關係、旋轉汽車鑰匙與發動汽車的關係等等，在這一類情形中，行動的完整系統都限於相對單一的動作。從這一層面討論行動，固然有助於在微觀的維度理解行動，但從人的實際存在過程看，以上行動已包含某種抽象（將某一行動從更廣的行動系統中抽取出來），如果僅僅限於這一視域，無疑容易忽視行動的現實形態，並使相關的討論流於空泛。以開槍而言，在其現實性上，它往往與狩獵、戰鬥、刺殺、行刑、射擊比賽等行動過程相聯繫，其具體的意義，也唯有聯繫這樣一些現實的行動系統才能加以把握。這裡的意義並不僅僅涉及行動的社會效應，而是關乎行動本身的內在意蘊。離開更廣的行動背景談扣動扳機或開槍等活動，顯然難以避免其抽象化。

三、行動的結構

作為具有綜合性或系統性的現實存在形態，行動包含著內在的結構。從意欲到評價，從權衡到選擇，從做出決定到付諸實施等等，行動的結構體現於不同的方面。首先是行動意欲的形成。意欲的特點在於包含個

體的內在要求，它既可呈現為當下的欲望，也可以表現為相對穩定的意向。當下的欲望通常指向特定時空中的某一物件，相對穩定的意向則以較長時期的目標為其內容。聽了某人在學術會議上的發言後立即想表達自己的意見、走出辦公室馬上想吸菸等等，這是當下的欲望；希望獲得碩士或博士學位、想成為成功的企業家，則是一定時期中相對穩定的意向或具有未來指向的意願。意欲的形成既與個體的人生經歷、知識累積、價值取向等相聯繫，又涉及具體的存在境遇或情景。在學術會議中聽了別人的發言後想發表自己的意見，首先以相關個體具有某種知識背景為前提：這種背景使之對發言人的觀點產生了贊同或反對的看法，而特定的存在情景（學術會議），又使其提出自己的觀點成為可能，相關的欲望（發表自己的意見）則由此而形成。同樣，希望獲得博士學位的意向，也既基於相關個體的教育背景、人生追求，又涉及特定的存在境遇（在一定社會環境中，具有博士學位可以為個體改變生存狀況提供某種可能）。

　　這裡可以對基於預見及推論的選擇與意欲之間的關係，做一分析。行動如果基於預見及推論，則這種行動首先便表現為對預見或推論結果的理性認定，例如，若是因為預見到某一行動將會成功而選擇該行動，則這種選擇的直接依據，即是理性的活動。同樣，根據通常他人在某一情況之下會做某事、而自己目前所處情況與之完全類似，由此推出自己也應去做某事，這種行動的選擇亦主要出於理性的推論。從直接的形態看，以上的行動選擇顯然有別於出於意欲的行動。然而，如果做進一步的考察，便不難注意到，即使在上述情形中，意欲在某種意義上仍滲入其間。對成功的預見之成為選擇的依據，在邏輯上以成功的可欲性為前提；從相似情境推出應選擇相同行動，則或者出於趨同、從眾的意向，或者為了避免與眾不同可能導致的各種負面評論等等，這些意念活動中都內在地包含了意欲的內容。質言之，僅僅基於預見及推論的行動選擇固然不同於出於意欲的行動，但這種純粹的形態僅僅是邏輯的抽象，在現實過程中，難以將意欲完

全從行動中加以排除。

　　意欲對行動的作用，往往透過動機而得到體現。這裡涉及意欲與動機的關係。意欲可以轉化動機，但並非一切意欲都會轉化為動機。意欲能否轉化為動機，與意欲本身的正當與否相聯繫，而意欲的正當與否，則關乎意欲的評價。這種評價，首先表現為意欲主體的自我反省：自我總是根據其接受、選擇的價值原則或價值規範，對相關的意欲做出反思和評判，以確定其正當與否：合乎一定價值原則或價值規範，則被視為正當，與之不一致，則被視為不正當。所接受的價值原則或價值規範不同，則對意欲性質（正當與否）的判定也相應地有所不同：同一意欲，相對於不同的價值原則，往往呈現不同的性質。從意欲與行為動機的關係看，唯有意欲獲得肯定的評價（被確認為正當），才能轉化為影響行為的動機。在這裡，需要區分意欲的形成與意欲的接受。意欲的形成常常不由自主，但這種意欲被接受為行為的動機，卻離不開自我的評價。當然，這種評價不一定以明晰的方式展開，也不一定取得嚴密的邏輯推論形式，而往往以簡縮的思維活動為其形態，表現為當下的、直覺性的反應，並蘊含於自我對意欲的認可、接受或抑制、拒斥過程中。

　　從邏輯上看，意欲自我評價時所參照的價值原則或價值規範，並非僅僅限定於某一種，然而，對一定時空條件下的特定個體來說，其接受、肯定的原則卻具有相對確定性。以「想吸菸」這一意欲而言，在邏輯的層面，其評價過程至少可能涉及兩條價值原則：即健康的原則與快樂的原則。以健康的原則為評價標準，吸菸的意欲無疑不具有合理性（亦即缺乏價值層面上廣義的正當性），但從快樂的原則出發，則吸菸又具有合理性或價值上的正當性，因為它的滿足可以給相關個體帶來當下的愉悅。當然，儘管在邏輯上存在以不同價值原則為評價標準的可能，但在以上情形中，當事者（相關背景下的行動主體）所確認的，往往是其中的某一條原則（健康的原則或快樂的原則），他對相關意欲（吸菸）的自我評價，也

總是以所確認的這一原則爲依據。

　　當代的行動理論對意欲或欲望也給予了相當的關注，然而，在肯定意欲可以引發行動的同時，其中的一些論者往往忽略了意欲的自我評價問題。行動如何發生？分析哲學系統中的行動理論常常以欲望（desire）加信念（belief）的模式加以解釋：如果行動者形成了某種欲望，同時又相信透過某種行動可以使這種欲望得到滿足，那麼，他便會去實施以上行動。從解釋的層面看，欲望與信念的結合構成了行動的理由；從過程的層面看，二者的融合則表現爲行動的原因。在以上的行動解釋模式中，欲望似乎直接或自發地成爲行動的動因。這種看法，多少忽視了行動主體對欲望的自我反思和評價。這裡可以對法蘭克福（Harry G. Frankfurt）相關看法做一考察。法蘭克福曾區分了初階欲望（first-order desire）與二階欲望（second-order desire），前者即通常直接形成的某種欲望，後者則是想形成某種欲望的欲望。例如，毒品上癮者有吸毒的欲望，這屬於初階欲望，試圖形成不吸毒的欲望，這則屬於二階欲望，這種二階欲望又被稱爲二階意欲（second-order volitions）。從邏輯上看，二階欲望或二階意欲似乎也涉及對初階欲望的再考慮，而且，法蘭克福也肯定，在二階欲望的形成中涉及人的反思性評價能力。然而，在以上區分中，直接相關的首先是不同層面欲望之間的關係（諸如以後繼欲望抑制或取代先前欲望）。對法蘭克福而言，儘管沒有理性的生物不可能成爲人，但人之爲人的本質卻不在於理性而在於意志，與之相聯繫，二階意欲的形成主要也不是基於自覺的理性思慮。[8]可以看到，在有關意欲的如上理解中，對意欲生成與抑制的關注，多少超過了對意欲的價值內涵及其意義的理性考慮，這種首先與欲望更替相涉的二階意欲與理性對欲望本身之性質的反

---

[8]　參見Harry G. Frankfurt, "Freedom of the Will and the Concept of a Person," in Harry G. Frankfurt, *The Importance of What We Care About*, Cambridge University Press. 1988, pp. 11-25.

思，側重顯然有所不同。從根本上說，人的行動不同於動物性本能行為的重要之點，便在於人的欲望往往並不是在未經評價的情況下直接進入動機的層面，略去對欲望的反思與評價，便很難真正將人的行動與動物的行為區分開來。

當然，意欲與動機的關係，往常常呈現複雜的形態。普遍的價值原則或行為準則在為個體所自覺接受後，經過知與行的長期過程，可以逐漸融合於個體的內在意識，成為類似「第二天性」的習慣性觀念，由此出發的行動，也每每取得不思而為、不勉而行的形態。如對於現代社會中習慣於遵守交通規則的個體而言，按交通規則而行已經不須考慮：當他看到某種交通信號，便會自然地按相應的規則而行動，此時他似乎不僅無需化意欲為動機，而且動機本身也已隱而不顯。然而，即使在這種情況下，意欲與動機也並沒有離開理性的意識。這裡的特點在於：基於習慣性的觀念，理性的意識已直接滲入於動機，意欲、動機與理性的意識則相應地融合為一，從而，動機形成的當下性、直覺性趨向也得到了更突出的展現。

行動的動機內在地包含目的性之維，這種目的同時構成了行動所趨的目標或「先行」到來的行動終點，從而具有未來的指向。帕森斯已注意到這一點，在他看來，「目的這個功能總是包含著一個與未來有聯繫的內容，即與預期的事態聯繫著。」[9]目的的實現或目標的達到，意味著形成一定的結果，在行動發生之前，這種結果首先以可能的形態存在。行動可能導致的結果對人將具有何種意義？這裡既涉及對行動結果的預見，也關乎對行動目標的權衡、選擇。行動所形成的同一結果，往往呈現不同的意義，從價值的層面看，這種意義既可以呈現正面性質，又可以包含負面的性質。是否選擇某種行動，以比較、權衡行動結果可能蘊含的不同意義為前提。如果存在不同的意欲以及與之相關的動機，則進一步面臨不同動機

---

[9]　帕森斯：《社會行動的結構》，譯林出版社，2003，第827頁。

所關涉的不同行動結果，並相應地涉及對這些結果可能蘊含的諸種意義的比較、權衡。權衡的過程既關乎事實層面的認知（把握在一定的背景、條件之下行動可能產生的結果），也指向價值層面的評價（判定相關行動結果對行動者或社會可能具有的正面或負面意義）。後期墨家在對「權」作詮釋時，曾指出：「權，非為是也，亦非為非也。權，正也。」[10]這裡所強調的是行動中的權衡與狹義認知過程中的「別是非」之異，按後期墨家的看法，作為行動的環節，「權」並非僅僅以認知意義上的辨是非為指向，而是首先關乎價值層面的正當性。儘管將權衡與辨是非分離開來有其問題，但其中也有見於行動過程中權衡的價值內蘊。比較、權衡之後，是選擇與決定。選擇表示的是對動機以及動機所指向的行動結果的確認，決定則意味著從意欲和動機向行動過渡。這裡需要對決定給予特別的關注：從行動的精神趨向看，做出決定表明終結了考慮、徬徨、猶豫；就行動的具體實施而言，決定則表現為行動的觀念性啓動。向行動邁出更實質性一步的是試圖（trying）。試圖既與行動的意向相聯繫，又不同於一般的意向。當一個人知道某事絕對不會成功時，他可能仍會有相關的意向，但卻不會試圖去做：對於這類事，即使有心為之，也只能停留於觀念之域，而不會試圖落實於行動。[11]相對於觀念層面的意欲，試圖表現為一種行動的趨向。這一視域中的試圖儘管不同於實際的行動，但較之單純的打算（intend to）或決定，其行動的意向性更強，它在某種意義上可以視為從觀念（打算、決定）到行動的一種過渡或仲介。[12]

---

[10] 《墨辯·大取》。

[11] 在某些情況下，雖然各種事實都顯示某種行為不大可能成功，但個體卻仍不會放棄行動。如某人在患了不治之症之後，儘管按既有的醫學發展水準，這種疾病基本上沒有治癒的希望，但他本人及他的親人都仍會四處尋醫，不會輕易放棄。之所以如此，主要在於患者和他的親人都不至於對該病的醫治完全無望：出於強烈的求生願望或基於對親人的極度關愛，他們依然相信奇蹟可能會出現。這種希望意識與知道某事絕對不會成功，顯然有所不同，基於以上觀念的行動取向，也相應地彼此各異。

[12] 從廣義的行動視域看，試圖還具有另外的形式。首先是透過某種活動或步驟，來完成另一種行動，如試圖透過開閘，以降低水庫的水位；在沒有橋的情況下，試圖透過涉水，以渡過河流等等，這種試圖本身也是一種行

　　不過，決定和試圖固然意味著由動機引向行動，但動機本身主要透過確認目的而爲行動規定方向，亦即確定做什麼，與之相關的尙有如何做的問題，後者所涉及的，也就是目的如何實現的問題。在單一性的行動中，做什麼與如何做往往具有交錯重合的特點，如在舉手發言的行動中，以舉手的方式表示發言的意向，便既涉及做什麼，又展示了行動的方式（如何做）。然而，在綜合性或系統性的行動中，情形常常顯得較爲複雜：確定做什麼之後，如何實施這種已確定的行動，具體地涉及行動的方式、手段、程序、不同環節之間的關係，等等。如果說，「做什麼」首先關乎價值的取向，那麼，「如何做」則更多地涉及理性認知。作爲行動結構中的兩個方面，「做什麼」與「如何做」的相互關聯，同時體現了價值關切與理性認知之間的交融。

　　就行動過程而言，與價值取向相聯繫的意欲與動機，直接關涉行動的正當性問題。當然，如前所述，行動的這種正當性，又與一定的價值原則相聯繫：當意欲和動機合乎一定的價值原則時，便具有正當性，反之，則每每被賦予非正當的性質。相形之下，對如何做的理性考慮，則更多地指向行動的有效性（能否有效或成功地達到預期目的）。有關行動正當性與有效性的如上關係，在更本原的層面關乎行動過程中的目的與手段。對動機（欲「做什麼」）的價值評價所涉及的，實質上便是目的是否正當，關於「如何做」的思考，則以手段的有效性爲主要關注之點。不難看到，在行動的過程中，價值理性與工具理性同樣呈現出內在的相關性。

　　從意欲的形成、意欲透過評價而轉化爲動機，到做出決定，主要表

動。（R. Stout在*Action*中將trying基本上等同於這一類型。參見R. Stout, *Action*, Acumen Publishing Limited, 2005, pp.148-149）試圖的另一形式表現爲一種結果不確定的行動形態，如試圖抓魚池中某一條魚，但是否能抓住卻不確定（常常是試了數次之後才做到）。在以上二種試圖中，前一種形式與後一種形式的區別在於：前者表現爲更大系統中（降低水庫的水位、過河）的一個環節，後者則是一種特殊的行動系統（即結果不確定的行動形態）。

現爲觀念之域的進展，作爲改變世界和人自身的方式，行動總是超出觀念之域，以不同的方式作用於外部物件和現實世界。在系統性的行動中，行動的展開首先涉及行動的目的與具體情境之間的關係。行動的具體情境可以爲目的之實現準備條件，也可能未能提供這種條件，在後一種情形之下，便需要或者調整行動目標，或者根據現實呈現的可能，對條件本身作改變或創造新的條件。就更一般的層面而言，這裡所關涉的是合目的性與合法則性的關係。基於意欲和動機，行動總是具有目的性，但另一方面，以現實世界爲背景，行動又與實然與必然相聯繫，後者的實質內涵即合乎內在於現實世界的法則。行動的過程不斷面臨合目的與合法則性如何統一的問題。

同時，在非單一性（具有綜合性）的行動中，行動者不僅面對外部物件，而且與其他的行動者發生各種聯繫，如何處理、協調這種關係，同樣是行動過程無法迴避的問題。不同的行動者往往具有不同的意向，其價值目標、取向也各有差異，透過對話、協商、溝通以避免意向、目標之間的衝突，是行動有效展開的前提之一。系統性或綜合性的行動常常需要不同行動者之間的相互配合，包括形成行動過程中的某種默契，這裡同樣存在如何處理行動者之間關係的問題。如前所述，合目的性與合法則性關係的背後是主體（行動者）與物件的關係，處理以上關係的主要之點，在於達到主體目的與存在法則之間的統一。相形之下，行動者與其他行動者的關係則涉及主體間的互動，它所面對的問題首先是如何協調不同目的、不同意向之間的關係。要而言之，主體與物件的統一與主體間的統一，構成了行動過程的相關方面。

透過行動者與外部世界以及行動者之間的互動，行動最後將引向具體的結果。從過程的維度看，完整的行動總是包含一定的結果，這種結果往往伴隨著世界與人自身的某種變化，從而呈現爲具有現實性品格的形態。不過，結果的形成，並不意味著行動的結束。作爲現實的形態，行動

的結果對行動者以及更廣之域的社會共同體具有特定的意義，這種意義需要透過廣義的認識、反思而得到確認。行動者對行動結果的認識和反思，涉及意欲、動機與結果之間的比較，其中既包含事實層面的認知，也關乎價值層面的評價。這種認知與評價在確認相關行動意義的同時，也進一步制約著後繼的行動過程。

可以看到，在非單一（綜合）的形態下，行動呈現結構性。行動的結構既表現爲不同環節、方面之間的邏輯關聯，也展開於動態的過程。從動態之維看，行動的結構不僅體現於從意欲到評價，從權衡到選擇、決定的觀念活動，而且滲入於行動者與物件、行動者之間的關係，並以主體與物件、主體與主體（主體間）的互動與統一爲形式。

四、意向性與規範性

以行動者爲主體，行動自始便與意向相聯繫。事實上，從意欲、動機的形成，到主體與客體、主體之間的互動，都滲入了行動者的意向。行動區別於其他現象的內在特點之一，便在於包含意向性。另一方面，行動的發生又有其具體的社會歷史背景，並受到社會體制、價值原則、行爲規則等多重形式的制約，從而呈現規範性。意向性與規範性的交互作用，賦予行動以複雜的形態。

寬泛而言，意向性與意識的內容存在內在的關聯。一方面，意識的具體形態和內容固然呈現多樣性，但這些不同的形態和內容都包含意向性，另一方面，意向總是基於意識的內容，而非空泛的*趨*向。布倫坦諾在談到意向（intention）時已注意到這一點。在他看來，意向的特點在於「指涉內容（reference to content）、指向物件（direction to an object）」，廣而言之，「每一種精神現象都將某種東西作為物件包含於自身。在表述中，有某種東西被表述；在判斷中，有某種東西被肯定或否定；在愛中，有被愛者；在恨中，有被恨者；在欲望中，有欲望指向的對象；如此等等。」**13**與意識內容及形態的多重性相聯繫，意向的表現形式也具有多樣性。

與行動相聯繫的意向，首先涉及目的性。目的既內在於動機之中，又指向觀念之外的物件。一般而言，意向本身具有某種指向性，以目的性為內容，意向的特點具體表現為：它總是以一定的目標為指向。從意向與行動的關係看，這種目的指向性使行動既不同於機械的力學運動，也區別於無意識或下意識的身體移動。意向在行動中的這種作用，同時使之區別於一般的事件。以射擊而言，瞄準某一目標，並命中了該目標，這是滲入意向的行動，然而，如果瞄準某一目標而擊中了另一目標，則情況便有所不同。就其具有命中某一目標的意向而言，它表現為一種行動，但就其擊中另一目標而言，則它又不同於行動：在後一情況下，命中「另一」目標並不是行動者的意向，擊中這一目標相應地也不能視為意向性行動的結果，而是表現為一種事件。這裡無疑展現了行動的複雜性：同一現象，從一個方面（瞄準某一目標而射擊）看是行動，從另一方面（所命中的是另一目標，這一目標並非意之所向）看，又不同於行動。形成以上差異的重要根源，便在於前者包含自覺的意向，後者則缺乏意向性的實質性參與。

從更廣的層面上，可以對行動與行動所產生的結果做一區分。以上文提到的射擊而言，瞄準某一目標，但未擊中該目標，這是一種行動（就其

---

13 F. Brentano, *Psychology from an Empirical Standpoint*, Translated by C Rancurello, D. B. Terrell, and Linda. C. McAlister, Humanities Press, 1973, p.88。需要指出的是，布倫坦諾所說的意向性具有較為寬泛的涵義，行動中的意向則更具體地涉及與行動相關的目標、計畫、過程等等。

沒有實現預期目標而言，可以視爲不成功的行動），擊中另一目標，則是該行動產生的結果，這種結果如上所述，同時表現爲一個事件。與之相關的行動有時涉及更爲複雜的情形。在進行射擊時，如果射擊者一方面瞄準某一目標，另一方面估計自己有可能擊中另一目標，而最後又確實擊中了另外那個目標，那麼，命中另一目標就不完全是非意向性的，這一現象也相應地並非完全表現爲事件，而是具有行動的性質。向曠野隨意發射一槍，正好擊中奔跑著的某一動物，此種現象則包含二重意義：就其有意識地提槍、扣動扳機而言，這是行動；但從其非意向性地「擊中」某一動物來看，又表現爲一種事件。打獵時一邊瞄準某一動物，一邊思忖如能打中它旁邊的另一動物也不錯，結果另一動物眞被擊中，這一射擊便是行動。在這裡，行動與事件的區分，同樣與是否有意向性的參與相聯繫。

在行動過程中，目的性與預期往往難以分離。目的以一定的目標爲指向，相對於此，預期則更多地涉及未來：作爲意向的具體形態，預期既包含著目的性追求，又滲入了對行動結果的推知。如前所述，意欲轉化爲動機，以意欲的評價爲前提，而意欲的評價，又涉及相關意欲實現之後可能產生的結果，這種結果首先是透過預期而把握的。在行動的展開過程中，對結果的預期則進一步構成了引導性的意向。行動與期望的以上關聯，使之區別於遭遇性的事件。以日常的行動而言，開車去上班，這是行動，其中包含著按制度的規定開始一天工作這一預期，這種預期同時表現爲行動的意向；途中被撞，則是遭遇的事件，後者既非意欲的物件，也不屬於預期的目標。不難看到，行動與遭遇的如上區分，主要便在於行動包含以預期爲內容的意向性而遭遇則缺乏這種意向內容。

意向的更深層的特點，體現於明覺的意識。這裡所說的明覺，是指意向不僅具有目標指向或未來指向，而且具有意向的行動者同時自知其有這種意向。自知有某種意向，不同於基於觀察的物件意識，而是屬廣義的自我意識，它賦予行動過程中的意識以某種返身性的特點，從而區別於指向

外在物件的意識現象。人在夢中往往也會有身體的活動，而且這種活動常常伴隨著某種「意識」（夢本身也屬廣義的意識活動），然而，夢中的這種意識缺乏嚴格意義上的明覺形態，與之相聯繫的身體活動，也不同於包含意向性的行動。這種情況，類似於夢中說話：夢話也涉及語言，但這種言說同樣不具有明覺形態的意向性，從而，夢話也不能簡單地等同於言說行動（speech act）。當然，意向與明覺的關聯，並不總是以顯性的形式呈現，所謂自知其有意向，也並非如物件意識中的情形那樣，表現為能知對所知的外在作用。從現實的形態看，並不是先有某種意向，爾後「我知道」我有這種意向。事實上，這裡的自知與意向本身融合為一，明覺則同時構成了意向所具有的內在規定。

意向所具有的明覺性，具體地體現於行動過程的不同方面。從意欲的評價，到動機的形成，從「做什麼」的確認，到「如何做」的謀畫，行動者都處於明覺的意向形態。在系統性的行動過程中，這種明覺的意向具體地體現於反思、評價、權衡、選擇、形成計畫、貫徹計畫等環節。對意欲的反思和評價、行動目標的權衡和選擇、行動方式的確定，等等，更多地涉及觀念之域，計畫的貫徹、實行，則展開於主體與物件、主體與主體之間現實的互動過程。透過滲入於以上各個方面，意向同時以明覺的形態作用於行動過程。

當然，現實的行動形態往往表現為一個系統，其中包含不同的環節，行動與意向的關係，相應地表現出某種複雜性。在一個包含多重環節的行動過程中，一方面，行動的各個環節在總體上都圍繞著整體的行動意向而展開，並受到其引導、制約，另一方面，其中的每一環節並非都以明覺的形式表現出特定的意向。以步行去學校而言，整個行程誠然具有總的意向（即走向學校），但這一行程又可以分解為很多步伐，在完整的行走過程中，並非每跨出一步都受總體意向（去學校）的制約。在內容無法機械預定的行動中，以上特點呈現得更為明顯。如演員上臺演戲，他或她對

自己扮演何種角色具有明晰的意向，但這一角色具體如何表演，不同動作怎樣一一展開，則並非自始至終都十分清楚：事實上，如果刻意地關注其間舉手投足的每一細節，反倒會使表演過程顯得生澀而不自然。類似的情況也存在於藝術家的創作、工匠的製作等等。不難看到，在上述行動中，儘管總體過程具有明確的意向性，但並不是每一環節都以自覺的形態體現這種意向。

在行動的發生與展開過程中，意向往往呈現不同形式：它可以出現於行動之前，也可內在於行動之中。行動前的意向尚停留在觀念的形態，隨著行動的實際實施，行動前的意向開始化爲行動中的意向，這既是意向的實現，也是意向對行動的滲入。當然，行動前的意向也可能因不同的原因而終止。以日常行爲而言，打算坐公車到某地，這是一種行動之前的意向，但如果計畫乘坐的公車因故一直不來，或者後來改變主意，決定放棄乘坐公車而改用其他交通工具，那麼，一開始形成的意向便難以化爲行動中的意向。在某些情況下，可以越過行動前形成意向這一環節，而直接在行動中呈現意向的作用，通常帶有隨機性的行動，便具有這一特點。行動與意向的如上關係，體現了二者互動形式的多樣性。

行動過程中的意向，每每包含理性的內容，某種舉動之爲行動，常常也與意向所內含的理性內容相聯繫。以彈鋼琴而言，一個不懂如何彈鋼琴的兒童在看到鋼琴時，每每會去按琴鍵，並使之發出各種聲響。儘管這一過程中也會出現各種音調，在某種情況下這種音調甚至可能會近似於樂曲，然而，我們卻不能把兒童的這種活動理解爲本來意義上的彈鋼琴行動，因爲在其活動過程中儘管包含意向性，但這種意向缺乏與演奏鋼琴相關的內在意識，後者包括對樂譜、彈奏規則、琴鍵的不同功能等等的了解。當然，從另一方面看，兒童的以上活動也包含某種自覺的意向：他可能將鋼琴當做某種會發出聲音的玩具來加以擺弄。就其有意識的將鋼琴當做某種玩具來操作而言，其活動也可以視爲一種涉及意向性的行動，但

這種行動主要表現爲操作玩具意義上的遊戲活動，而不是演奏鋼琴的行動。要而言之，在以上情形中，從遊戲的角度看，其活動包含自覺的意向；從彈鋼琴的視域看，則其活動又缺乏具有明覺性的意向。在這裡，自覺的意向內容對行動的性質顯然具有規定和制約的作用。

從更內在的層面看，在意向的作用過程中，理性之維與非理性之維往往呈現相互關聯的形態。就其內涵而言，意向無疑同時包含非理性的方面，在欲望或意欲等形式中，意向便包含非理性的內容：欲求並非都基於理性的考慮。然而，如前所述，在行動的過程中，意向並不僅僅表現爲非理性的意欲，與反思、權衡、選擇等活動相聯繫，意向同時包含理性的內容，並常常表現爲滲入理性的意識趨向。以願意做某事（be willing to do something）而言，「願意做」的前提，是對將要做或需要做之事的性質、可能產生的結果，等等，都已有所了解，並在此基礎上做出自願的選擇。唯有對將要做或需要做之事已有所知，願意與否的問題才會發生，同時，也唯有獲得以上之知，願意才具有實際的意義：對毫無所知的事，一般不存在願意與否的問題。不難看到，在「願意做」這種行動意向中，非理性的意欲與理性的認知呈現相互統一的形態。

從時間的向度看，意向的形成首先基於過去的存在境域。這種存在境域在廣義上包括以往的生活經歷、知識背景、價值觀念等等。已有的存在境域，往往制約著人的意向：具有不同生活經歷、知識背景、價值觀念的行動者，其意向（包括「做什麼」的意願與「如何做」的取向），每每呈現差異。然而，作爲具有一定目的指向的意識，行動中的意向又總是涉及未來，無論以「做什麼」爲內容，抑或以「如何做」爲表現形態，意向都具有未來的指向性。進而言之，作爲行動的一個方面，意向同時內在於現實的行動過程，並體現於行動的不同環節；在行動的具體展開中，意向都具有當下呈現的形態。這樣，在時間的維度上，意向便交織著過去、未來、現在（當下）等不同的形態，並表現爲以上諸方面的統一。如

果說，理性之維與非理性之維的統一從實質的方面展示了意向的內在特點，那麼，過去、未來、現在的交融，則從時間的層面，表現了意向的過程性品格和現實性品格。

需要指出的是，行動的意向往往有不同的呈現形式：它可以取得專注的形態，也常常以非專注的形態呈現。在道德實踐的領域，理想的行動方式是不思而為、不勉而行，由此達到從容中道。然而，不思不勉，並非超越意向，毋寧說，此時意向的呈現取得了非專注的形式，這種非專注的意向儘管不同於專注的意向，但在意識的層面依然具有指向性：它乃是以近乎自然的形式指向某一目標。廣而言之，行動過程往往伴隨著默會之知，這種默會之知同樣可以視為非專注的意向：雖然它不以聚焦、專注的形式呈現，但作為內在於行動過程的意識活動，它同時以行動的適當展開為其指向。

作為使世界和人自身發生改變的過程，行動不僅包含意向性，而且始終受到規範的制約。規範在寬泛意義上包括體現價值原則的行為規則、技術性的規程等等，其作用首先表現在為行動的評價、引導等提供普遍的準則。如前所述，行動過程內含意向，就行動的意向而言，其最初的形態常常表現為意欲，而對意欲的評價，便涉及規範：意欲之被肯定、接受為動機，以合乎基於一定價值原則的規範為前提。

行動意欲的評價，主要體現於觀念之域。在行動的展開過程中，規範主要透過引導、約束或限定來對其加以調節。從作用的方式看，規範呈現多樣的形態。作為當然之則，規範以「應當」或「應該」為其內涵，後者既關乎「做什麼」，也涉及「如何做」。在「應當」或「應該」的形式下，二者都具有引導的意義：「做什麼」主要從行動的目標或方向上指引人，「如何做」則更多地從行為方式上加以引導。與引導相反而相成的是限定或限制。引導是從正面告訴人們「應該」做什麼或「應該」如何做，限定或限制則從反面規定「不應該」做某事或「不應該」以某種方

式去做。行動過程中的規範制約,使之避免了自發性而獲得了自覺的品格。

規範既與「做什麼」及「如何做」相關,也與「成就什麼」或「成爲什麼」相聯繫,道德、政治、法律、科學等等領域的規範,往往都呈現以上雙重作用。在道德領域,道德的規範既制約著人的行爲,又要求人們按道德原則自我塑造,以成爲有德性的人格。在政治、法律領域,規範不僅規定著人們的行爲,而且也要求人們成爲具有政治、法律意識及相應品格和能力的存在,亞里斯多德所謂「政治動物」以及現代語境中的守法公民,在不同的意義上蘊含了以上內涵。同樣,科學的規範也既規定和約束著科學領域的行爲,又引導從事相關活動的人成爲科學共同體的合格成員。

在具有系統性或綜合性的行動中,行動的規範性同時體現於行動與計畫的關聯。一般而言,行動的計畫包含行動的目標、行動的程序、行動的方式等等,它構成了行動的綜合性指南。在行動過程中,計畫從總體方面引導著行動的各個環節,並使之始終指向預定的目標,最終達到相關的結果。行動完成之後,計畫往往構成了對這種行動加以評價的依據之一:判斷行動是否達到預期的目標,常常便依據其是否實現以及在何種程度上實現預定的計畫,所謂「預期」,在這裡即以計畫爲其具體內容。不難注意到,從行動目標的確立,到行動結果的評價,行動的計畫在整個行動過程中展示了其具體的規範意義,而行動與計畫的關聯,則既在較廣的意義上,也從較爲內在的層面體現了行動的規範性。

從現實的行動過程看,規範與行動之間的關係常常呈現較爲複雜的形態。這裡可以首先區分行動與規範關聯的三種形式:其一,行動者根據對規範的理解,自覺的按規範行動,這種行動具有自覺的品格,但不一定完美:僅僅根據某種規範行動,一開始可能帶有生澀或生硬的特點,在初學某種技藝時,常可看到這種情形。其二,行動者對規範並無自覺意

識，但其行動卻恰好合乎規範。其三，透過反覆踐行，行動者對規範逐漸了然於心，按規範而行也變得近乎習慣，此時行動已超越了最初的生澀或生硬，呈現不思不勉、從容中矩（規範）的形態。在外在形式上，後二種行動形態具有某種相似：二者都不同於有意或刻意地遵循規範。但在實質的層面，基於反覆踐行的不思不勉、從容中矩與碰巧合乎規範有著根本的區別：前者既以長期、反覆的實踐過程為前提，又未離開對規範的自覺把握，所謂不思不勉，並非與理性的思考完全無涉，而是規範意識已凝化為內在的心理定勢，從而無需勉力思慮；後者則處於自發、偶然之域。作為長期踐行的結果，從最初自覺地有意為之，到不思不勉、從容中矩，常常伴隨著實踐的肯定與否定：行動如果合乎規範，則能夠獲得社會的認可並達到實踐的成功，反之則將受到社會與實踐本身的雙重否定（社會不予接納、實踐本身歸於失敗）。唯有透過實踐過程中多重方面的交互作用，規範意識向內在心理定勢的凝化才成為可能。就行動過程而言，第一種行動情形具有初始性和過渡性，第二種情形則往往出於運氣，具有某種偶然性。理想的行動過程在於揚棄以上二種形態，走向並達到第三種行動之境。

　　與具體的規範相聯繫的是廣義的規範性意識。規範性的意識往往與規範性概念或語言的引用相聯繫，其作用在於使一定背景中的義務具體化和明確化。以勞動過程而言，「進入建築工地應該戴安全帽」，這是生產領域的規範，「我應該戴安全帽，因為我已進入建築工地」，這裡滲入的則是個體的規範意識。在此，前一「應該」與後一「應該」具有不同涵義：「進入建築工地應該戴安全帽」這一要求中的「應該」固然具有規範意義，但它所體現的主要是普遍的、一般的義務；「我應該戴安全帽，因為我已進入建築工地」，其中的「應該」則使普遍的、一般的義務取得了具體而明確的形態：無論是義務所指向的物件，還是提出義務的背景，在此都超越了一般的形態而被具體化了。行動過程的展開，往往伴隨著從一

般規範到個體規範意識的轉化。

　　透過規範性概念與個體規範意識的結合而使義務具體化，這一過程在現實的層面涉及具體的實踐情境：義務的具體化，乃是以實踐關係、實踐背景的具體化爲其現實根據。然而，一些哲學家對此往往缺乏充分的關注。在當代哲學中，布蘭頓對行動的規範性給予了較多的考察，但這種考察主要又著眼於語言的層面。在他看來，行動關乎規範性表述，後者又以明晰化爲指向：「規範性詞彙（包括愛好的表達）使對於實踐推論的實質規定（material proprieties）的贊成（或賦予、承認）變得明晰。」[14]這裡所說的贊成、承認，以義務的承諾爲主要內容。從主導的方面看，在突出規範性的同時，布蘭頓又著重從語用學層面強調：規範性表述的意義在於義務承諾的明晰化。按其實質，規範的明晰性以實踐背景及實踐過程的具體性爲其本體論的根據，然而，布蘭頓的以上看法卻多少將實踐背景及實踐過程的具體性還原爲語用學意義上的明晰性。儘管他也提及實踐推論的「實質」之維，但邏輯地看，承諾的明晰化主要與語義理解及行動主體的自覺意識相聯繫，將規範性表述或具有規範意義的概念之引用歸諸於承諾的明晰化，似乎仍限於語言及觀念之域，而未能對實際的行動背景給予必要的確認。

　　作爲具有社會性的活動，按規範而行動呈現形之於外的特點，而非僅僅圍於行動主體的內在意識。維特根斯坦曾對「認爲自己遵守規則」與實際地遵守規則做了區分：「因此，『遵守規則』也是一種實踐。而認爲自己遵守規則並不是遵守規則。」[15]這裡無疑注意到遵循規則並非單純地表現爲個體的自我意識或自我認定，而是需要由實踐過程來確證。然而，維特根斯坦由此進而將遵循規則與內在的意識、精神過程（mental pro-

---

[14]　Robert B. Brandom, *Articulating Reason: An Introduction to Inferentialism*, Harvard University Press, 2000, p.89.

[15]　維特根斯坦：《哲學研究》§202，商務印書館，1996，第121頁。

cess）加以分離，否定遵循規則的行動中包含意識的自覺參與。在他看來，「當我遵守規則時，我並不選擇」，「我盲目地遵守規則。」[16]「盲目地遵守規則」而「不選擇」與不思不勉、從容中矩的行為方式不同：如前所述，不思不勉、從容中矩是經過自覺而又不限於自覺，「盲目地遵守規則」而「不選擇」，則尚未經過這樣一個自覺的過程，它在實質上很難與基於運氣的偶然、自發之行區分開來。事實上，遵循規範的意識與實際地遵循規範並非截然對立。是否遵循規範固然不能僅僅依據行動者的自我認定，而應以他所實際從事的行動來判斷，但對自覺的行動而言，實際地遵循規範亦以對規範有所知並具有遵循規範的意識為前提，否則，合乎規則就可能僅僅成為基於運氣的偶然、自發之行，對此，維特根斯坦似乎未能給予必要的關注。這裡顯然同時應當對實踐規範的明晰（explicit）形式與以蘊含（implicit）形式加以區分：規範既可以透過明晰的方式表達，也往往蘊含於行動過程，並透過實際地「做」（行動）來顯示。與以上區分相聯繫，從規範與行動主體的關係看，實際地遵循規範固然不能等同於以明晰的方式自認為遵循規範，但如果這種遵循規範的行動有別於基於運氣的偶然之行或自發之行，那麼，它便意味著行動主體在行動過程中以默會的方式確認了對規範的遵循。

　　要而言之，行動既內含意向性，又具有規範性。作為行動的兩重維度，意向性與規範性本身呈現內在的關聯。就意向而言，其作用和活動往往受到規範的制約：如前所述，從意欲的評價以及行動目標的權衡、選擇、決定，到行動過程的調節，意向的作用都與規範的引導、限定相聯繫。另一方面，規範的作用過程，每每滲入了意向活動：規範對行動過程的制約，常常透過行動者的意向活動而實現，即使在計畫對行動的引導中，也處處滲入了意向（包括按計劃而行這一行動意向）的作用。當

---

[16] 維特根斯坦：《哲學研究》§219，商務印書館，1996，第128頁。

然，如上所述，在具體的行動過程中，意向的這種作用既可以取得明晰的
形式，也往往以蘊含或默會的方式展開。意向與規範的內在關聯，同時
體現於規範的內化過程之中。透過社會的教育、引導與個體的接受、領
會、認同的互動以及個體自身的反覆踐行，普遍的規範每每逐漸內化於個
體意識，並成為個體觀念世界的內在構成，作為觀念活動表現形式之一的
意向活動，也相應地內含著融合於個體觀念世界的規範內容。在意向與規
範的如上交融中，意向與行動之間的相關性也得到了更內在的體現。

　　從行動過程看，意向性通常與行動的啓動、行動保持動態的過程等
相聯繫，從意欲、動機對行動的激發，到貫徹和完成計畫的意向對行動的
持續推動等等，都體現了這一點。就此而言，意向性無疑呈現出動力因的
特點。相對而言，規範主要從普遍的形式層面為行動的正當性與有效性提
供擔保，從規範對「做什麼」的引導，到規範對「如何做」的規定，都展
示了以上*趨向*。事實上，廣義的規範性總是呈現形式化的內涵。規範的這
一特點，使之更多地與形式因相關。意向性與規範性的以上品格，使二者
在行動過程中的關聯更內在地體現於形式因與動力因之間的互動。如果
說，意向性為行動提供了某種動力機制，那麼，規範性則首先從形式的維
度賦予行動以自覺的性質。從哲學史看，休謨比較多地側重意向（包括情
感、意欲）對行動的推動意義，康德則更多地強調普遍之則對行動的制
約；前者在關注行動之動力因的同時，往往忽視了其形式因，後者則在某
種意義上將形式因視為動力因，[17]從而或多或少在實質的層面消解了動力
因。對行動過程中形式因與動力因的以上理解顯然各有所偏。就行動的現

---

[17] 18世紀的英國哲學家湯瑪斯・里德（Thomas Reid）曾主張「把行為原則理解為激發我們去行動的東西」（湯瑪
斯・里德：《論人的行動能力》，浙江大學出版社，2011，第95頁）。這一看法在某種意義上似乎也以形式因
（行為原則）為動力因（激發行動）。當然，里德作為蘇格蘭常識學派的代表人物之一，其哲學立場與康德注
重先天形式的先驗哲學存在重要差異，而且，他對行動之動力的理解也包含多方面性，但其以上看法卻多少表
現出賦予形式因以動力意義的*趨向*。這裡可以看到哲學家對行動理解的多重品格及其複雜性。

實形態而言，意向性所蘊含的動力因與規範性所體現的形式因具有內在的統一性。

　　就行動者與行動的關係而言，意向性與規範性可以視為更廣意義上的行動意識（consciousness of action）的不同方面。作為行動的觀念背景，行動意識既涉及知道什麼（knowing that）、知道如何（knowing how），也與想要做或願意做（want to, be willing to）的意向相關。知道什麼屬事實的認知，這種認知具有描述意義；知道如何關乎行動的方式，與之相關的知識具有規範意義。但僅僅具有以上二重意識，並不能擔保行動的發生，如前文所論，行動的發生同時離不開以意欲、意願等形式表現出來的意向。關於事實之知（knowledge of that or knowing that）與關於如何做之知（knowledge of how or knowing how）都屬寬泛之域的知識：前者是命題性知識，後者則是非命題性知識，而以意欲、意願等形式表現出來的意向則不同於知識。在哲學史上，以上二者（廣義的知識與以意欲、意願等形式表現出來的意向）常常被視為彼此相分的兩種觀念形態，休謨哲學便明顯地表現出這一趨向。然而，從現實的行動過程看，廣義的知識（包括規範性知識）與意欲、意願等意向並非截然相分：事實上，在行動意識中，關於行動背景之知（knowledge of that）、關於行動方式之知（knowledge of how）與行動的意欲、動機、趨向（intention to do）總是相互交融。儘管以上諸方面不一定以十分完備、十分自覺的形態內在於主體之中，但在從事行動之前，行動者總是在一定的程度上已形成由上述內容構成的行動意識。作為綜合性的觀念形態，行動意識既是行動發生的內在前提，又呈現為意向性與規範性互動的現實背景。

五、習行、習性與存在境域

　　意向性與規範性在行動過程中的統一，乃是透過行動主體而實現。行動發生並展開於世界之中，同時又以行動者爲其現實的主體。從現實的作用看，行動既改變世界，又改變人自身。作爲行動主體，行動者與行動之間存在雙重關係：他既是行動所以可能的前提，又是行動的目的，此所謂目的，主要便體現在行動同時以人（行動者）自身的改變與提升爲指向。

　　從行動者的維度看，行動的過程涉及習行與習性的關係。習行可以視爲取得習慣形態的行動，包括日用常行，習性則表現爲行動者內在的心理結構和趨向，包括日常的價值取向、思維定勢、情意表達，等等，它形成於習行的過程，又反過來制約著人的習行。布迪厄已注意到習性與行爲的聯繫，按其理解，「習性是持久的、可轉換的潛在行爲傾向系統。」[18]作爲行動者內在的心理結構和趨向，習性對日常的行動往往形成了某種定向的作用，所謂「潛在行爲傾向系統」，似亦有見於此。

　　不過，以日常習行爲本原，習性往往具有某種自發的特點，所謂「日用而不知」。它固然構成了「潛在行爲傾向系統」，但往往缺乏自覺的品格，後者決定了行動無法僅僅以此爲根據。然而，對這一點，布迪厄似乎未能給予充分的關注，在他看來，人的行動主要基於後天獲得的習性，這種習性使人具有某種行爲傾向，並在一定的情境下自發地趨向於選擇某種行動：「習性是持久的、可轉換的潛在行爲傾向系統，是一些有結構的結構，傾向於作爲促結構化的結構發揮作用，也就是說，作爲實踐活動和表象的生成和組織原則起作用，而由其生成和組織的實踐活動和表象

---

[18] 布迪厄（又譯「布爾迪厄」）：《實踐感》，譯林出版社，2003，第80頁。

活動能夠客觀地適應自身的意圖，而不用設定有意識的目的和特地掌握達到這些目的所必需的程序，故這些實踐和表象活動是客觀地得到『調節』並『合乎規則』，而不是服從某些規則的結果，也正因為如此，它們是集體地協調一致，卻又不是樂隊指揮組織作用的產物。」[19]根據以上理解，則習性主要便透過轉化為行動者的內在結構而自發地起作用。這裡固然涉及合乎規則的問題，但在出乎習性的背景下，行動者與規則的一致，並不是有意而為之。事實上，布迪厄一再將基於習性與出於有意識的意圖區分開來：「我提出的行為理論（附帶習性概念）就是說大多數人類行為完全是以意圖以外的東西為原則，也就是說，後天獲得的性情傾向，性情傾向使得行為可能而且應該被理解為傾向於這個或那個目標，然而，人們並不提出，行為曾經以有意識地瞄準這一目標作為原則。」[20]在行動的領域，固然可以經過行動的反覆以及意識的沉澱，形成某種行動定勢，由此達到不思而為、不勉而中，然而，這種行動的趨向與自覺的選擇行動目標與方式並非彼此隔絕。在涉及非單一的、複雜的行動系統時，情況尤其是如此。布迪厄將與習性相關的行動趨向與有意識的自覺選擇分離開來，似乎容易導致以出於習性消解有意識的意圖、動機。對行動的以上理解，顯然未能把握其真實的過程。

就其現實的形態而言，行動既受到習性的制約，也關乎自覺的意識，二者的統一，涉及中國哲學所討論的本體，後者同時表現為行動更深層的內在根據。這裡的「本體」首先與「工夫」相對。以王陽明的哲學系統而言，其中的本體與工夫之辯和良知與致良知、知與行之辯具有內在的相通性，這一論域中的工夫，也相應地涉及廣義的行動，與之相關的本體，則表現為某種精神形態。以意識的綜合統一為存在形態，本體的精神

---

[19] 布爾迪厄：《實踐感》，譯林出版社，2003，第80-81頁。
[20] 布爾迪厄：《實踐理性》，三聯書店，2007，第161頁。

形態或精神本體首先呈現心理的性質；從思維趨向，到德性品格，都不難看到這一點。心學將本體與「心」聯繫起來，已有見於此。然而，不能由此將精神本體歸結爲純粹的心理結構。與普遍的概念形式及規範的內化相應，精神本體同時又超越特定的心理規定，包含寬泛意義上的邏輯或准邏輯之維。事實上，精神的結構在凝化之後，其間的關係、聯結便具有穩定的性質，從而獲得了某種邏輯的意義。[21]以心理與邏輯的統一爲現實形態，精神本體既不同於單純的個體心理結構或抽象的邏輯形式，也有別於自發的習性。凝結了自覺的意識內容而又包含普遍形式的這種精神本體，往往以不同的形式制約著人的行動。從行動的取向（包括物件的選擇、目的之確立等等），到行動的方式，都內含著精神本體的作用。正是透過對行動的引導、規定，精神本體具體地展現爲行動的內在根據。

　　具有綜合性或系統性的行動，常常表現爲一個連續的過程：行動的結構性，同時以動態的方式展開，而動態的結構則以連續性爲其形態。從行動意向（意欲、動機、意圖等）的形成到提出計畫，從實施計畫到評價計畫實施（行動）的結果，展開爲一個連續的、統一的過程。就時間之維而言，行動的過程性往往展現爲目的、手段、結果之間的動態關聯。帕森斯曾指出，行動具有時間性，其體現形式之一是：目的先於「採用手段」，「採用手段」又先於結果。[22]行動在時間中展開的這種連續性、統一性，在邏輯上以行動者的連續性爲其前提。行動者的連續性，具體地表現爲個體在時間中的綿延統一：唯有行動者在時間的綿延中依然保持其自身的同一，行動者所從事的行動才可能呈現連續的品格。行動者與行動的以上關係，從動態的層面展示了行動者對於行動的主導性。

　　以行動者爲主體，行動的過程同時涉及行動者之間的關係。首先是

---

[21]　參見楊國榮：《成己與成物──意義世界的生成》第二章，人民出版社，2010,北京大學出版社，2011。
[22]　帕森斯：《社會行動的結構》，譯林出版社，2003，第827頁。

行動者彼此之間的理解。理解所側重的是觀念層面的溝通，包括一般價值取向上的大體一致，對行動意義的某種共識，在行動程序上的一致看法，對行動結果的共同預期，等等。這種理解和溝通不僅僅以自覺的形式呈現，而且每每表現為內在的默會。行動者在觀念層面的上述理解與溝通，是行動有效展開的基本前提之一。與行動者之間的理解相聯繫的，是行動者在行動過程中的相互協調與呼應。相對於理解過程之側重於觀念的溝通，行動的協調與呼應更多地涉及行動者在行動過程中的配合，包括行動中彼此達成的某種默契。觀念層面的溝通與行動中的配合，從不同方面表現了行動者的互動對行動展開的內在意義。

　　行動在使世界發生變化的同時，也使人自身發生了改變。這種變化既涉及人性能力，也關乎人性境界。寬泛意義上的能力首先是指人在廣義的知、行過程中所展示的現實力量，它體現於成己與成物的各個方面，表現為人把握和變革世界、把握和變革人自身的不同功能和作用。人的這種能力不同於外在的形式，它始終與人同在並融入於人的整個存在形態，從而構成了具有本體論意義的規定。以「人性」規定人的這種能力，既在於它體現了人的本質力量，也以其所內含的本體論性質為根據。作為人的本質力量的體現，上述能力同時構成了行動所以可能的內在條件：行動的有效展開離不開行動主體所具有的內在能力，行動的過程則相應的可以視為人運用自身能力的過程。[23]進而言之，透過具體地運用於行動過程，人的能力本身不僅得到了確證，而且使自身的進一步發展獲得了現實的前提。在這裡，人的行動與人的能力之間呈現某種互動性：行動的展開以行動能力的獲得為前提，行動能力的形成和發展則基於行動過程的展開。

---

[23] 湯瑪斯‧里德（Thomas Reid）曾對行動與能力的關係做了具體考察，並注意到了行動與能力運用的相關性：「我們把行動能力的運用稱作行為」（湯瑪斯‧里德：《論人的行動能力》，浙江大學出版社，2011，第9頁）。

　　與人性能力相關的是人性境界或廣義的精神世界，後者同樣有其多樣的表現形態。人的在世過程中，精神世界的具體內涵既相應於人的現實存在形態，也對人展示了不同的存在意義。以存在意義的自我反思爲視角，境界或精神世界的核心，集中體現於理想的追求與使命的意識。理想的追求以「人可以期望什麼」或「人應當期望什麼」爲指向，使命的意識則展開爲「人應當承擔什麼」的追問，二者與「人爲何而在」的自我反思緊密聯繫，體現了對人自身存在意義的內在關切。[24]以理想追求與使命意識爲實質內容，人性境界既透過影響價值目標和價值方向的選擇而引導、制約著廣義的行動過程，又隨著這一過程的展開而不斷使自身得到提升。從更廣的視域看，人性能力與人性境界不僅以不同的形式與行動過程彼此互動，而且自身在行動的展開過程中相互融合。基於人性能力與人性境界的如上統一，人自身也逐漸展現爲既包含內在德性又具有現實創造力量的行動主體，行動與行動者的內在關聯，則由此得到了更爲深沉的體現。

---

[24] 參見楊國榮：《成己與成物——意義世界的生成》，人民出版社，2010，北京大學出版社，2011。

第二章　理由、原因與行動

作爲人的存在方式，行動既有其理由（reason），又關乎原因（cause）。從具體的機制看，行動的理由與行動的原因所涉及的，是行動的根據與行動的動因。理由爲行動提供了根據，也使行動的理解成爲可能。在現實的形態上，理由表現爲一種系統，並關聯著內在與外在、現實與可能等不同的方面。以個體意願與理性認知的互動爲背景，理由同時關聯著自覺和自願等不同的行動形態。透過化爲內在動機，理由進一步進入因果之域。行動不僅涉及理解與解釋，而且關乎規範與引導，後者意味著不能將行動的原因僅僅限定在邏輯層面的理由，而應對其做更廣意義上考察。在這裡，形式與實質、邏輯關係與現實背景之間呈現了內在的統一，而理由、原因與行動的相關性則由此得到了具體的展現。

一、理由與行動

理由包含多重內涵。從理由與行動的關係看，理由可以視爲行動的根據：所謂有理由做或有理由去行動，也就是有根據做或有根據去行動。在這一論域中，理由首先與行動的可理解性相聯繫：沒有理由的舉動，往往無法理解。爲了閱讀或查找資料而從書架上抽取某一本書，這是有理由的行動，因爲它具有明確的目的指向。將書從書架上拿下後放上，放上後又拿下，不斷重複這些活動而又沒有任何目的，這也許可以視爲某種神經質的舉動，但卻無法歸爲出於理由的行動。在此，目的以及它所體現的方向性構成了理由的具體內容，有目的的活動表現爲有理由的行動，其過程具有可理解性；無目的的活動則呈現爲無理由的舉動，其過程往往難以理解。從以上關係看，理由與行動者或行動主體有著更切近的關係，無理由意味著從行爲主體的層面看，其舉動無緣無故，不可捉摸：它既無法思

議，也難以理喻。這一意義上的無理由，具有非理性的特點，而理由作爲行動的根據，則賦予行動以理性的、自覺的品格。[1]

在行動的視域中，理由的另一內涵涉及權利。就理由與行動者的關係而言，有理由做某事，意味著行動者有權利做某事。當然，理由與權利並不重合，這裡需要區分正當的理由與非正當的理由。一般說來，在現實的生活中，唯有具有正當性的行動理由，才可能具體表現爲某種權利。行動在某些場合具有「理直氣壯」的特點，這裡的「理直」，便既以理由的正當性爲根據，又基於理由之合乎行動者的權利。在最基本的層面，理由的正當性體現於合乎法律與道德規範。從日常的活動看，在法律與道德所容許的範圍之內，個體選擇做此事而非其他事，其中的理由便既涉及各種理性的考慮及個體的興趣，又以具有上述意義的正當性爲前提，後者同時與其所擁有的權利相聯繫，正是這種體現正當理由的權利，使行動者在面臨某種不合理的外在干預時，可以依然「理直氣壯」地堅持其行動。在很多情況下，「你有什麼理由這樣做」的追問，其實際內涵也就是「你有什麼權利這樣做」。作爲現代生命倫理學討論的重要論題之一的安樂死，其選擇與實施便關乎以上問題：在有無理由選擇與實施安樂死的背後，更爲實質的問題是特定的個體有無權利選擇和實施與終結生命相關的行動。

權利在邏輯上與責任具有相關性，理由與權利的聯繫，使之同時關涉責任。人所面臨的實踐生活包含多樣性，行動選擇的依據也往往不同，當行動與義務的履行相關聯時，其理由便涉及責任。對一個教師而言，根據課程的安排到校上課，是其日常的行動，而這種行動的理由，便以責任爲實質的內容：作爲教師，他有責任在承擔課程的情況下按相關要求到校上

---

[1] 帕菲特（D. Parfit）在考察理由時，將理由與理性聯繫起來，認爲在信念是真的前提下，如果我們去做具有好的理由加以實施的事（doing what we have good reason to do），則我們的行動就是理性的（參見D. Parfit, *On What Matters*, Oxford University Press, 2011）。儘管關於何爲好的理由、如何判斷好的理由需要做進一步討論，但肯定出於理由的行動選擇體現了理性的特點，則有見於行動的理由與行動的理性品格之間的相關性。

課。在以上關係中，責任的內涵可表述為「這是你的分內之事」或「你應該這樣做」，以否定的方式表示，則是：「你沒有理由不這樣去做」。在這裡，責任構成了行動的具體理由：有理由去做意味著有責任去做。

不難看到，在以上論域中，理由既與權利相關，又與責任相涉，但二者的側重有所不同。比較而言，責任首先關乎普遍規範或原則對行動者（個體）的要求，與之相關的理由，也更多地與後文將討論的外在理由或理由的外在性相關；權利則既基於普遍規範，又較多地體現了行動者的內在意願，與之相涉的理由則相應地更易於引向後文將討論的內在理由或理由的內在性。

當然，這裡同時需要對「應當做」與「有理由做」加以區分：有責任做意味著應當做，在此意義上，「應當」可以成為行動的「理由」，但「理由」卻並不等值於「應當」。以日常生活而言，極度饑餓可以成為偷取食物的「理由」，但這不等於當事人「應當」去偷取食物。拉茲曾認為，「『x應當做Φ』這種形式的陳述在邏輯上等值於『對x來說，有理由做Φ』這一形式的陳述。」[2]這一看法注意到了「應當」與理由的相關性，不過，認為二者「等值」，則容易使「理由」等值於「應當」，從而忽視二者的區分。以上情況也表明，關於行動、理由、應當（責任）之間的關係，不宜限於邏輯層面純粹形式的考察，而應聯繫實際情境加以分析。

如前所述，與可理解性相聯繫的行動理由，賦予行動以理性的品格，後者同時表現為廣義的合理性。相形之下，以權利和責任為內容的行動理由，則更多地關乎正當性，在基於責任的行動理由中，這種正當性得到了更切近的體現：責任所指向的是當然，而正當則表現為合乎當然。如果說，可理解意義上的合理性首先涉及邏輯之域，那麼，權利和責任層面

---

[2]　拉茲：《實踐理性與規範》，中國法制出版社，2011，第20頁。

的正當性則更多地與價值之域相聯繫。相應於此，以理由爲根據，行動既體現了理性的自覺，又被賦予價值意義上的正當性。

進而言之，價值的確認或價值的判斷本身也可以構成行動的理由。在價值的層面，「好的」或「善的」（good）同時蘊含著「應當（ought to）」，當我們判斷某事具有正面的價值意義（「好的」或「善的」）時，同時便確認了該事值得做或應當做。拉茲曾指出：「只有當某種行動能夠（或可能）導致或有助於導致有益（good）的結果，或者，該行動能改變或可能有助於改變有害（bad）的結果時，人才有理由實施這一行動。在這一意義上，價值『支配』理由（values 'control' reasons）。」[3]這一看法在某種意義上也注意到了價值判斷（確認何者有益、何者有害）與行動之間的關係。當然，這裡需要區分邏輯的蘊含與價值的蘊含。邏輯首先體現於形式之域，以邏輯的推理過程而言，邏輯的蘊含首先涉及前件與後件之間的推論關係：在「如果p，則q」的推論中，p與q作爲前件與後件，便包含邏輯的蘊含關係，這種關係具有形式的意義。價值的蘊含則關乎實質的價值關係，並基於人應當追求和實現對人具有正面或積極意義的價值這一基本原理。邏輯的蘊含關係內含「必然」（前件眞則後件必然眞），價值的蘊含則以「當然」爲內容：「善」（正面或積極的價值）蘊含「當然」（應當）。從行動的維度看，價值的蘊含，同時賦予價值的判斷以理由的意義：一旦確認某事爲「善」或「好」，則這種確認便爲行動提供了理由。換言之，相關之事的價值性質（「善」或「好」），從價值關係上規定了行動者「應當」選擇和做此事。事實上，價值蘊含與行動理由之間的關係，在邏輯蘊含中也以另一種形式得到了體現：從「如果p，則q」的推論過程看，前件p便同時表現爲推論的理由。儘管邏輯推論中的理由與行動的理由具有不同的內涵，但在蘊含關係涉及理由這一點

---

[3]　Joseph Raz, *Engaging Reason —— On the Theory of Value and Action*, Oxford University Press, 1999, p.47.

上，二者又呈現某種相通性。可以看到，作爲行動的理由，價值判斷或價值確認具有二重性。一方面，它展示了與權利和責任的相關性：基於權利或責任的理由與價值判斷所蘊含的理由在體現價值關係上，無疑具有一致性；另一方面，它所內含的蘊含關係，又賦予它以某種邏輯的意義。

　　從具體的形態看，行動理由呈現多樣性。以行動的目標爲指向，理由往往關涉「爲什麼」的問題。在主體選擇的層面上，「爲什麼」首先與目的相聯繫。以日常生活中的散步而言，「爲什麼每天散步」？回答如果是「爲了健身」，則「健身」便構成了「散步」這一行動的理由。這裡的「健身」表現爲目的，以「健身」爲散步的理由，則意味著將理由的內容理解爲目的。與漫無目的的舉動不同，有目的蘊含著理性的自覺，就此而言，目的關乎可理解意義上的合乎理性。同時，目的有正當與不正當之別，從這方面看，它又涉及價值層面的合理性。目的所具有的以上特點，同時也賦予目的層面的理由以二重性。

　　目的更多地與主體的觀念相關，行動的理由則不限於主體的觀念之域。在很多背景下，行動的選擇往往關乎外在的規則與事實。以學校教育中的考試而言，在規定的考試時間已到的情況下，監考教師便會收卷。收卷是一種特定的行動，其理由則涉及兩個方面，即一定的規則與相關的事實。考試必須在一定的時間中進行，不能超出規定的時間，這是規則；規定的時間已到，這是事實。在此，監考教師實施收卷這一行動的理由便既依據規則（考試必須在一定的時間中進行，不能超出規定的時間）又基於事實（規定的時間已到）。這裡的規則以當然爲內容，其中包含有關權利（如學生有權利在規定的時間內答題）與責任（如監考教師有責任在考試的終點已到時收卷）的規定；事實則表現爲實然。作爲理由的一個方面，事實構成了重要的因素：監考中的收卷，不能僅僅以主觀上「相信」時間已到爲依據，而應參照現實的形態（如走時準確的鐘錶所表示的時間）。僅僅依據主觀上的相信，往往會發生錯誤（如實際上時間尚未

到，卻以為時間已到），從而無法成為合理的行動理由。

　　廣而言之，上文提及的價值判斷之蘊含理由，也以價值判斷本身合乎現實關係為前提。價值判斷作為評價活動，構成了廣義認識過程的一個方面：按其本來形態，認識過程在廣義上既涉及認知，也包括評價。作為認識過程的一個方面，價值判斷也關乎真實性問題。就行動與理由的關係而言，這裡涉及價值判斷、真實性、行動理由之間的關係：從價值判斷中引出「應當」，以這種判斷體現真實的價值關係為前提。儘管一定社會或個體所確認的價值原則及其價值需要存在差異，從而價值判斷也具有相對性，然而，某種行為是否合乎一定的價值原則以及相關主體的價值需要，這則涉及真實與否的問題。在此，「善」與「真」呈現了內在的相關性：唯有真實的「善」（基於真實價值關係的「善」），才可能蘊含「應當」，並進一步為行動提供理由。「善」與「真」的如上關聯，既體現了當然與實然的聯繫，也表明行動過程中規範性與事實性之間存在難以分離的一面。

　　就規則、事實與行動理由的關係而言，規則相對於個體而言具有外在的性質。從行動者自身方面看，行動的理由往往又與自我的身分認同相聯繫。現實情境中的行為選擇，往往基於這種身分認同。以傳統社會中的父慈子孝而言，「慈」和「孝」以關切和敬重為實質的內容，後者乃是透過個體的行動而體現出來，而這種行動又以「父」或「子」的身分認同為前提。當然，「慈」和「孝」的行動以什麼樣的具體形態表現出來，則又取決於特定的情境，這種情境所涉及的是多樣的事實。例如，在嚴寒的季節中，關切的行動一般便體現為如何使相關物件處於溫暖之境而非為其降溫。此時，何以送暖或保溫，便不僅關乎一定的社會角色以及相關的義務（父、子等身分規定了相應的責任），而且也與特定的事實（天寒）相聯繫。綜合起來，在以上背景中，行動選擇的理由既以身分認同為前提，又本於一定的事實。從更廣的視域看，日常生活中的行動，常常同時涉及身

分認同與相關事實背景。在球類比賽中，不同的觀衆每每會因爲不同的球隊進球而歡呼喝彩，這種歡呼或喝彩行動，便以身分認同與具體事實爲理由：爲什麼看到某一球隊進球就歡呼喝彩？這一行動一方面與身分認同相關（歡呼者認同自身爲該隊的球迷），另一方面又關乎事實（該隊此時進球）。

理由作爲行動的根據，涉及廣義的「應該」（ought to），事實則表現爲「是」（is），事實與理由的關聯，從一個方面表明，「是」與「應該」之間並非完全懸隔。[4]不過，就行動的過程而言，單純的事實並不構成理由，事實唯有與行動過程的其他方面相聯繫，才能進入理由之域。在行動基於外在的規則與事實的情況下，事實之構成理由的要素，以它與規則的關聯爲前提。在前述事例中，「考試時間已到」這一事實之成爲收卷這一行動的理由，便是建立在它與考試規則的聯繫之上。同樣，某一球隊進球這一事實之構成特定觀衆歡呼喝彩的理由，也關聯著事實之外的因素：只有在歡呼者認同自身爲該隊球迷的情況下，以上事實才構成其歡呼的理由。規則與認同蘊含外在與內在之別，二者與事實的結合，既從不同的方面表現了事實融入理由的不同形式，也具體地展示了行動理由的多樣內容。

行動的理論通常以欲望與信念的統一作爲行動的理由，按照這一

---

4 當然，這裡需要對工具理性意義上的「應該」與價值理性意義上的「應該」做一分疏。工具理性意義上的「應該」更多地與狹義上的認知相涉，價值理性意義上的「應該」，則關乎評價層面的意義。「如果你想搶劫銀行，那就應該擁有槍支」，這裡的「應該」，是工具理性意義上的應該，它所體現的是一定目的（搶劫銀行）與手段（有效實現相關目的的條件）之間的認知關係。「如果你要做一個守法公民，就應該打消搶劫銀行的念頭」。這裡的「應該」，是價值理性意義上的「應該」，它涉及的是對目的本身之價值意義的評價（搶劫銀行悖離了守法公民應遵循的基本要求）。由此做進一步考察，可以對道德上的「應該」與非道德的「應該」做一區分。「做一個誠實的人」，這一要求既可以爲個體選擇說眞話提供理由，也意味著做出此選擇的行動主體「應該」說眞話。這裡的「應該」具有道德的涵義。反之，一個以欺詐爲業的團夥也可以要求其成員對人說謊時「應該」編造得更讓人信服，在這裡，欺詐成爲編造言的理由，而與之相關的「應該」則具有非道德或反道德的意義。

理解，如果行動者形成某種欲望，並相信某一相關事物可以滿足這種欲望，則他便具有實施某種行動（亦即透過作用於相關事物來滿足已有欲望）的理由。然而，信念固然可以構成行動理由的一個方面，但它本身又有是否合乎事實的問題。唯有在信念合乎事實的條件下，與之相聯繫的行動才能獲得理性的形式。在前文所提及的監考之例中，與事實不合的信念（對時間的錯誤認定），便無法構成合理的行動（終止考試）理由。廣而言之，行動之有理由在某種情況下並不意味著行動之合乎理性，有理由與理性化之間的這種張力，往往形成於信念與事實之間的距離。以日常活動而言，如果一個人產生了喝酒的欲望，並相信桌上的一瓶工業用化學液體是某種「白酒」，那麼，他便會去飲用這瓶化學液體。從欲望與信念的統一這一行動解釋模式看，他的行動無疑是有理由的：在具有喝酒欲望、同時又相信桌上的液體是白酒的情況下，飲用這種液體無疑屬於有理由的行動。但是，由於其信念（以工業用化學液體為白酒）不合乎事實，這種行動（喝工業用化學液體）顯然很難視為理性的行動。這一情形既進一步體現了理由與事實的關係，也涉及理由本身的合理性問題，而合理的理由則離不開對事物的真實把握。

以上現象同時從一個方面表明：具有理由與合乎理性並不完全重合。進一步看，如後文將討論的，普遍的原則也往往為行動提供了理由：如果行動者根據其所接受或認同的價值原則或規範做出某種選擇，則這種選擇無疑也有其理由。然而，儘管這種理由在可理解的意義上也涉及理性，但從評價之維看，並非所有的價值規範和原則都在價值的層面合乎理性。就終極的意義而言，唯有與人類走向自由的歷史進程相一致的價值原則，才真正具有價值層面的合理性。法西斯主義者、恐怖主義者的行動選擇，無疑也以其信奉的價值原則為行動的理由，然而，從根本上說，其接受的價值原則與上述歷史趨向彼此背離，從而，這種原則也缺乏價值層面的合理性。不難注意到，在這裡，具有理由顯然並不意味著合乎價值層

面的理性。正如信念與事實之間的距離常常導致有理由與理性化之間的張力一樣，價值原則與價值理性之間的衝突也每每引發有理由與價值的合理性之間的不一致。從理論上看，以上現象的存在，與廣義認識過程中認知與評價之分，存在著邏輯的聯繫：有理由體現了認知意義上的合乎理性（可理解性），但並不一定擔保評價意義上合乎理性（價值的正當性）。

就其現實的形態而言，行動並不具有單一的形式，而是展開為一種相互關聯的系統。在不同行動的相互聯繫中，一種行動往往可以成為另一種行動的理由。栽下樹，這是一種行動，這一行動本身又構成了澆水等後續行動的直接理由。同樣，到商店挑選所需要的商品，這也是一種行動，這一行動同時又成為走出商店之前付款的理由，而付款是另一種行動。不過，需要注意的是，以上二種行動之間的關聯具有不同的性質。栽樹與後續的澆水等行動之間的聯繫，基於自然的屬性和法則（樹木在種植之後需要水分），在商店選擇商品後付款，則以社會領域的體制性事實為背景（根據市場經濟與商業交易的規則，選定的商品只有在付款之後才能作為已購之物帶出商店）。與之相聯繫，在以上情形中，前一種行動之成為後一種行動的理由，也分別地涉及自然的法則與社會的準則。當然，作為理由，二者又包含相通之點，這種相通性主要表現在，前一種行動之成為後一種行動的理由，以行動者的內在承諾為前提：在栽樹的事例中，只有當行動主體在種下樹木的同時承諾讓所種之樹得以存活，栽樹的行動才成為後繼澆水等行動的理由；在選購商品的情形中，唯有行動主體承諾按商品經濟中的社會準則行事，選擇商品這一行動才會成為付款的理由（商場的偷竊者一般便缺乏這種承諾，從而，他之選擇商品這一行動，也不構成付款這一後續行動的理由）。以上承諾常常並不是以顯性或自覺的方式做出，而是更多地取得隱含的形式。在這裡，一種行動之成為另一種行動的理由既基於自然的法則與社會的準則，又與行動者的內在承諾相聯繫。

　　抽象地看，以上視域中行動之間的理由關聯，似乎可能引向層層地回溯：某一行動在爲後繼行動提供理由的同時，本身又以另一行動爲理由，如此可以不斷上溯。然而，就現實的形態而言，社會領域中不同的事物之間固然存在歷史的聯繫，這種聯繫也體現於前後相繼的行動之間，從而，某一行動，確乎可以追溯其先行的根源，但行動同時又總是發生於特定的背景之下，後者以綜合的形態構成了行動的具體根源：歷史的因素本身也透過滲入於其中而起作用。與之相聯繫，當我們考察某一特定行動的理由時，往往無需不斷地向前追溯，而可以主要基於行動發生時綜合性的背景。就形而上的視域而言，前後相繼行動之間的關係既有內在性，又具有外在性，關係的內在性要求我們關注行動間的歷史聯繫，關係的外在性則使我們可以從現實的背景出發考察行動。同時，從行動與行動者的關係看，行動往往又以行動者爲直接的根源，各種歷史的關聯，常常凝聚於行動者之中，由行動者引發的行動，也相應地源於行動者的現實存在。以上事實表明，行動之間的理由關聯，並不意味著引向無窮的後退。

　　作爲行動的現實根據，理由並非僅僅以單一的形態呈現，而是展開爲一個結構，其中既包含事實以及對事實的認知，也涵攝人的意向、目的。前文所提及的目的之維以及事實與規範、自我的身分認同與事實之間的聯繫，自然法則、社會準則與內在承諾之間的互融，已從不同方面表明了行動理由的系統性和結構性特點。上述方面在現實的行動過程中往往呈現更廣的相關性。以出門帶傘而言，帶傘的理由（爲什麼帶傘）便涉及多重方面。從事實的層面看，「帶傘」這一行動可能是基於天正在下雨，從行爲者（行爲主體）的視域看，之所以帶傘則一方面基於某種認識（確信天在下雨或天將下雨），另一方面又出於某種意向或意欲（不希望被雨淋濕）。僅僅出現某種事實（如天下雨），並不構成行動（如帶傘）的理由；單純的認識（如確信天在下雨或天將下雨）或意向（如不希望被雨淋濕），也難以成爲實施某種行動的理由。唯有一方面在事實層面上出現

了「天下雨」這一類情形，另一方面行動者又具有「天在下雨或天將下雨」的確信，並同時形成「不想被淋濕」的意向，帶傘這一行動的理由才會具體地構成。在這裡，理由包括事實（如「天下雨」）、認識（「確信天下雨」）、意欲或意向（「不想被淋濕」）等多重因素，這些因素相互聯繫，呈現爲統一的結構。[5]此處需要區分具有現實根據的理由與缺乏這種根據的理由。從邏輯上看，非基於事實的信念和意欲也可以成爲行動的理由，如雖然事實上沒有下雨或不會下雨，卻「認爲」天在下雨或「相信」將要下雨，同時又不想被淋濕，這些信念和欲望也可構成帶傘（行動）的理由。分析哲學對行動理由的考察，往往比較多地涉及這一層面的理由。然而，就其內在性質而言，事實之外的理由通常尚未建立在現實的根據之上，從而不同於具有現實根據的理由。缺乏現實根據的理由與具有現實根據的理由，賦予行動以不同的性質：前者往往使行動具有某種無效性或不合理性。以前面的例子而言，在事實上沒有下雨或不會下雨的情況下，僅僅基於「相信」天在下雨或「認爲」將要下雨以及不想被淋濕的欲望而帶傘，其結果是徒然帶上傘（所帶之傘派不上遮雨的用場），這一行動（帶傘）相應地在無實際作用（徒然）的意義上呈現無效性。在前述監考的情形中，實際時間尚未到，而「認爲」時間已到，並據此收卷，這種行動同樣缺乏現實根據，並在另一重意義上呈現不合理性。

　　理由既具有結構性，又涉及時間性。前文已提及，就理由與行動的關係而言，其意義首先在於爲行動提供根據。作爲行動的根據，理由不僅基於世界和人的當下存在形態，而且關乎其未來的發展。行動的理性品格，在於其理由不只是考慮當下的情形，而是同時兼顧未來：一個理性的行動者，不能以滿足目前或當下的欲望爲行動的理由而完全無視這種行動

---

[5]　如前所述，行動理論每每以欲望（desire）加信念（belief）爲行動的理由，對行動理由的這種理解，也在某種意義上涉及了理由的結構性。

在未來可能帶來的危害。如果一個人明知某種行動（如吸毒）可能對其未來的身心健康造成嚴重後果，但依然以當下的欲望為選擇這種行動的理由，則這種行動的理由便具有非理性的性質。這裡既涉及行動的意欲與行動的結果之間的關係，也關乎時間之維（當下觀念與未來事實之間的關係），二者從不同方面展現了行動理由的具體內涵。

與時間性相聯繫，行動的理由同時具有生成的品格。在寬泛的意義上，行動的理由既與一定的情景相關，又涉及行動者對具體情境的認識以及行動者的內在意欲和意向。行動的具體情境與主體的意欲和意向都非一成不變，而是處於動態之中，從而，與之相關的行動理由也具有可變性、生成性：某種情境與主體的認識、意向相互交融而為行動提供理由，這一類現象往往發生於具體的生活與實踐過程。事實上，從更廣的層面看，個體的言與行在其展開的過程中，本身也可以為行動的理由提供前提。以人與人之間的交往而言，當個體向他人做出了某種承諾之後，這一承諾往往便構成了進一步行動的理由：在做出承諾之後，就「有理由」（應當）去履行承諾（做所承諾之事）。做出承諾不同於前文提及的隱性承諾，而是一種自覺的、顯性的語言行動，這裡既體現了語言行動與實踐活動的相關性，也從一個方面具體表明，行動的理由常常生成於行動者自身的活動。

二、行動的多重向度

作為影響行動的具體因素，理由同時涉及內在與外在、現實與可能等不同的方面，並與個體的意欲、理性的認知相關聯，後者進一步賦予行動以自覺、自願等形態。在個體意欲、理性認知與內在動機的互動中，理由

在行動中的意義得到了更內在的體現。

　　從現實的過程看，理由對行動的影響，每每透過某些仲介而實現，其中，動機是一個不可忽視的因素。這裡需要對理由與動機的關係做一分疏。以理由與動機的關係為視域，理由本身可以進一步從內在與外在二個方面加以考察。寬泛而言，理由的內在之維主要與個體的意欲、要求相聯繫，其外在之維則涉及外部的事實（包括社會的體制）、一般的原則、規範等等。當個體形成了某種意欲（如去海邊休假）之後，這種意欲常常便從內在的方面為行動（如安排或準備相應的旅行計畫）提供了理由。儘管如後文將要討論的，具有某種行動理由，並不意味著實際地實施這種行動，但從邏輯上看，意欲無疑為行動的理由提供了內在的依據。同樣，外部事實也每每從一個方面為行動提供理由，如前文所提及的，在日常生活中，「下雨」這一事實常常構成了帶傘的外部理由。進而言之，社會領域的一般原則、規範也可以成為個體行動的理由，如交通規則，便構成了人們在行路、駕駛時選擇某種方式（如穿馬路時走斑馬線、見紅燈停車等等）的理由，這裡的理由同時表現為行動的根據。相對於個體的意願，外部事實與一般的原則、規範存在於個體之外，作為行動的理由或根據，它們也呈現外在的性質。當然，如前文已論及、後文將進一步討論的，僅僅具有外在理由的並不必然導向行動，然而，基於外部事實或一般規範的理由確實又從外在的方面為行為提供了根據。

　　相對於理由，動機可以視為行動更直接的動因。作為引發行動的內在動因，動機包含多重方面。首先是目的。在理由的層面，目的主要透過賦予行動以方向性和自覺性而使之獲得可理解的品格，在動機的層面，目的則更直接地呈現價值的內涵：動機是否正當，主要取決於動機內含的目的及其性質。動機同時又與反思相聯繫，動機所涉及的反思不同於物件性的思慮而具有反身性的特點，其作用主要體現於對意欲的自我評判和取捨。以反思為內在環節，意欲在融入動機之時，總是經過了某種「過

濾」，正是反思滲入並融合於動機，使動機區別於單純的欲望而取得了
自覺的形態。動機的另一重要方面是意向，動機中的意欲本身即包含意
向性：在動機之中，意欲與意向相互交融，從而使動機本身既具有指向
性，又推動著主體走向行動。可以看到，以目的、反思與意欲－意向的相
互關聯為現實內容，動機構成了引發行動的內在動力，並為行動的展開提
供了具體的引導。

　　就理由、動機與行動的關係而言，理由更多地從形式的向度為行動
提供了根據，動機則在實質的層面表現為行動的動力因。在現實的過程
中，理由對行動的實際影響，往往透過轉化為動機而實現。如前所述，
從內在的方面看，理由可以基於意欲，這一層面的理由之轉化為行動的
動機，與意欲向動機的轉換具有相通性。上文已提到，意欲可以引發理
由，但意欲卻無法直接表現為動機。意欲之轉換為動機，以自我的反
思、評判為前提，其中既涉及價值的判斷，也關乎理性的考察、權衡。以
名、利而言，它們無疑具有可欲性，後者（名利所具有的可欲性）在邏輯
上也可以成為選擇某種行為的理由，但對具有道德理想的人而言，僅僅基
於名、利這類意欲的理由便難以進入動機之域，孔子所謂「不義而富且
貴，於我如浮雲」，**6**便體現了這一點。同樣，到火星去旅遊，對人也具
有吸引力，並可以成為人的意欲，然而，在現代的科技條件下，人即使形
成如上意欲，這種意欲也難以成為行為的現實動機，因為它對一般人而言
缺乏可行性。以上二種情形雖然側重的維度各異，但都涉及基於意欲的理
由與實際動機之間的關係，其中既可以看到價值的評判，也不難注意到理
性的考量，二者在不同的意義上構成了理由轉換為動機的前提。

　　在日常行動過程中，常常可以看到「想做」與「實際地確定去做」
之間的區分，前者基於意欲，後者則源於行動的現實動機。「想做」可

6　《論語・述而》。

以爲行動提供某種內在理由，但它本身並不等於「實際地確定去做」。「想做」所內含的意欲，唯有在「實際地確定去做」之後，才成爲行動的現實動機或取得動機的形態，而由「想做」到「實際地確定去做」這一轉換的完成，則涉及上文提到的價值評判、理性愼思等過程。從「想做」與「實際地確定去做」之間的如上分別中，也可以注意到意欲以及基於意欲的理由與行動的現實動機之間的差異。基於意欲的理由具有內在的形式，理由的外在形態則往往關聯社會領域的一般原則、規範。如前所述，社會領域的一般原則、規範可以成爲個體行動的理由，然而，這種理由能否轉化爲行動的實際動機，則取決於多重方面。作爲普遍的規定，一般的原則無疑爲行動提供了理由或依據，然而，當這種原則僅僅以外在形式存在時，卻常常並不能實際地激發行動。唯有當普遍的原則、規範不僅爲個體所自覺的認識和理解，而且爲其所肯定、接受、認同，這種原則才可能現實地影響個體的行動。相對於理解和認識，對一般原則的肯定、接受與認同，同時滲入了一種態度、立場，其中包含情感層面的接納、意志層面的抉擇。這裡的意志抉擇內在地關聯著從「我思」到「我欲」的轉換：「我思」主要是觀念性活動，「我欲」則既是觀念性的活動，又具有超出觀念之域而走向行動的意向。正是透過情感的接納、意志的抉擇以及與之相關的從「我思」到「我欲」的轉換，一般原則的外在性得到消解，行動者與一般原則之間的界限也開始被跨越。從一般原則與行動主體之間的關係看，這一過程意味著外在原則向主體的內化；從理由與動機的關係看，這裡又蘊含著導源於一般原則的理由向特定行爲動機的轉換，二者表現爲同一過程的兩個方面。[7]

　可以看到，行動的理由唯有在轉化爲行動的動機之後，才能實際地引

---

[7]　以上轉化過程與前一章所論「義務的具體化」，也具有相關性：基於一般原則的理由向特定行爲動機的轉化，與普遍的規範與行動主體的規範意識相結合而使義務具體化，呈現一致的趨向。

發行動，而這種轉化又建立於一定的條件之上。理由可以源於意欲，現代的一些行動理論將欲望（desire）加上信念（belief）作為行動的理由，也注意到了理由與意欲的聯繫，儘管就理由展開為一個系統而言，意欲並不構成理由的全部內容，但意欲確乎可以進入理由之域。如前文所提及的，在寬泛的意義上，獲取名和利這一類的意欲，便往往從內在的方面為行動的選擇提供了某種理由。然而，源於意欲的理由之成為行動的實際動機，又離不開理性的反思、權衡以及價值的評價。這裡的問題不僅僅在於意欲與信念的結合，而且更在於對作為理由內容的意欲本身加以反省、審察，這種理性的省察和價值的評價，構成了理由轉換為動機的前提。

　　與之相類似，基於一般原則的理由，也需要具備一定的條件才能轉化為動機，這種條件包括理性的確認、情感的認同以及意願層面的選擇和接受。威廉斯（Bernard Williams）曾提出內在理由與外在理由之分。他所說的內在理由主要與行動者（agent）的意欲、主觀動機相聯繫，外在理由則主要與理性的思慮相關。威廉姆斯注意到行動者的「主觀動機集合」（subjective motivational set）可以成為引發行動的理由，但同時，他一方面在相當程度上將意欲等同於理由，[8]從而多少忽視了意欲與現實動機之間的內在差異；另一方面又質疑理由的外在性，這種質疑的主要依據之一便是僅僅透過理性的慎思，並不能形成動機。[9]威廉斯的後一看法有見於在未進入行動者的「主觀動機集合」的情況下，單純的理性信念無法直接推動或引發行動。不過，需要指出的是，是否進入所謂「主觀動機集合」，本身具有可變性：理性所把握的一般原則在未進入行動者的「主觀動機集合」時，誠然具有外在性，但「主觀動機集合」之內與

---

[8]　威廉姆斯在談到意欲與動機的關係時，曾認為意欲（desire）「這一術語可以正式地用來表示主觀動機集合（subjective motivational set）的所有因素」（Bernard Williams, *Moral Luck*, Cambridge University Press, 1981, p103），這一看法多少意味著把意欲本身視為動機。

[9]　參見Bernard Williams, *Moral Luck*, Cambridge University Press, 1981, pp.101-113.

外，並不存在固定不變的界限，理性的信念與情感的認同、意願的選擇也並非彼此相斥。事實上，理性所把握的一般原則，可以透過情感的認同與意願的選擇、接受，內化爲個體的動機。在此意義上，我們似乎難以承諾凝固於動機之外的所謂外在理由。就道德實踐而言，當倫理的規範對個體僅僅呈現爲外在的理性律令時，它確乎並不能成爲人的行爲動機。然而，如果個體在情感上認同這種規範，並且在內在意願上對其加以選擇、接受，則這種規範和原則便能夠融入於個體的行爲動機：此時，按相關的倫理規範而行動，同時表現爲出於個體內在動機的選擇。

從更實質的方面看，行動理由所涉及的，不僅僅是內在與外在的問題。如前所述，通常所說的內在理由或理由的內在之維主要與個體的意欲以及意願相聯繫，而源於內在意欲或意願的行動，則具有自願的性質。就理由與行動的關係而言，當理由基於個體意欲時，它同時也從內在的方面爲行動出於自願提供了前提。儘管這種基於意欲的理由在轉換爲實際動機時總是經過理性的反思，但其中的意欲在得到肯定和接納之後，同時又賦予行動以自願的性質。在這裡，理由向動機的轉化，與行動獲得自願性質具有一致性。

在引申的意義上，外在理由或理由的外在之維可以視爲源自一般規範或一般原則的行動理由：一般的原則、規範在被認識、理解之後，同時也爲行動提供了根據。弗蘭克納（Frankena）在談到外在主義時，曾認爲，根據外在主義的看法，義務（Obligation）在獨立於行動主體的意欲和要求的意義上「外在於行動者」，[10]在道德領域中，義務透過一般的規範而得到確認，與上述意義上義務的外在性相應，一般的規範也呈現外在性質。從形式的層面看，相對於行動的個體，一般的規範確乎具有某種外

---

[10] 參見W. Frankena, Obligation and Motivation in Recent Moral Philosophy, in *Perspective on Morality*, edited by K. Goodpaster, University of Notre Dame Press, 1976, p.51。

在特點，以此爲行動的根據，也賦予行動的理由以外在的形態。就實質的方面而言，對一般原則和規範的認知和理解，進一步表現爲一種理性的自覺，由此出發，行動本身也獲得了自覺的品格。基於外在規範的行動理由之轉化爲實際的動機固然不僅以理性的把握爲前提，而且有賴於情感的認同和意願層面的接受，但以理性的規範爲內容，這種理由確乎又從一個方面規定了行動的自覺性質。規範涉及當然，如前所述，後者在倫理實踐的領域往往又以義務爲內容，與之相聯繫，對義務的把握和承擔，也可以成爲行動的理由：如果個體承擔了某種義務，他就有理由去履行這種義務。義務的承擔作爲行動的理由，從另一重意義上賦予行動以自覺的內涵。

就現實的過程而言，在僅僅基於內在意欲之時，行動誠然可以帶有自願的特點，但每每容易導致非理性的趨向，在單純出於意欲的各種盲目行爲衝動中，便不難看到這一點。另一方面，當行動完全以有關普遍規範、原則的理解和認識爲依據時，其過程誠然合乎理性，但卻常常缺乏自願的品格。[11]如果說，理由與內在意欲的聯繫爲行動的自願趨向提供了前提，那麼，基於普遍的原則、規範則使理由獲得了自覺的內涵，並由此從一個方面爲行動的自覺向度提供了擔保。不難注意到，理由的內在性與外在性之後更實質的問題，是行動過程中理性與非理性、自覺與自願的關係。在理由向動機的轉化中，以上問題以不同的方式得到了體現。前文已提及，源於意欲的理由之轉化爲行動的內在動機，以理性的反思爲前

---

[11] 這裡需要對出乎內在意願與出於有形或無形壓力的行動做一區分。以日常行動而言，基於內在道德良知的呼喚而向他人伸出援助之手，這是出於內在意願的行動；迫於輿論的壓力而不得不去幫助他人，則與內在意願相悖離：儘管後者也可能與避免受到輿論譴責這一「意願」相聯繫，但這種「意願」並不是所從事的行動（幫助他人）所涉及的內在意願，而是維護自身公衆形象或維護自身名譽這一類要求所引發的「意願」。換言之，在因擔心輿論譴責而幫助他人的情況下，實質上內含二種行動趨向：就幫助他人這一方面而言，行動是非自願的；就維護自身公衆形象或維護自身名譽這一方面而言，行動則具有合乎意願的性質。當我們以幫助他人這一行動維度爲關注之點時，唯有基於內在道德良知的呼喚而實施的行動才具有自願的性質。如果僅僅出於免受輿論譴責這類考慮而幫助他人，則這種行動固然可以歸入自覺之列，但卻很難說是自願的。

提，這一過程的意義在於透過理性對意欲的引導，避免行動走向非理性的衝動。同樣，基於普遍原則的理由之轉化爲行動的實際動機，離不開情感的認同、意願的接受，這種認同與接受所涉及的，是透過內在意願、情感的接引，避免單純地注重自覺以及對理性原則的片面依循，由此賦予行動以自願的品格。要而言之，理由的內在性與外在性的關聯所體現的，是行動過程中理性與非理性、自覺與自願的統一。

　　以行動者與理由的關係爲視域，理由的內在性與外在性也可以從可能的形態與現實的形態加以考察。當理由爲行動者所理解、接受、認同，並成爲行動的實際根據時，理由本身便取得了現實的形態。無論是源於意欲，抑或基於普遍原則、規範，理由唯有實際地制約行動，才呈現現實的形態。現實形態的理由具有內在的形式：對普遍原則、規範的接受與認同，同時意味著將這種原則、規範化爲行動的內在理由。理由的可能形態既涉及實質的方面，也關聯著形式之維，從形式的方面看，其特點首先體現於理由與行動之間的邏輯關係。以日常的行動而言，某種食物有益人體健康，而健康對人來說又具有正面的價值，這裡體現的是實質層面的事實。既然人一般都希望健康，而這種食物又有益於健康，因此人應該食用或攝入這種食物，這一推論所體現的關聯，具有某種邏輯的性質。在以上推論中，相關食物所具有的功能，同時呈現爲行動（選擇或食用）的理由。然而，這裡的理由，主要基於形式層面的推論：它在邏輯上可以成爲行動的理由或具有成爲行動理由的可能，但並不一定實際地成爲行動的理由。在上述例子中，如果相關食物的口味不如人意或讓人難以接受，便不一定爲人所選擇，從而，它所具有的促進健康這一類功能，也無法成爲行動的實際理由。與之相近，如果個體產生了一定的意願，而某種行動又能夠實現個體所具有的那種意願，那麼，從邏輯上說，個體就具有選擇那種行動的理由。不過，基於邏輯關係的以上理由，也具有可能的形態，它與行動的實際理由之間，同樣會存在某種距離：如果以上意願和行動與個體

確信的價值原則相衝突，則即使這種意願出現於個體意識，也難以成為個體選擇的現實理由。

在以上情形中，行動的理由同時涉及內在之維與外在之維：以實質層面的事實為前提的理由，具有外在性，基於內在意願的理由，則呈現內在性。然而，從理由對行動的作用看，更值得關注的是其中所蘊含的可能形態與現實形態之間的關係。理由的可能形態既涉及實際的根據，也關乎形式層面的邏輯推論，它在顯現行動方向的同時，也為行動的多樣展開提供了空間：作為可能的根據，上述理由從一個方面預示了行動的某種方向，但它是否被實際地接受為行動根據，則具有未定性，後者又使行動蘊含了不同的趨向。從理由的可能形態到現實形態的轉換，具體地關乎理性審察、情感認同、意願接受之間的互動，這種互動也可以視為實現以上轉換的內在條件。

三、行動的解釋與規範

行動的考察不僅涉及理由，而且也關乎原因。在行動之域，理由與原因呈現較為複雜的關係。一方面，理由既為行動的解釋提供了依據，也在一定意義上構成了行動的原因，另一方面，原因在引發行動的同時，也對行動的理解和說明具有獨特意義。在更深沉的層面，理由與原因之辨，又關乎行動的解釋與行動的規範之間的關係。

就理由與行動的關係而言，理由既是行動的根據，又表現為推論的前提，這種推論過程首先與論證相聯繫。對於行動，通常可以提出其發生是否有理由的問題：一種行動是否有理由，是其能否被理解的基本前提。無理由的行為，往往具有非理性的性質，行動的理由則至少在邏輯的層面賦

予行動以合乎理性的品格。在後一意義上，給出行動的理由，同時意味著為行動的合理性提供論證：當我們說某一個體有理由這樣做時，我們同時也確認了其相關行動在可思議或可理解的意義上是合理的。

從另一側面看，對行動合理性的論證又具有解釋行動的意義。戴維森已注意到這一點。在他看來：「證明一個行動正當和解釋一個行動常常是形影相隨的。」[12]行動的發生是否有理由？這一問題如果以另一種方式來表示，也就是：為什麼某種行動會發生？對以上問題的回答，以解釋行動發生的緣由為實質的內容，而對行動緣由的解釋，則離不開行動理由的分析。關於行動理由的內涵，可以有不同的理解，不同行動的具體理由，也可以各不相同，但行動的緣由（行動為何發生）與行動的理由之間存在著內在關聯，這一事實則難以否認。如果行動的理由被揭示和闡發，則一方面其邏輯層面的合理性便得到了確認（非不可思議，而是具有可理解性），另一方面行動所以發生的過程也得到了某種解釋。拉茲（J.Raz）曾指出：「理由是解釋人類行動的基石。」[13]這一看法無疑有見於理由與行動的以上關係。

在邏輯的層面上，對行動的解釋以行動業已發生為前提：只有當行動發生之後，才會形成對該行動的解釋。理由在為解釋已發生的行動提供依據的同時，也具有引發行動的意義，後者體現於行動發生之前。在行動之域，關於「為什麼」的問題既指向行動的邏輯緣由，也關乎行動的實際原因。行動的邏輯緣由涉及的是行動與理由之間的關係，行動的實際原因則包括引發行動的各種現實因素，理由構成了這些因素中的一個重要方面。如前所述，理由的具體構成包括廣義的觀念形態（意願、信念，被認識或接受的規則，等等）與非觀念形態（外部事實以及事實之間的關

---

[12] 參見戴維森：《行動、理由與原因》，載《真理、意義與方法》，商務印書館，2008，第393頁。

[13] *Practical Reasoning*, Joseph Raz, (ed.), Oxford University, 1978, p.2.

係），二者從不同方面影響、制約著行動的發生。理由的以上作用，使之同時具有原因的意義。事實上，就現實的形態而言，理由與原因之間確實存在相關性。

關於理由與原因的以上關聯，戴維森曾做了較爲具體的考察。在他看來，以理由來解釋行動，可以視爲合理化的解釋，而合理化的解釋則「是一類因果解釋」。他所理解的理由主要由二個方面構成，其一，對於某種行動的支持性態度，包括願望、需要、衝動、目的、價值，等等，其二，信念，即相信行動屬於那一類別。以上二者所構成的理由又稱爲基本理由，對戴維森而言，「行動的基本理由即是它的原因」。[14]這裡所說的態度與信念，都與心理的活動相聯繫，以態度與信念所構成的理由爲行動的原因，其前提是肯定心理的事件可以成爲行動的原因。就理由與行動的關係而言，以上看法注意到了觀念形態的理由對行動的作用，從理由的內涵看，它則有見於理由所包含的原因之維。在現實的形態上，行動的理由既具有邏輯的意義，又呈現爲心理的形態，前者主要與解釋和推論的過程相聯繫（理由爲這種解釋與推論提供了邏輯依據），後者則體現於行動的具體展開過程（觀念形態的理由構成了引發行動的內在原因）。

不過，在總體上，戴維森所注重的，更多地是理由的解釋意義。他之肯定理由與原因的聯繫，首先著眼於解釋，其基本觀點「合理化解釋是一類因果解釋」，也表明了這一點。解釋所側重的是理解，以行動的解釋爲關注之點，相應地也主要涉及如何理解行動的問題。戴維森的行動理論，在更廣的意義上反映了分析哲學考察行動的一般進路：事實上，在分析哲學的系統中，有關行動的理論，往往便以解釋與理解爲指向，其中固然也提到規範問題，但這裡的「規範」所涉及的主要不是實質意義上對行動的引導或限定，而更多地是規範性語言或規範性概念的意義，以及如何

---

[14] 參見戴維森：《行動、理由與原因》，載《眞理、意義與方法》，商務印書館，2008，第386-388頁。

運用這種規範性的語言和概念，後者從根本上說仍未離開廣義的解釋之域。就其現實形態而言，人的行動不僅有如何解釋與理解的問題，而且面臨如何規範的問題。對行動的解釋主要側重於從邏輯關係上把握行動，在此論域中，行動的理由也主要爲行動的理解提供邏輯的依據。對行動的規範則關乎行動的現實引導，理由在此意義上則進一步涉及做什麼與如何做的問題。

以行動的規範爲視域，理由與原因的關係也展示了其更爲深層的方面。在以理由爲行動的原因這一解釋模式中，理由被理解爲行動所以發生的根源，根據這一模式，只要把握了行動的理由，則行動似乎也就在邏輯上得到了解釋，從而能夠被理解。這一理解—解釋模式主要限於理由與行動的關係，儘管其中也涉及原因，但這裡的原因與理由具有某種重合性：行動的發生，源自一定的理由，理由則以關於行動的支持性態度（包括願望、要求、目的等）與信念爲內容。換言之，願望、要求、目的等（對行動的支持性態度）與信念作爲理由的特定內容，可以引發行動。然而，如果越出以上關係，進而對行動的理由作更深入的考察，則理由本身也涉及所以發生的原因，後者具體地表現爲不同的願望、目的、要求以及信念形成的背景、條件。

從行動與理由的直接關聯看，不同的願望、要求、目的與信念的交融，往往導致了不同的行動，在這一關係中，有什麼樣的理由，常常便會產生相應的行動。此處的行動首先涉及正當性，其中內在地關聯著以意願、目的、信念爲內容的行動理由：理由的正當與否，制約著行動的正當與否。如何擔保行動理由的正當性？這一問題從另一方面看也就是如何對意願、目的、價值觀念、理性信念本身加以引導？這裡既在歷史層面涉及意識發生、形成的歷史背景，也在觀念層面關乎意識本身的自我反思、批判，二者均已不限於理由的層面。要而言之，從行動的規範這一層面看，理由固然可以在化爲動機後作爲內在原因而引發行動，但它本身又

有所以形成與發生的根源，並面臨如何獲得自身合理性（正當性）的問題。如何透過引導行動的理由以規範行動本身，構成了行動理論無法迴避的問題，而行動理由的引導，則越出理由之域而涉及理由形成的更廣背景和內外條件，後者進一步關乎如何為個體意願、目的、價值觀念以及信念的健全發展提供具體的歷史背景和多樣的根據。在日常的經驗領域，已可以看到這一點。以市場經濟背景下常見的廣告而言，商品廣告的不斷重複，往往容易使人形成某種消費的意欲，這種意欲又會進一步為相關的行動（如選購廣告所介紹的商品）提供理由。從更廣的歷史視域看，一定時代的社會背景、價值和輿論導向，也每每多方面地影響人的觀念，後者又從不同的層面制約著行動理由的形成。以革命年代而言，這種特定時期的社會境域以及宣傳、鼓動所形成的思想氛圍，往往會對行動理由的生成產生深刻的影響：熱血青年之選擇投身革命洪流或參與相關活動，其理由每每受到相關社會背景和思想氛圍的制約。進而言之，行動的理由常常呈現為一個系統，在行動的現實展開過程中，理由與多方面的原因又互滲互融，構成了一個更廣意義上影響行動的系統。

對行動過程中理由與原因的以上理解，涉及更一般層面的因果關係和因果觀念。從本體論上看，因果關係存在於事物或事件之間，表現為一種具有必然性的關聯。休謨從經驗論的視域出發，將因果關聯視為基於現象的前後相繼而形成的心理習慣；康德則在將因果法則理解為先天形式的同時，又確認了因果律的普遍必然性。前者肯定因果關係涉及經驗事物，後者則有見於了因果法則的必然性，二者對因果性的理解各有所偏，但又注意到了因果關聯的不同方面。在分析行動過程中理由與原因的關係時，對因果關係的以上方面，同樣需要加以把握，這種把握有助於具體地理解因果性的現實品格。

然而，從行動的角度考察因果性，同時又應當關注行動者與原因的關係。以理解與解釋為指向，原因或因果性首先表現為一種被觀察的物

件：對已發生之事的解釋，總是基於某種旁觀的立場，其中所涉及的有關
行動原因的推論，也往往建立在觀察的基礎上。廣而言之，從理由與行動
的關係看，常常可以注意到以下二種不同的情況：其一，行動者本人相信
他有理由做某事，其二，解釋該行動時肯定行動者有理由做某事。前者涉
及行動者自身的信念，後者則是他人（旁觀者）的說明、解釋。在觀察
的基礎上解釋行動的原因與基於旁觀解釋行動的理由，具有內在的相關
性。分析哲學關於行動的理由—原因解釋模式，似乎基本上沒有超出對理
由與行動的關係以及因果關係的觀察或旁觀立場。[15]就行動的現實過程而
言，在行動與原因的關係中，行動者不僅僅是觀察者或旁觀者，而且同時
也是實際的參與者，後者為行動者影響和作用於行動提供了可能：他可
以透過自身的知與行，生成某種觀念和事件，這種觀念和事件又作為原
因，進一步影響與制約後續的行動。行動者與原因的以上二重維度，在
更廣的意義上構成了考察理由本身形成之因的前提：由制約行動的理由
（這種制約包括為個體意願、目的、價值觀念以及信念的健全發展提供具
體的歷史背景和多樣的條件）而規範行動，其根據便在於行動者不僅是行
動原因的觀察者，而且作為行動的實際參與者而作用於原因本身。可以
看到，對行動過程中的因果關係的具體把握，離不開觀察與參與二重維
度。

　　透過參與而影響行動，同時也使行動者本身進入了因果之域。就
行動與原因的關係而言，行動的原因在廣義上包括事件原因（event-
causation）與主體原因（agent-causation），前者體現於外部事件對行

---

[15] 分析哲學固然關注第一人稱，甚至賦予第一人稱以權威性（所謂first person authority），但這種關注主要與個
體對自身心理、意識或觀念的描述、理解和解釋相聯繫。從邏輯上看，在行動之域，如果僅僅以描述、解釋為
著眼之點，則重要之點往往並不是「我」是否應當選擇某種行動或應當如何行動，而是如下這一類問題：假定
「我」選擇某種行動，「我」的選擇是否有充分的理由？「我」的意欲、信念與行動理由之間呈現何種關係？
等等。這類關切最終可還原為對行動與行動理由之間關係的邏輯分析，從而在實質上仍未擺脫旁觀者的立場。

動的影響，後者表現爲行動者的意願、目的、信念等對行動的引發，二者對行動的發生都具有制約作用。作爲具體的過程，行動既非僅僅出於外在的事件，也非單純地源自行動者的內在意念。單向地關注主體原因（agent-causation），往往無法避免任意性（wayward）；僅僅關注事件原因（event-causation），則無法把握行動的自主性。在現實的行動過程中，既需要以客觀的事件（條件）抑制主體的任意性，也應當以主體原因（agent-causation）限定事件的外在性。事件原因與主體原因的互動，既體現了行動過程中因果性與自主性的統一，也使行動過程中的原因超越了邏輯的形式而落實在一個更爲具體的層面。

行動過程中的主體原因（agent-causation），進一步涉及理由、動機與原因的關係。行動者對行動的推動，首先透過理由與行動的關係而得到體現，如前所述，理由在化爲行動者的動機之後，對行動便具有引發作用（表現爲行動發生的內在原因）。這裡，需要區分實際的理由或眞實的理由與非實際或不眞實的理由。在某些情況下，個體可以宣稱他做某事是出於某種理由，然而，其眞實或實際的行動理由卻可能與之並不相同。一般而言，理由只有在具有眞實性的前提下，才能轉化爲行動的動機，並實際地影響行動。當理由缺乏眞實性時，這種理由便無法化爲行動的動機，從而也難以作爲內在的原因實際地影響人的行動。在此，以理由的眞實性爲前提，理由、動機與原因呈現相互的關聯：眞實的理由透過化爲動機而獲得內在原因的品格。儒家曾區分「爲人」之行與「爲己」之行，「爲人」即爲了獲得他人的讚譽而做合乎道德規範之事，爲己則是爲自我在道德上的實現而踐行道德原則。以「爲人」爲指向，行爲的理由與行爲的動機之間存在著張力：行動者的眞實動機是獲得外在讚譽，而他顯示於外的理由則是對道德原則的注重。將「爲己」作爲目標，則行動的理由與行動的動機便呈現相互重合的形態：追求道德上的完善作爲眞實的理由，已化爲其實際動機。顯而易見，在前一情況下，遵循道德原則這一理

由僅僅具有形式的意義，其作用主要是在邏輯的層面為行動提供某種解釋，唯有在後一背景下，理由才透過化為動機而成為行動的內在原因。由此，也可以看到，單純地以解釋為關注之點，往往無法把握行動的理由與行動的原因之間眞實的關係。

第三章　意志軟弱及其克服

　　從行動的展開過程看，理由與原因主要與行動所以發生的根據與根源相聯繫。在消極的意義上，行動往往面臨意志軟弱[1]的問題。就知行關係而言，意志軟弱主要表現爲「知其當行卻未行」或「知其當止而未止」；從理性與意欲等關係看，意志軟弱則更多地關乎理性與意欲等之間的張力。在形而上的層面，意志軟弱進而以可能性、偶然性的存在爲其本體論的前提。對意志軟弱的理解與應對，無法迴避以上問題。

一、意欲、情感與理性

　　戴維森曾對意志軟弱的特點做了如下概述：「如果一個當事人不遵循自己較佳判斷去做事，並且是有意這樣做的，那麼我們說他的意志是薄弱的。」[2]「較佳判斷」屬廣義的理性判斷：它既不同於自發的意識，也有別於非理性的衝動，是基於反思、比較、權衡而達到的認識。不遵循較佳判斷去做，意味著偏離理性的意識。爲什麼在做出了理性判斷之後又未能按此判斷去行動？換言之，理性的要求爲什麼未能落實於行動？這裡首先涉及行動過程中理性與意欲之間的關係。

　　行動作爲人的存在方式，其實施與展開總是受到人的內在精神或意識的影響，後者使之不同於機械的軀體移動。人的意識結構或精神世界既有理性的內容，又包含非理性的方面，二者從不同的方面制約著人的行動。理性的判斷固然爲行動提供了理由，但這種理由並不一定化爲行動的

---

[1]　「意志軟弱」這一概念可以追溯到古希臘哲學中的*akrasia*。*akrasia*的字面涵義爲無力（lack of strength or power），引申爲缺乏控制某些事的力量，在此意義上亦被譯爲軟弱（weakness，參見David Pears, *Motivated Irrationality*, Oxford: Clarendon Press,1984, p23）。在當代哲學中，意志軟弱進而涉及行動過程（包括道德行爲）中理性與理性之外的因素以及它們之間的錯綜關係。

[2]　《眞理、意義與方法——戴維森哲學文選》，商務印書館，2008，第462頁。

現實動機，事實上，當意欲強烈到一定程度時，理性的判斷往往便被推到意識領域或觀念世界的邊緣，難以落實於現實的行動過程。以日常生活而言，吸菸是一種常見的行為，這種行為常常被賦予多方面的價值意蘊，諸如它可以「提神」、可以顯示某種「時尚」或「風度」、可以參與人與人之間的交往，並透過相互遞菸或敬菸增進彼此的關係，等等，但從健康的角度看，吸菸對人體又有極大的危害。當人認識到吸菸的負面意義（它可能導致各種危害）遠遠超過它可能帶來的「正面」意義（如「提神」、「風度」、「促進交往」等）時，他往往便會形成應當戒菸的意識，這種意識在寬泛意義上可以視為理性的判斷。然而，當一個人的吸菸意欲變得非常強烈時，則即使該個體已在理性的層面形成了以上觀念，他也依然會實施吸菸的行動。在這種情形之中，意欲顯然壓倒了理性的意識。意欲對理性的主導不僅體現於具有積極意義的理性判斷，而且也滲入於呈現消極形態的理性選擇。以危害社會的行為而言，一個人可以經過周密的思考，制定某一搶劫或盜竊的計畫，並決定將其付諸實施，然而，對事後可能被追查、懲處的恐懼以及與之相關的免受法律打擊的欲望，可能使之最後放棄這一計畫。思考、策畫等等無疑是一種理性的活動，而畏於追究及免受懲處的欲望則屬於廣義的意欲和情感，如果當事者雖然在經過各種權衡、比較之後確信一開始擬定的計畫萬無一失，但卻由於內在的莫名恐懼而最終放棄了這一計畫，則這種最後的選擇同樣體現了意欲對理性意識的主導。從普遍的價值取向看，未實施戒菸的決定與放棄搶劫的計畫在價值性質上無疑不同：前者一開始所形成的行動決定具有正面的價值意義，但最終的行動則呈現消極性（不做該做之事）；後者的原初行動選擇在價值上具有負面性，但最後的行動卻包含積極的一面（放棄不該做之事），然而，在意欲的作用最後優先於理性這一點上，二者又表現出某種相通之處。

以意欲壓倒理性為形式，意志的軟弱在某種意義上表現為理性的軟

弱。作為非理性或不同於理性的方面，這裡的意欲與情感、激情、情欲等處於同一序列，從這一方面看，行動過程中意欲對理性的抑制，似乎又與休謨所說的情感對理性的優先具有某種相關性。關於理性的作用和功能，休謨的基本看法是：「理性是完全沒有自主能力（inert）的，永遠不能阻止或產生任何行動或情感。」[3]相對於此，與快樂相聯繫的情感則對行動具有直接的推動作用：「對我們最為真實、而又使我們最為關心的，就是我們的快樂和不快樂的情緒；這些情緒如果贊成德性、不贊成惡行，那麼，就不需要其他條件來調節（regulation）我們的舉止（conduct）和行為（behaviour）了。」[4]快樂和不快樂的情緒，分別關聯著肯定性或否定性的意欲或欲求，以此為行動的唯一條件，意味著將理性之外的意欲或欲求作為行動的主要動因。雖然這裡直接所談的是與善惡相關的行為，但其中也涉及對一般行動過程的理解。

不難看到，儘管休謨並沒有在形式的層面討論意志軟弱的問題，但他對理性、情感與行動關係的討論，卻在實質的層面關乎意志軟弱。如上所述，現實的行動過程既涉及理性的分析、比較、權衡、判斷等等，也與非理性的意欲、情感等相聯繫，理性的判斷能否化為人的行動，在觀念的層面關乎理性意識與非理性意識之間的互動。當理性的判斷與意欲、情感意向呈現張力或彼此衝突時，理性的判斷向行動的轉化往往便會遇到阻力，理性能否克服這種阻力，既取決於其自身的力量，也關乎非理性趨向的強度。休謨認為「理性完全沒有主動力」，無疑忽視了理性自身的力量，事實上，理性的判斷至少具有內在的引導意義，這種引導對行為同樣可以產生推動的作用。然而，理性的引導又是在與意欲、情感等非理性意識的互動中實現的，其作用往往受到後者的制約。從現實的存在

---

[3]　Hume, *A Treatise of Human Nature*, Oxford University Press, 1978, p458.
[4]　Hume, *A Treatise of Human Nature*, Oxford University Press, 1978, p469.

形態看，意欲、情感更多地呈現當下性的品格：無論是人所直接欲求的物件，還是休謨所謂快樂與不快樂的情感，都具有當下性或在場性的特點。相對而言，理性則每每呈現未來的指向性：理性的判斷往往超越當下的欲求而關涉行動在未來可能產生的結果及意義。意欲、情感所內含的當下性品格，使之對行為選擇的影響呈現更直接的特點。同時，意欲、情感與人的生命存在或感性存在有著更原始、更切近的關係，由此也每每表現出更強勁的力量。當理性與之相衝突時，意欲、情感所具有的以上特點，使其在行為選擇上往往獲得了某種優勢。在這裡，理性的「軟弱」或無力（lack of power）與意欲、情感的「強勢」，表現為同一過程的兩個方面。**5**

就與意志軟弱相聯繫的理性既涉及形式的層面，也關乎實質之維。就後一方面而言，理性又與價值判斷相涉，並表現為行動與價值判斷之間的一致。肯定某種行動是善的或有利的、某種行動是惡的或有害的，這屬於廣義的價值判斷，在做出此類判斷之後，進而做與善或有利一致的事、拒絕已判斷為惡或有害的行動，這是合乎價值理性的。反之，肯定其為善或有利卻不做、判定其為惡或有害卻依然去做，則具有價值論域中的非理性性質。從這一意義上看，雖然在理性層面肯定吸菸有害、但卻在意欲、情感的「強勢」作用下依然堅持吸菸，這種與理性「軟弱」相聯繫的「意志軟弱」，顯然同時表現出某種非理性的趨向。理性的「軟弱」或無力與非理性趨向的以上聯繫，既表明前者（理性的「軟弱」或無力）可能成為後者（非理性趨向）的內在根源，也賦予行動中的「意志軟弱」以較為複雜的形態。

---

5 這裡所討論的，是廣義視域中的意志軟弱。如前所述，就其本來的涵義而言，意志軟弱的內在特點在於缺乏控制某些事的力量，行動過程中出現意欲、情感的強勢與理性的無力，便體現了以上特點，就此而言，無疑可以將其歸入廣義的意志軟弱。

在意欲主導的情形下，行動往往面臨自主與非自主的張力。就行動出於行動者自身的意欲而言，行動似乎至少在形式的層面呈現自主的形態。然而，如康德已注意到的，當行動者主要受意欲、衝動的左右時，其行動在實質上仍具有被決定的性質（爲意欲與衝動所支配），從而難以達到真正的自主性。這樣，以意欲的主導爲前提，行動無法避免形式的自主性與實質的非自主性之間的悖反。作爲理性與意欲、情感的內在緊張在行動中的表現形式，以上悖反構成了意志軟弱的又一特點。

就現實的行動過程而言，個體的選擇同時涉及不同的價值立場和價值取向。從價值的趨向看，個體既可以給予意欲以優先性，也可以賦予理性的判斷以更高的價值。這種不同的價值取向，往往制約著個體的行爲選擇。如果賦予理性的判斷以更高的價值，那麼，當理性的意識與非理性的意欲形成張力時，個體常常能夠依然按理性的要求去做，孟子所謂「富貴不能淫，貧賤不能移，威武不能屈」，[6]便表現了這一點。相反，如果將當下的意欲放在價值的優先地位，則一旦理性的判斷與意欲、情感發生衝突，個體便容易爲後者（意欲、情感）所左右，而理性的判斷也相應地難以落實於行動。可以看到，意欲在行動中的主導性作爲「意志軟弱」的具體表現形式，以價值立場上承諾意欲的優先性爲其邏輯前提；價值的取向、價值的立場在這裡呈現了內在的作用。

從本體論上看，理性與意欲、情感等非理性規定之間的關係同時涉及身與心之辨。與心相對的「身」，主要表現爲感性存在（「血肉之軀」），意欲的最原初形式表現爲感性的欲求，從饑而欲食到寒而欲衣，這些具有原初性質的衣食之欲，都源於人的感性存在。同樣，休謨所謂「快樂和不快的情緒」，首先也表現爲感性層面的快感。從以上方面看，「身」作爲感性的存在，無疑更直接的關聯著人的意欲與情感。相對

6　《孟子·滕文公下》。

於「身」與情、意的聯繫,「心」更多地涉及思與辨等理性的活動。作為人的存在的相關方面,「身」與「心」並非彼此平行,二者始終處於互動的過程。一方面,心的作用使「身」不再僅僅表現為自然意義上的血肉之軀,另一方面,「身」所具有的本原性又使與之相涉的意欲、情感對人的行為取向與選擇具有更切近的影響。前文已提及,感性存在的本原性與意欲、情感的當下性既彼此關聯,又相互作用,這種互動不僅往往強化了意欲、情感對行為選擇的影響,而且從一個方面為抑制理性的作用提供了可能。

可以看到,行動中的「意志軟弱」在實質的層面表現為意欲、情感等非理性規定的相對有力,與理性意識的相對無力。意欲、情感與理性的以上關係,在某種意義上體現了休謨所涉及的情與理之辯:休謨所謂「理性完全沒有主動力」,在行動過程中具體表現為「理性的軟弱」。理性相對於意欲、情感所呈現的「軟弱」,首先與意欲、情感所具有的當下性品格、直接性特點以及它們與感性存在的切近關係相涉:這種當下性、直接性與切近性賦予意欲、情感更強的影響力量,並使理性處於相對的弱勢。「理性的軟弱」在行動過程中,往往引向非理性的趨向。進而言之,理性與意欲、情感力量的此消彼長,又基於不同的價值取向與價值立場,儘管意欲、情感所具有的當下性、直接性品格使之可能在行動選擇中獲得優先性,但在具體的行動情景中,意欲、情感是否實際地取得主導地位,往往取決於不同的價值取向與價值立場。就形而上的層面而言,理性與非理性之辨,又涉及身心關係:「身」的本原性既使基於「身」的意欲、情感獲得了優先性,又與意欲、情感的當下性相互關聯,使理性判斷的落實面臨可能的限定。

二、知行之辯

　　意欲、情感等對理性的抑制，主要從意識或觀念之域體現了意志軟弱的特點。作爲行爲過程的內在趨向，意志軟弱不僅僅涉及意識或觀念之域。事實上，以理性而言，其作用便既涉及認知，也關乎評價，前者以事實的把握爲指向，後者則以價值的確認爲內容，在寬泛的意義上，二者都屬於知或認識的領域。意志軟弱的表現形式之一在於，行動者雖然在認知與評價的層面達到了自覺的認識，並由此自知應當做什麼或應當如何做，但卻未能將這種認識付諸實施。在這裡，意志軟弱與知行之辯形成了內在的關聯：以知與行之間的分離（認識與行動之間的脫節）爲內在趨向，意志軟弱相應地取得了知而不行的形式。[7]

　　從哲學史上看，一些哲學家對是否存在知而不行意義上的意志軟弱，往往持存疑態度。在這方面，柏拉圖的看法具有一定的代表性。在《普羅泰哥拉》篇中，柏拉圖曾借蘇格拉底之口說：「如果一個人知道或者相信存在比他現在所從事的行動更好的行動，同時他也可以選擇這種更好的行動，那麼，他就不會再繼續做現在所做之事。『做有失自己人格的事』（『to act beneath yourself』）完全是無知的結果，『成爲自己的主人』則是一種智慧。」[8]按照這一理解，則一個人做不當做之事，便是因爲他不了解有更適當之事，如果他知道什麼事當做或什麼事更正確，他就一定會去做這種當做之事或正確之事。換言之，知必然會化爲行，不存在知而不行的現象。從行動與意志軟弱的關係看，以上觀點似乎將表現

---

[7]　布蘭頓曾將意志軟弱的特點概括爲：「知其更善者，行其更劣者（knowing the better and doing the worse）。」這一看法也在一定意義上注意到了意志軟弱與知行脫節之間的關聯。參見Robert B. Brandom: *Making It Explicit*, Harvard University Press, 1994, p270.

[8]　Plato: *Protagras*, 358c, *the Collected Dialogues of Plato*, Princeton University Press, 1961, pp348-349.

爲知而不行的意志軟弱主要理解爲眞知的缺失：只有在缺乏眞知的情況下，才會發生當行而未行。

亞里斯多德的觀點與柏拉圖相近。他曾指出：「當一個人做了不應當做的事時，他是有相關的知識但不能運用這種知識，還是有相關知識並運用這種知識？這兩種情況是不同的。前者並不奇怪，後者卻非常奇怪。」[9]所謂「有相關的知識但不能運用這種知識」，也就是並非眞正擁有這種知識（即似乎有某種知識，但實際卻非眞有此種知識），「有相關知識並運用這種知識」則意味著眞正具有此類知識。質言之，一個人不會明知而故犯，他之做不當做之事，主要是因爲無眞正之知。這與柏拉圖的以上看法大體一致。

在具體解釋不當爲之行爲所以發生的緣由時，亞里斯多德區分了兩種情形。第一種情形表現爲：行動者在推論時僅僅運用普遍的前提（大前提），而不能運用特殊的前提（小前提），此時其行動便可能與他所具有的知識相衝突。[10]這裡，雖然知與行之間形成了某種張力（關於普遍前提之知與後繼行動之間呈現不一致），但行動的不當，依然被歸因於知識的缺乏；儘管此時行動者並非完全處於無知狀態，但卻缺乏完備的知識（亦即缺乏關於特殊前提的知識）。在第二種情形中，行動者雖然在某種意義上擁有知識，但卻不能自覺運用這種知識，如同處於睡眠、瘋癲、醉酒狀態的人，他們雖然可能具有某種知識，但卻無法加以運用。[11]此時，知識對行動者來說雖有而若無，在實質上的層面，這也屬於缺乏眞正的知識。當行動者處於以上狀態時，即使其行爲呈現出與他所具有的知識不一致的性質，也不同於知而不行意義上的意志軟弱：因爲此時行動者沒有在

---

9 Aristotle: *Nicomachean*, 1146b30, *The Basic Works of Aristotle*, Random House, 1941, p1040.

10 Aristotle: *Nicomachean*, 1147a5, *The Basic Works of Aristotle*, p1040.

11 Aristotle: *Nicomachean*, 1147a10-20, *The Basic Works of Aristotle*, p1041.

實質的層面真正擁有知識。

　　亞里斯多德同時認為，受情感（passion）影響的人，其情形如同處於睡眠、瘋癲、醉酒狀態的人：在憤怒、衝動的情況下，人不僅身體會變形，而且還會失去理智。[12]就其注意到情感對理性的影響而言，與後來的休謨無疑有相通之處，不過，較之休謨對情感的注重與肯定，亞里斯多德更多地側重於指出其消極性。按亞里斯多德的以上理解，在情感處於支配地位的情形之下，行動者即使具有相關知識，這種知識也難以發揮作用。從知行關係看，此時行動者雖然似乎知而未行，但其實質的問題並不是擁有知卻未能行，而是近於前面的第二種形態，即行動者缺乏真正意義上的知識。[13]

　　柏拉圖與亞里斯多德以上看法的邏輯前提是知必然導向行。在這一視域中，事實認知及價值評價與行為選擇之間，似乎不存在任何距離。事實認知及價值評價屬廣義之知，行為選擇則引向行，如果知必然導向行，則「明知當行卻未能行」這一意義上的意志軟弱便不復存在。不難看到，這一觀點或多或少將知與行之間的關係簡單化了。事實認知和價值評價分別與「是什麼」和「意味著什麼」的追問相聯繫，「是什麼」既涉及物件的規定，也關乎行動的程序（包括對相關領域合理行動方式的理解）：「意味著什麼」則更多地與物件及行動的價值意義相關。就事實認知而言，知道「是什麼」，並不自然地引向行動：無論是把握物件的規定或屬性，抑或了解行動的方式、規程，都尚處於「知」的層面，即使完備地獲得了這方面的知識，也難以擔保其必然地向行過渡。這不僅在於「是」

---

[12]　Aristotle: *Nicomachean*, 1147a10-20, *The Basic Works of Aristotle*, p1041.

[13]　亞里斯多德對行動的以上看法，與*akrasia*的原始涵義具有某種一致性。如前面的注文所述，*akrasia*的原始涵義是行動主體的無力或缺乏控制某些事的力量，在亞里斯多德所論及的以上情形（瘋癲、醉酒狀態）中，行動主體由於受制於情感等因素，已無法控制自身的行動。在此意義上，上述現象與*akrasia*所體現的行動具有相關性。與之相聯繫，亞里斯多德在否定知而不行意義上的意志軟弱的同時，又注意到相應於*akrasia*的行為。

在邏輯上並不蘊含「應當」，而且涉及知識本身的特點：從現實的形態看，單純的知識既不包含行動的目標，也未提供行動的動力，它固然可以構成行動自覺展開的條件和前提，但在僅僅停留於其自身時，這種條件和前提卻並未實際地得到實現。事實認知向行動的轉化，本身以目的、動機、意欲等等的介入爲條件。不難注意到，在事實認知的層面，「有相關知識」並不表明必然引向行動並在行動中運用這種知識。

在價值評價的層面，知與行的關係呈現更爲複雜的形態。以「意味著什麼」爲關注之點，價值評價側重於確認事物和行爲對人所具有的價值意義：事物的價值意義與是否合乎人的需要相聯繫，行爲的價值意義則涉及正當與否等問題。正面或積極的價值意義表現爲廣義的善，從邏輯上看，如果確認人應當實現具有正面意義或積極意義的價值，則一旦做出了正面的價值判斷，其中體現的價值便應當加以實現，在此意義上，可以說，善應當蘊含：「什麼是善」與「什麼應當做」之間存在著內在的相關性。就積極的方面而言，只有呈現正面價值的事，才「應當」去做；從消極的方面看，如果行爲具有負面的價值意義，便「不應當」做。然而，儘管利或害、善或惡等價值判斷蘊含「應當做」或「不應當做」的要求，但這種蘊含關係與現實過程中的「知而必行」仍有差別。以道德實踐而言，知道應當行善，並不能擔保實際地行善，在知其善與行其善之間，每每存在邏輯的距離。事實上，道德領域中的意志軟弱，常常便表現爲雖知其善而當行，但實際上卻未能行。這裡不難看到評價活動與實踐推論之間的分離：「某一行動在道德上具有善的性質」，這是評價性結論，「我決定實施並完成這一行動」，這是實踐結論，在意志軟弱的情形中，二者在觀念層面也許尙未相分（當事者可以在觀念上從評價性結論引出實踐結論），但在實踐中卻彼此脫節（雖肯定其善，卻未能落實於行動）。

認知與評價過程所形成的廣義之知，確乎從不同方面爲行動的展開提供了條件。然而，知識本身並不是行動的充分條件，從知識向行動

的轉化，涉及知識之外的因素。以事實的認知而言，了解事物的屬性、法則、關係或行動的程序，主要使人「知其然」或「知其所以然」，這方面的知識只有與一定的目的、動機相結合，才能產生行動的意向或判斷，並進一步引向行動。從日常生活看，「水果含有人體所需的各種維生素」，這是對事實的認知，但這種知識本身並不包含行動的要求，唯有當它與「保持或增進健康」這樣的意欲、動機彼此融合時，才能產生「應當食用水果」的行動意向。與之相聯繫，嚴格而言，在事實認知的層面，意志軟弱的問題還未發生：此時尚未形成「應當做某事」這一類判斷或意向，相應地，以「知其當行卻未能行」為形式的意志軟弱也尚未突顯。

相對於事實認知，價值評價的情況無疑有所不同。如前所述，以利或害、善或惡等價值意義的確認為指向，價值評價蘊含著應當做什麼或不應當做什麼的要求。從廣義的認識層面看，較之事實認知之「知其然」與「知其所以然」，價值評價包含「知其所當然」的內容。「知其所當然」與人的行動顯然有更切近的關聯。然而，在現實的存在過程中，「知道應當做什麼」與「實際地做什麼」之間並非相互重合。價值判斷固然為行動的選擇提供了依據，但卻無法擔保行動的選擇與自身的一致，事實上，在這裡，意志軟弱的表現形式就在於價值判斷與行動選擇之間的不一致或彼此衝突，而所謂「知而不行」的實質內涵，也體現於此。就其邏輯含義而言，「知其當行」屬理性之「知」，但它是否能夠化為實際之「行」，則同時關乎情感的認同、意志的接受或選擇。從日常生活看，「水果有益健康」與「水果含有人體所需的各種維生素」是不同的陳述，後者如前所述，具有事實認知的性質，前者則更多地表現為價值評價。作為價值判斷，「水果有益健康」蘊含著「應當食用水果」的行為要求，然而，如果某一特定個體在口味上不喜歡水果，或者對健康缺乏強烈的意願，則即使他確認了「水果有益健康」，卻依然可以不做出食用水果的行動選擇。這裡的「不喜歡」涉及情感的認同，「意願」則關乎意志的

接納和選擇。可以看到，從廣義之「知」向現實之「行」的轉換，既與理性的引導相關，又受到情感認同和意志接納、選擇的制約，作爲意志軟弱具體形式的「知而不行」，其內在的根源之一也可追溯到情感認同和意志接納、選擇的缺失。[14]

三、意志軟弱的形上之維

　　作爲行動過程中的一種現象，意志軟弱既非僅僅涉及觀念領域中理性規定，與意欲、情感等非理性規定之間的關係，也不僅僅以知與行的互動爲其背景。從更廣的視域看，意志軟弱同時關乎形而上之維。

　　意志軟弱的發生，有其本體論的前提，後者首先與時間性相聯繫。以價值評價與行動選擇之間的關係而言，從形成價值判斷，到做出行動的選擇，其間包含多重環節，這些環節之間，又總是存在著一定的時間距離。價值評價往往爲某種行動提供了理由，但這種理由與相關行動的動機並非直接重合，在行動的理由與行動的動機之間既有邏輯的區分，也有時間的間隔，這種時間的距離和間隔，爲行動過程中意志軟弱的發生提供了前提。以吸菸而言，當個體做出了吸菸有害健康的判斷時，這種價值評價無疑使某種行動（例如戒菸）理由的形成獲得依據，然而，由於各種原因，這種理由可能最後並未能化爲行動的實際動機（吸菸有害健康的價值評價，未化爲戒菸的實際動機），行動的理由與行動的實際動機之間的這種不一致，構成了意志軟弱的表現形式之一。這種不一致的發生誠然有各

---

[14]　這裡不難注意到意志、情感在行動過程中的不同意義。就理性與情意的關係而言，當意欲與情感壓倒理性之思時，往往引向理性相對無力意義上的意志軟弱，而在完全缺乏情感認同和意志接納的情況下，則可能導致知而不行意義上的意志軟弱。

種現實的緣由，但其本體論的前提，則是二者之間時間距離的存在：如果行動的理由與行動的實際動機在時間上彼此重合，二者的不一致便無從發生。

　　進而言之，在行動的選擇（或行動的決定）與行動本身之間，也存在時間的距離。儘管個體形成了行動的意向，並做出了行動的選擇和決定，但最後卻可能依然未能將此決定付諸實行，這種情形，也往往被視爲意志軟弱。仍以吸菸爲例。在做出了吸菸有害健康的價值評價之後，個體也許不僅獲得了行動（戒菸）的理由，而且進而化此理由爲行動（戒菸）的動機，並由此形成行動（戒菸）的決定。然而，行動的決定並不等於行動本身，在行動的決定與行動的實施這一時間段中，個體仍可以受不同因素的影響，並最後放棄行動。這裡可以有不同的情形。行動者在做出某種行動選擇和決定後，也許在正式實施之前改變主意，轉而選擇另一行動，並決定實施後一行動。這種現象屬於行動計畫的變動，與行動過程中的意志軟弱具有不同性質。然而，如果行動者在做出決定之後並未改變自己的行動計畫，亦即依然確認自己應當做某事，但在後繼的時間中卻不實際地去做自己確認當做之事，這則涉及意志軟弱。以「決定做某事，但卻不實施」爲形式的這種意志軟弱，同樣以行動過程中存在著時間距離或間隙爲前提：只有當行動的決定與行動的實施之間內含這一類的時間距離，「決定行動但卻最後放棄」這一類意志軟弱才可能出現。[15]

　　從行動者的層面看，時間距離還體現於當下的意欲與未來的遠慮之間。無論是客觀意義上的利、害，抑或主觀意義上的理想、追求，都既有當下的形態，也涉及未來。如果行動者僅僅關注當下的利與害或僅僅追求

---

[15] 塞爾在考察行動過程時，已有見於行動意向與行動實施等方面的不一致，並將這種現象稱之爲「鴻溝」（gap），但他未能將時間之維引入，從而也未能注意以上距離的本體論意義。參見 J. Searle: *Rationality in Action*, The MIT press, 2001, pp14-15.

當下欲望的滿足，忽視或漠視未來的價值前景，那麼，在理性的遠慮與當下意欲發生衝突時，便會接受後者而拒絕前者，從而使基於理性遠慮的行動選擇無法落實。以戒菸而言，戒菸的決定是基於對保持健康的長遠考慮，而當吸菸的當下意欲壓倒對未來健康的考慮時，放棄戒菸的意志軟弱行為便會出現。這裡既涉及理性與意欲之辨，又關乎時間意義上當下與未來的關係。

行動的過程並非孤立展開，而是基於現實的存在境域。從現實的存在形態看，其中總是包含不同的可能，後者既展現了多樣的發展趨向，也制約著人的行動過程。個體在做出了某種判斷、形成了某種行動意向或做出某種行動選擇之後，常常仍然會面對新的、多重的可能，這種可能，為行動者最後選擇不同於原先所決定的行為提供了現實的前提。事實上，存在境域的不同可能與行動的不同可能，具有內在的相關性。通常所說的意志軟弱，往往表現為原先意向、選擇、決定之未能貫徹：本來想做或決定做的事，最後雖仍認為當做但卻未能真正去做。行動未能真正落實既與觀念之域理性與非理性的博弈以及知與行的互動等相涉，又基於現實所內含的不同可能，後者構成了欲行卻止、擇此行彼、知而不行等意志軟弱行為的本體論根據。如果現實過程僅僅存在一種可能，則個體在形成評價、做出決定之後，便只能面臨一種行動方向而不會遇到新的選擇，與之相應，原先選擇和決定的行動，也難以在後續過程中發生改變。唯有在現實包含不同可能的前提下，從意向、觀念活動到最終行動這一時間綿延中的各種變化，才能實際地發生；呈現於以上過程的意志軟弱，也才能獲得現實的根據。

在日常的生活中，常常可以看到上述情況。以飲食控制而言，某一個體可以出於減輕體重的考慮而決定控制飲食，而在做出這一決定之後，他往往又會遇到各種可能的情況：也許他的朋友突然不期而至，為表示好客，他需要款待這位元朋友，而由此攝入的食物則將超出原來決定控制的

標準；也許他路過某一食品店，瞥見了某種雖屬需控制之列但又特別心儀的食物，並產生了無法抵禦的食欲等等。這些可能出現的不同情況，同時也使控制飲食的決定在最後落實之前仍面臨各種變數。在這裡，該個體是否出現意志軟弱的現象，與現實中蘊含的多樣可能顯然具有內在的關聯：行動境域所蘊含的相關可能在某種意義上構成了意志軟弱（放棄或改變原先決定的行動）的本體論前提。

　　與行動境域存在多樣的可能相聯繫，行動的選擇包含不同的偶然性。就本體論而言，偶然性與可能性具有內在的相關性，黑格爾已注意到這一點，並曾將可能性稱爲外在的偶然，[16]所謂外在的偶然，可以理解爲體現於具體存在境域（包括行動過程）中的偶然。從行動的層面看，現實中可能性的存在，也蘊含了偶然的趨向，這種偶然性首先表現於行動的選擇過程。現實生活中常常會發生這一類現象：下午本來打算寫論文，但無意間看到一本有趣味的書，一下被其所吸引，於是擱置論文寫作，轉而閱讀那本書。以上變化可以是因爲情況的改變而調整日程的安排：當事者也許在連續伏案工作後，因外界因素的觸發（如看到一本有趣味的書）而藉機自我放鬆、休整。如果是這種情形，則這種變化便與意志軟弱無涉。然而，當事者也可能被要求限時完成正在撰寫的論文，爲了按規定完成此文，他必須充分利用當日下午的時間，對此他也已清醒認識，並且不僅事先做了相應計畫，而且明確決定這天下午將根據計畫撰寫論文。在此情況下，他若因偶然瞥到那本有趣之書而放棄自己已決定做之事（撰寫論文），則這種現象便屬廣義的意志軟弱。不難看到，這裡需要區分以下二種情形：其一，行動過程中因某種因素觸發而改變主意、調整計畫，並在後續時間中實施調整後的計畫；其二，依然保持原有想法和計畫，但卻因偶然因素的影響而未能貫徹、落實已確定實施的行動計畫，意志軟弱主要

---

16 參見黑格爾：《小邏輯》，商務印書館，1980，第300-301頁。

與後者相關，其具體表現形式爲：因偶然因素的作用而未能將已有的決定付諸實施。從形而上的層面看，行動過程中意志軟弱的發生，往往便以內在於現實世界的各種偶然性爲其本體論根據。

　　對於行動過程中存在的以上背景，一些哲學家往往未能給予必要的關注。黑爾（R. M. Hare）在談到倫理行爲時，便認爲：「在我們有機會並且有（身與心方面）的能力去做某事的情況下，如果他人向我們發出做此事的命令，而我們在接受這一命令的同時又不去做命令所要求的這一事，那麼，就不能說我們是眞誠地接受了這一命令。」[17]按照這一看法，則只要具備一定的條件（外在的條件與行動者在身心方面的能力），同時行動者又眞誠地做出了某種行動的選擇或決定（如眞誠地接受做某事的要求），則相關的行動便必然或發生。對行動的以上理解蘊含如下前提，即眞誠的行動選擇與實際的行動之間呈現彼此重合的關係，與行動相關的存在境域既未內含不同的可能趨向，也不存在任何偶然性：正是本體論上的以上前提，賦予行動的選擇以確然不變的性質，「欲行而未行」或「決定做卻不做」這一類的意志軟弱也無從發生。這種看法在懸置意志軟弱的同時，也多少表現出從確定性或不變性的方面理解行動的趨向。

　　以可能趨向及偶然性爲本體論根據，意志軟弱更多地展示了黑爾（Hare）的以上視域所未能充分關注的行動面向。作爲實踐過程中的一種現象，意志軟弱既在本體論的層面折射了現實存在所蘊含的多重可能，又在觀念之域體現了個體意向、意欲的可變動性。可能趨向的存在與內在意向及意欲的可變性相互交融，賦予行動的選擇以偶然的向度。如果現實的存在境域不包含多種可能，個體的意向也不存在可變性，則行動從選擇到實施便僅僅具有一種定向，其形態也相應地呈現必然性。就此而言，否定意志軟弱不僅將導致忽略現實境域中的多重可能以及個體意欲的

---

[17] R. M. Hare: *Language of Morals*, Oxford University Press, 1952, p20.

可改變性，而且在邏輯上意味著消解與可能性相聯繫的行動過程的偶然性。行動中的可能向度與偶然之維一旦被略去，則行動本身往往便容易被賦予某種「命定」的性質。這種理解，顯然很難視爲對行動的合理把握。

四、我思、我欲、我悅與身心之知

作爲行動過程中的現象，意志軟弱的存在無疑難以否認。然而，確認行動過程存在意志軟弱，並不意味著將其完全視爲應然的行動形態。行動過程中的偶然性確乎無法完全消除，日常生活中不同的選擇可能誠然也需要給予其存在的空間，但同時，在具體的實踐過程中，爲了達到一定的實踐目標，往往又會面臨克服意志軟弱的問題。如何在正視意志軟弱的同時，又努力克服可能對實踐過程帶來消極作用的意志軟弱？行動理論無法迴避這一問題。

意志軟弱首先與個體的觀念世界相聯繫，並具體地表現爲理性與意欲、情感之間的張力，意志軟弱的克服，也相應地涉及理性與意欲、情感之間關係的協調。如所周知，康德曾將人心的機能區分爲三種，即「認識機能、愉快與不快的情感和欲求的機能」。[18]認識機能關乎認識過程中的思維活動，欲求的機能表現爲實踐層面的自我要求，[19]愉快與不快的情感則涉及審美領域中的情感認同、情感接受。體現爲思維活動的認識機能主

---

[18] 康德：《判斷力批判》，商務印書館，1985，第16頁，譯文據英譯本略有改動，參見Kant: *Critique of Judgment*, Hafner Publishing Co. New York, 1951, p13。

[19] 在康德那裡，實踐理性論域中的欲求，主要與意志的自我立法相聯繫，從而不同於感性的意欲。

要與理性相聯繫，[20]愉快與不快的情感和欲求的機能則表現爲非理性的規定。對康德而言，其中愉快與不快的情感機能居於認識機能和欲求的機能之間，並構成了二者之間聯繫的樞紐：「因愉快或不快必然地和欲求機能結合著（它或是與較低層面的欲求一樣，先行於上述的原理，或是從上述原理中引出，如同較高層面的欲求被道德法則所決定時的情形一樣）。我們可以假定，它將實現從純粹認識機能的過渡，也就是說，從自然諸概念的領域達到自由概念的領域的過渡，正如在它的邏輯運用中它使從知性到理性的過渡成爲可能一樣。」[21]康德的以上看法既以認識領域、道德領域與審美領域之間的溝通爲指向，也涉及不同的觀念活動和精神趨向之間的相互關聯。其中，康德對情感機能所具有的聯結作用的肯定，尤爲值得關注：它內在地體現了對意識和精神綜合性、統一性的注重。

康德所提及的以上方面可以從行動主體（「我」）的視角做引申性的考察，在此意義上，認識機能所體現的理性功能，可理解爲「我思」，實踐層面的自我要求，可以視爲「我欲」，愉快與不快的情感，則可歸屬於「我悅」，三者內在於同一行動主體，又彼此交互作用。與之相聯繫，行動中理性與意欲、情感等非理性的關係，也具體地透過「我思」、「我欲」、「我悅」體現出來，而克服行動過程中的意志軟弱，則涉及以上諸方面的互動。

從哲學史上看，孟子在考察道德領域時，也從不同方面涉及了以上關係。在談到耳目之官與心之官的同異時，孟子指出：「口之於味也，有同耆焉；耳之於聲也，有同聽焉；目之於色也，有同美焉，至於心，獨無所同然乎？心之所同然者何也？謂理也，義也，聖人先得我心之所

---

[20] 這裡的「理性」與康德所區分的「理性」、「知性」中的「理性」不同，與之相對的主要不是康德所說的「知性」，而是非理性。

[21] 康德：《判斷力批判》，商務印書館，1985，第16頁，譯文據英譯本做了改動，參見Kant, *Critique of Judgment*, Hafner Publishing Co. New York, 1951, p15。

同然耳。故理義之悅我心，猶芻豢之悅我口。」[22]所謂「心之所同然」，側重的是「我思」，其具體的內容則是「理」、「義」等普遍的理性觀念和原則，在孟子那裡，這一意義上的「我思」，與作為道德實踐自我要求的「我欲」具有一致性。在解釋他自己何以一再進行理性論辯時，孟子便指出了這一點：「我亦欲正人心，息邪說，距詖行，放淫辭，以承三聖者。豈好辯哉？予不得已也！」[23]這裡的「欲」（「欲正人心」）以「善」為其實質的內容，所謂「可欲之謂善」。[24]與「我欲」相聯繫的「悅我心」，已不同於單純的理性思辨：以「我悅」為形式，它同時表現為一種情感的認同和接受。在孟子那裡，「我思」透過「心之官」（「心之官則思」）而把握普遍的「理」、「義」，「我欲」則源於「理」、「義」的內在要求，表現為道德層面的實踐意向。「我思」所體現的「心之所同然」與「我欲」內含的實踐要求，同時又合乎行動主體的內在意願，並引發主體的愉悅之情（「悅我心」），從而，「我思」、「我欲」、「我悅」呈現內在的統一性。

　　孟子的以上思想既涉及對道德意識的理解，也關乎道德的實踐。從道德意識的維度看，孟子所說的「心之所同然」，近於康德的實踐理性，但它同時又關涉道德意義上的「共通感」（common sense），[25]這種與「共通感」相涉的「我思」既引向實踐層面的自我要求（我欲），又涵攝情感之域的愉悅感或樂感（我悅），在此，理性與非理性、普遍的道德律令與具體的情感形成了相互融合的形態。從倫理學上看，這種交融在某

---

[22] 《孟子·告子上》。

[23] 《孟子·滕文公下》。

[24] 《孟子·盡心下》。

[25] 康德曾在《判斷力批判》中對「共通感」（common sense）做了討論（參見Kant, *Critique of Judgment*, Hafner Publishing Co. New York, 1951, pp.75-77），這一論域中的「共通感」首先與審美意識相聯繫。此處的「共通感」是在引申意義上使用的，其內涵已不限於康德的以上論域。參閱本書第七章。

種意義上體現了康德的實踐理性與休謨的道德情感之結合，[26]儒家道德哲學中追求美善相樂以及肯定孔顏樂處與內聖人格的統一等傳統，也可溯源於此。在道德實踐的層面上，「我思」、「我欲」、「我悅」的統一，則表現爲理性的自覺判斷（知其應然）與道德的自願要求（行其應然）之間的一致，當行爲既基於理性的明覺，又出於自願的要求，並進而透過情感的認同而達到好善如同好好色之時，與「應然」相悖的意欲對行動的干擾和影響便可以得到抑制，行爲本身也將「若火之始然，泉之始達。」[27]火之燃、泉之達既是自然而然，又無法自抑，從道德行爲看，後者（無法自抑）意味著揚棄意志軟弱。可以看到，儘管孟子並沒有具體地談到意志軟弱的現象，但他的以上看法卻在實質層面或多或少涉及了相關問題。

就更廣意義上的實踐或行動過程而言，「我思」主要表現爲理性的認知、評價和判斷，「我欲」則與行動的選擇、決定相聯繫，這種選擇和決定既可以基於理性的判斷，也可以導源於非理性的意欲。如前所述，意志軟弱往往表現爲理性的判斷與非理性的意欲、情感等等之間的張力，並以意欲壓倒理性爲特點。從這一方面看，克服意志軟弱與化解理性與非理性的意欲之間的張力無疑具有內在的相關性。按其現實的形態，「我思」與「我欲」並非必然彼此隔絕。「我欲」在抽象同一的形態下，固然容易流於單純的感性衝動，但透過「我思」向「我欲」的滲入，後者在內容、取向上便可能得到某種轉換，從而超越單純的感性衝動。進一步說，在一定的條件下，理性的判斷可以引發意欲：以個體行爲與社會的關係而言，如果根據理性的分析和判斷，某種行動可以得到社會的肯定和讚賞，那麼，對於接受該社會主流價值觀念的個體來說，這種行動也會具有可欲

---

[26] 康德雖然在審美的意義上對愉快與不快的情感給予了相當關注，但在道德領域卻基本上懸置了感性經驗層面的情感。

[27] 《孟子·公孫丑上》。

性，並引發選擇該行動的意欲。在政治、道德等實踐過程中，理性的信念同樣常常會喚起行動的意欲：一個堅持某種政治理想、信念的個體，每每同時會形成選擇與相關政治理想、信念一致的行動。這種現象在某種意義上可以稱之為「我思故我欲」。另一方面，「我欲」對「我思」也具有促發或推動作用：一定的意欲產生之後，常常會推動個體對該意欲的價值性質（正當與否）、實現方式等等的評價、思考。[28]

　　與「我思」和「我欲」相聯繫的是「我悅」，對後者，需要予以特別的關注。如前所述，康德較多地注意到愉快（悅）與不快（不悅）的情感對認識機能與實踐理性所具有的聯結作用。從實踐的意義上說，「我悅」的實質涵義，首先在於情感的認同與接受，這種認同既非導源於外在強制，也非出於內在的勉強；既不同於對理性要求的被動服從，也有別於對意欲衝動的自發順從。它以普遍的理、義為內容，又包含愉悅之情（悅我心）。當「我思」、「我欲」、「我悅」彼此統一時，理性的認知和評價與個體的意欲，便開始融入具有樂感（愉悅感）的主體意識，二者之間的張力，也將由此得到某種化解。以戒菸的行動而言，當停止吸菸僅僅是一種理性的要求時，它往往難以抵禦菸癮所引發的強烈吸菸意欲，然而，當不吸菸的決定並非僅僅基於吸菸有害健康的理性判斷，而是同時出於「悅我心」的樂感體驗之時，理性的要求與非理性的意欲之間的張力，便有可能得到抑制。此時，吸菸有害健康的理性意識不再與吸菸的非理性意欲相對峙，「不應吸菸」的理性判斷（我思），與「不想吸菸」的意欲或意向（我欲）交融於放棄吸菸所帶來的愉悅意識（我悅）之中，與之相對的吸菸之欲，則很可能不僅難以「悅我心」，而且將引發不快之感。可以看到，「我思」、「我欲」、「我悅」的統一，為克服以意欲壓

---

[28] 盧梭曾認為，一個無欲望的人，是不會費心去推理的。（參見盧梭：《論人與人之間不平等的起因和基礎》，商務印書館，2007，第59頁）這一看法從否定的方面注意到了「我欲」與「我思」之間的關係。

倒理性爲形式的意志軟弱，提供了某種內在的根據。

這裡同時需要區分「我悅」與感性層面的快感。與「我思」及「我欲」相聯繫的「我悅」不同於感性層面的快感，康德已從審美意識的層面，注意到了這一點，儒家所推崇的孔顏之樂，則從道德的領域，對此做了更具體的考察。對儒家而言，一旦志於道，則即使處於艱苦的生活境遇，也可以達到精神上的愉悅。孔子曾這樣稱讚其弟子顏回：「賢哉，回也！一簞食，一瓢飲，在陋巷，人不堪其憂，回也不改其樂。」[29]這種人生態度，也同樣表現爲孔子自己的道德追求：「飯疏食飲水，曲肱而枕之，樂亦在其中矣。不義而富且貴，於我如浮雲。」[30]此處所描述的「樂」，也就是後來儒家（特別是宋明新儒學）常常提到的「孔顏之樂」，其核心在於超越感性的欲求，達到理義「悅我心」意義上的精神愉悅，儘管其中包含強化理性的可能，但在「悅我心」與「樂」的形式下，情感之維也得到了確認。當然，「我悅」（愉悅之情）之滲入理性，同時使之超越了感性的快感。在感性的存在形態與精神愉悅形成張力的情況下，滲入理性的精神愉悅往往對行動的選擇具有更深層的制約作用。歷史上，「士可殺而不可辱」這種價值取向與行爲選擇，便以獨特的形式體現了感性的存在形態與精神的愉悅之間的張力：「辱」既意味著個體尊嚴的失落，也與理性層面的精神愉悅相衝突，當感性存在與個體尊嚴以及理性層面的精神愉悅無法相容時，「士」所注重的，往往是個體尊嚴的維護以及理性層面精神愉悅的追求。進而言之，歷史上的仁人志士每每爲了理想而從容就義，在這種人生選擇中，廣義的我思（理性的考慮）、我欲（自願的選擇）、我悅（情感的接受）同樣相互交融。當譚嗣同在戊戌變法失敗後以「我自橫刀向天笑」的精神走向刑場時，其中便

---

[29] 《論語·雍也》。
[30] 《論語·述而》。

既滲入了理性層面的堅定信念，也體現了情意層面的從容樂觀。對這些仁人志士而言，與從容就義相對的苟且偷生固然能夠使感性的存在得到延續，但這種延續感性存在的方式（「苟且」）不僅難以得到理性的認可，而且將引發精神的痛苦和煎熬，從而難以達到內在的「我悅」。

　　「我思」、「我欲」、「我悅」的統一，同時意味著超越意識活動的單向度性。從單一的理性視域考察，選擇某種行動可能不盡合理或明智，但如果綜合考慮了相關的各種情況，包括客觀上多重可能的趨向、主觀上不同意欲之間各自的強度等等，則可能形成與單向的理性考慮不同的行動選擇，後者往往更合乎一定的行動情境。這裡的綜合考慮，可以視爲認知、意向、態度、欲望、情感等等的交融，由此形成的行動選擇和決定以及對這種選擇和決定的實施，更多地表現爲對單向意識活動的轉換。從現實的行動過程看，基於單一的意識活動而做出的行動選擇，因其未能綜合地體現外在境域與內在觀念諸方面的情況，每每難以實際地落實於行動，所謂「意志軟弱」，亦容易由此而引發。在這裡，「我思」、「我欲」、「我悅」的互動主要不是直接地克服意志軟弱，而是透過揚棄意識活動的單向性，以避免引發意志軟弱。

　　行動過程中意志軟弱的另一種形式，表現爲前文提及的知與行的脫節，即知而不行或「明知當行卻未能行」，克服這一意義上的意志軟弱，也相應地涉及知行之辯。具體而言，也就是揚棄知與行的分離。

　　避免知而不行，首先關乎如何理解知。荀子在談到「學」時，曾指出：「君子之學也，入乎耳，著乎心，布乎四體，形乎動靜，端而言，蠕而動，一可以爲法則。小人之學也，入乎耳，出乎口，口耳之間，則四寸耳，曷足以美七尺之軀哉。古之學者爲己，今之學者爲人，君子之學也，以美其身，小人之學也，以爲禽犢。」[31]這裡的「學」與廣義之知

---

31 《荀子·勸學》。

相聯繫，所謂「君子之學」，也就是荀子所理解的應有之知，而「布乎四體，形乎動靜」，則既涉及「身」（四體），又關乎「行」。與之相對的小人之學，則僅僅限於口耳之間，未能引向以自我完善（美其身）爲指向的踐行。王陽明對此做了更具體的考察。在談到廣義的知行關係時，王陽明便區分了口耳之學與身心之學：「世之講學者有二：有講之以身心者；有講之以口耳者。講之以口耳，揣摸測度，求之影響者也。講之以身心，行著習察，實有諸己者也。」[32]關於口耳之學的具體特點，王陽明有如下闡述：「今爲吾所謂格物之學者，尚多流於口耳。況爲口耳之學者，能反於此乎？天理人欲，其精微必時時用力省察克治，方日漸有見。如今一說話之間，雖只講天理，不知心中倏忽之間已有多少私欲。蓋有竊發而不知者，雖用力察之，尚不易見，況徒口講而可得盡知乎？」[33]「口」引伸爲說，「耳」則借喻爲聽，在言說過程中，說與聽都首先涉及話語意義的辨析，其目標首先在於達到語詞層面的理解。此時，主體常常耳聽而口說，所謂入乎耳而出乎口；其所說所聽，並未化爲內在的德性和人格。唯其如此，故雖在語義的層面能明於理，但仍不免做悖於理之事。與之相對，所謂「講之身心而實有諸己」，則意味著道德理性層面之知已超越了外在的言說，具體地落實、體現於個體的行動，從而揚棄了知與行之間的分離。

在王陽明那裡，口耳之學與身心之學的區分，更內在地表現爲「真知」與非真知之別。按他的理解，真實之知，總是可以落實於行，如果知而未行，則表明尚未真正達到知：「未有知而不行者，知而不行，只是未知。」這裡所說的知，便是王陽明所理解的真知，其特點在於滲入

---

[32] 王陽明：《傳習錄中》，《王陽明全集》，上海古籍出版社，1992，第75頁。
[33] 王陽明：《傳習錄上》，《王陽明全集》，第24-25頁。

並實際地體現於行，所謂「知之眞切篤實處即是行」。[34]以「行」爲現實的載體，這種「眞切篤實」之知與前文提到的柏拉圖，以及亞里斯多德所理解的知有所不同，它既非純粹的事實認知，也有別於單純的價值評價，在某種意義上已超越了認識之維，而表現爲事實認知、價值評價與情感認同、意志選擇的融合。從王陽明的如下論述中，便不難看到這一點：「故大學指個眞知行與人看，說『如好好色，如惡惡臭』。見好色屬知，好好色屬行，只見那好色時已自好了，不是見了後又立個心去好；聞惡臭屬知，惡惡臭屬行，只聞那惡臭時已自惡了，不是聞了後別立個心去惡。」[35]好好色、惡惡臭主要與情感的認同、抵觸以及意願的接納、拒斥相關涉，這裡值得注意的不是以好好色、惡惡臭爲行，而是將廣義之知與好好色或惡惡臭這一類情感的認同或情感的抵觸以及意願的接納、拒斥聯繫起來。正是二者的這種交融，爲「知」向「行」的過渡提供了現實的前提。在這裡，克服「知而不行」的意志軟弱，主要表現爲將「知」理解爲聯結情感認同、意志選擇的所謂「眞知」，並由此進一步溝通事實認知、價值評價與行動的選擇。

可以看到，表現爲「知而不行」的意志軟弱，以知與行的分離（知而不行）爲特點，就克服這一形態的意志軟弱而言，化口耳之知爲身心之知無疑具有重要意義。在本體論上，身心之知的特點在於透過身與心的融合，「知」滲入於行動者並內化爲其眞實存在。這一意義上的「知」已不僅僅呈現爲抽象的觀念，而是「實有諸己」、體現於「身」，取得了具身性（embodiment）的形態。從知行關係看，身心之知則表現爲事實認知、價值評價與行動意向的統一，其中既包括是什麼、應當做什麼等廣義的認識，又內含行動的意向並體現於行動過程。上述意義中的「知」已不

---

[34]　王陽明：《傳習錄中》，《王陽明全集》，第42頁。
[35]　王陽明：《傳習錄上》，《王陽明全集》，第4頁。

同於「行」之前的認知與評價，而是構成了「行」的內在環節：「知」不再僅僅是先於「行」或外在於「行」的抽象觀念，它滲入並實際地參與行動過程。所謂「知之眞切篤實處即是行」，也可以從這一角度做引申性的理解。

從道德實踐看，身心之知往往取得德性的形式。與外在的口耳之知不同，作爲身心之知的德性既表現爲向善的定勢，又包含著知善的能力與行善的意向。在道德實踐中，主體的活動便以德性爲其內在根據：從情景的分析、規範的引用，到理性的權衡、意志的決斷，都包含著德性的作用。在這裡，行善的意向、對善言善行的情感認同、評價意義上的理性與認知意義上的理性等等，呈現綜合的精神形態，後者透過道德權衡、道德選擇、道德評價等等而制約著道德實踐的過程。當主體做出具體的道德選擇時，行善的定勢既規定了權衡、選擇的方向，又以專一的意志抑制外在的影響、干擾與內在的遊移、徘徊。向善的定勢、知善的能力與行善的意向交互作用，使應當行善的道德認識進而化爲實際行善的道德行爲。不難看到，上述形態的身心之知，從內在的方面爲德性（廣義的道德認識或德性之知）向德行（廣義的道德實踐）的過渡提供了某種擔保。

在更廣的意義上，身心之知可以視爲綜合形態的實踐精神。如果說，口耳之知主要停留於語義、觀念之域，那麼，身心之知則融合於個體的整個存在，體現爲身與心、知識與德性、能力與意向等等的統一，化口耳之知爲身心之知，相應地意味著從言說、論辯等觀念活動，轉向身心統一的行動過程。作爲身心統一的綜合形態，廣義的實踐精神在不同的層面規定著人的行動。以前面提及的戒菸而言，綜合形態的實踐精神不僅僅表現爲「吸菸有害健康」等理性的判斷，而且包括「應當停止吸菸」的自我要求以及戒菸的決定、抵禦菸草誘惑的堅定意念，等等，當上述方面綜合、凝聚爲身心之知時，蘊含於其中「吸菸有害健康」的理性認識，便將

與個體意欲、情感等方面彼此作用，引導主體實施戒菸的具體行動。**36**要而言之，作為綜合形態的實踐精神，身心之知構成了克服知而不行的內在根據。

　　當然，為更深入地理解行動過程，還需要考察克服意志軟弱與關注情景分析之間的關係。如前所述，行動的境域往往內含各種可能性與偶然性，在行動過程中，也相應地會面臨具體情境的變化。當某一行動情境發生改變時，原來確定的行動計畫或方案便需要進行適當的調整。在這裡，情境分析無疑是重要的。寬泛而言，情境分析既涉及普遍的原則、規範與特定情景之間的溝通，又關乎行動過程的自我調節，這一意義上的情境分析及與之相聯繫的行動自我調節對實踐過程的有效展開，具有不可或缺的作用。與此不同，行動中的意志軟弱主要表現為當行而不行或知其應行卻未行，其內在根源則在於理性與非理性、知與行之間的張力，克服這一視域中的意志軟弱，並不意味著否定或排斥行動過程中的情境分析。此處重要的是區分以下二種情形，其一是：在一定情境中應當行但卻不去行；另一為：變化的情境使原來「當行」之事不再當行，行動的計畫亦需要作相應調整或改變。前者屬意志軟弱，後者則與情境分析相聯繫。實踐過程既需要克服意志軟弱，也要求注重情境分析，二者對行動過程的意義雖然不同，但都不可忽視。

　　要而言之，作為行動過程中的現象，意志軟弱既源於觀念之域中理性與意欲、情感之間的張力，也關乎廣義的知行之辯，在形而上的層面，它則以現實境域中可能性及偶然性的存在為其本體論根據。如何抑制意志

---

36 黑格爾已注意到實踐精神，並將其與理智層面的精神區分開來，不過，他同時又首先把實踐精神視為意志的品格：「精神首先是理智；理智在從感情經過表象達於思維這一發展中所經歷的種種規定，就是它作為意志而產生自己的途徑，而這種意志作為一般的實踐精神是最靠近於理智的真理。」（黑格爾：《法哲學原理》，商務印書館，1996，第11頁）對實踐精神的這種理解固然有見於實踐與意志的關聯以及意志與理智的相涉，但卻既未能注意到實踐精神所體現的身與心的統一，亦似乎未能充分肯定其綜合性的特點。從身心之知與口耳之知的分野看，我們無疑需要同時關注實踐精神的綜合性品格。

軟弱對行動過程的消極影響？這一問題既涉及我思、我欲、我悅之間的互動，又關乎化口耳之知爲身心之知的過程，二者分別從理性與非理性的統一以及知與行的溝通等方面，爲克服意志軟弱提供了內在的前提。

第四章　作爲實踐背景的「勢」

　　就現實的過程而言，意志軟弱更多地構成了制約行動發生和展開的內在因素。行動和更廣意義上的實踐不僅與內在的機制相關，而且有其展開的現實背景。以中國哲學爲視域，行動或實踐的背景在「勢」之中得到了具體的體現。「勢」既是中國哲學的重要概念，又包含普遍的理論意蘊。作爲具有普遍內涵的哲學範疇，「勢」在實質的層面關聯著人的行動以及實踐過程。在本體論上，「勢」呈現爲內含多重向度的存在形態，從人的行動和實踐之維看，「勢」則可以理解爲人的行動和實踐活動由以展開的綜合背景或條件。從中國思想的歷史演進看，對「勢」的關注可以追溯到先秦時期，此後這方面的討論綿延不斷。不同的學派、人物從各個側面對「勢」的內涵做了詮釋，這些闡發與詮釋爲我們從更普遍的論域把握「勢」在行動中的意義，提供了歷史的前提。

一、實踐過程中的「勢」

　　在社會領域，「勢」首先與個體在社會實踐結構中的「位元」相聯繫，後者又具體表現於政治實踐的過程。在談到君臣關係時，《管子》曾指出：「人君之所以爲君者，勢也。故人君失勢，則臣制之矣。勢在下，則君制於臣矣，勢在上，則臣制於君矣。故君臣之易位，勢在下也。」[1]這裡的「勢」，即君臣在互動過程中所據之位，這種「位元」不同於靜態關係中的地位，而是在實踐過程中形成的實際境地，後者既制約著政治實踐的過程，又影響著個體在社會政治結構中的處境。以君臣關係而言，在靜態的形式中，君之位無疑在上而臣之位則居下，然而，隨著君

---

[1]　《管子・法法》。

與臣之間互動過程的展開，君的實際位置既可能依然在臣之上，也可能會處於臣之下，這種實際的位置便構成了政治實踐展開之「勢」，亦即現實的實踐背景。在中國傳統哲學看來，即使歷史上的聖王，其政治實踐也受到上述之「勢」的制約：「湯武之賢，而猶藉知乎勢，又況不及湯武者乎？」[2]法家以法、術、勢為君主治國的手段和條件，其中的「勢」同樣涉及政治實踐中的地位。就傳統社會的政治實踐而言，「勢」作為君臣之間政治地位的獨特體現，同時展現為獨特的政治格局。在君臣關係主導政治結構這一歷史形態之下，如何使君主之「勢」與君主之位保持在一個適當的層面之上，對於當時政治實踐的有效展開至關重要。在突出君主之「勢」的背後，是對政治實踐具體背景和條件的關注。

當然，社會實踐同時涉及個體人格與外在之「勢」的關係。「勢」所體現的政治地位，對身處此「勢」的個體而言，主要表現為外在的力量，僅僅依附於這一意義上的「勢」，則個體的人格往往難以得到挺立。孟子在談到賢王與賢士的關係時，曾指出：「古之賢王好善而忘勢，古之賢士何獨不然？樂其道而忘人之勢。故王公不致敬盡禮，則不得亟見之。見且猶不得亟，而況得而臣之乎？」[3]這裡涉及內在德性（善）與外在權勢的關係，所謂「好善而忘勢」，也就是尊重人的內在德性而不憑藉政治地位上的優勢居高臨下、以位凌德。上述交往過程包含倫理的內容而不同於狹義的政治實踐。較之政治領域中君主之「勢」對政治實踐的統攝作用，在具有道德意義的交往過程中，「勢」儘管仍構成了實踐（與人格展現相關的活動）的背景，但已不具有支配性的意義。孟子的以上看法無疑有見於倫理領域中實踐背景與主體德性的複雜關係，他對內在德性的強調，則同時注意到了倫理行為的特點。

[2] 《呂氏春秋·慎勢》。
[3] 《孟子·盡心上》。

　　從更寬泛的層面看，與踐行之「位」相涉的「勢」，也內在於廣義的社會生活。《孟子‧離婁上》有如下記載：「公孫丑曰：『君子之不教子，何也？』孟子曰：『勢不行也。教者必以正，以正不行，繼之以怒，繼之以怒，則反夷矣。夫子教我以正，夫子未出於正也，則是父子相夷也，父子相夷則惡矣。古者易子而教之，父子之間不責善，責善則離，離則不祥莫大焉。』」這裡涉及的是教育實踐及日常交往中的父子關係。父之不教子，是由父子關係中的「勢」決定的，此處之「勢」，便是指父子之間基於自然血緣以及社會倫理的特定地位，按孟子的理解，父子之間的這種特定關係（所謂「勢」）決定了「父子之間不責善」。作為自然血緣與社會倫理關係的體現，「勢」的意義同樣不限於政治實踐領域。從教育過程看，為使教育物件從無知或缺乏正確之知達到有知或正確之知，總是需要對其加以規範、約束，所謂「教者必以正」，由此往往容易引發教育者與教育物件之間的某種張力，而父子之間若處於此種關係，則將影響父子之間的親情。在此，表現為自然血緣與社會倫理關係的「勢」，便構成了特定領域（家庭之中）交往活動展開的具體背景。

　　「勢」同時又與實踐或行動的情景相聯繫。這種行動情景不同於前面提到的社會政治地位或倫理關係，而是表現為特定的行動境域。《淮南子》曾以親子關係為例，對此做了討論：「孝子之事親，和顏卑體，奉帶運履。至其溺也，則捽其　而拯，非敢驕侮，以救其死也。故溺則捽父，祝則名君，勢不得不然也。」[4]在日常生活中，子對於親（如父親），應當恭敬溫順、細心關切。然而，一旦父親不慎落入水中，則可猛然抓住其發而拉其上岸，這種行動方式看上去似乎很「粗暴」，但事實上這並不是對父不恭，而是由特定的行動情景所決定的不得已之舉：非如此則不能救其父，所謂「勢不得不然」，便表明了這一點。在這裡，「勢」便表現為

特定的行動境域，這種境域可以視爲實踐背景在一定條件之下所呈現的獨特形態。

與體現社會倫理關係相一致，「勢」不僅涉及個體特定的行動情景，而且關乎一般意義上的處世與踐行過程，在荀子關於「勢辱」與「義辱」的區分中，便不難看到這一點：「流淫汙僈，犯分亂理，驕暴貪利，是辱之由中出者也，夫是之謂義辱。詈侮捽搏，捶笞臏腳，斬斷枯磔，籍靡舌糸舉，是辱之由外至者也，夫是之謂勢辱。是榮辱之兩端也。故君子可以有勢辱，而不可以有義辱。」[5]所謂「義辱」，是指由於個體自身不遵循道德規範或違背了社會所認可的道德原則和道德準則，最後自取其辱（「辱之由中出者」）；「勢辱」則是外在強加之辱，包括以暴力等方式施加於個體的各種外在侮辱（「辱之由外至者」）。外在暴力是個體無法左右的，然而，是否遵循道德規範則取決於個體自身。從道德的角度看，對非出於個體自身選擇的現象，個體難以承擔責任，但基於個體自身選擇的行爲，則個體應當對其負責。換言之，由於自己行爲不當而自取其辱，這種情形應該加以避免，而由外在強制、暴力導致之辱，則個體常常雖欲免而無能爲力。正是在此意義上，荀子認爲「君子可以有勢辱，而不可以有義辱」。在此，「勢」是指行爲過程中個體無法左右和支配的外部背景或外部境遇。

實踐過程既基於當下的境域，也涉及事物發展的趨向，後者同樣關乎「勢」。事實上，從更內在的方面看，「勢」便表現爲歷史變遷發展過程中的趨向。在談到「封建制」的形成時，柳宗元曾指出：「彼封建者，更古聖王堯舜禹湯文武而莫能去之，蓋非不欲去之也，勢不可也。」「故封建非聖人意也，勢也。」[6]作爲一種特定的分封體制，「封建」的形成，

---

[5] 《荀子·正論》。

[6] 柳宗元：《封建論》。

並不取決於個人的意願，而是歷史演進的趨勢使然。這裡的「勢」與個體的意願相對，表現爲歷史發展過程中的客觀趨向。陳第在回溯文字語音的變遷時，也指出：「時有古今、地有南北，字有更革，音有轉移，亦勢所必至。」[7]語音文字作爲一種社會現象，與人的文化活動息息相關，而在它的變化之後，則隱含著內在之「勢」，後者同樣可以理解爲歷史的發展趨向。作爲廣義之「位」的「勢」，與作爲歷史發展趨向的「勢」既呈現不同的形態，又具有相關性：表現爲「位」的「勢」本身處於動態的過程之中，作爲發展趨向的「勢」則從更廣的歷史維度展現了以上這種過程性。

　　「勢」作爲歷史發展的趨向，包含時間之維。具體而言，「勢」與時間的聯繫具有二重性：一方面，「勢」總是在一定的時間綿延中展開；另一方面，「勢」本身即表現爲一種具有時間意義的發展趨向：作爲歷史趨向的「勢」同時隱含時間之維。《淮南子》已注意到這一點，並將「乘時」與「因勢」聯繫起來：「乘時因勢，以服役人心也。」[8]王夫之對此做了進一步的闡述：「時異而勢異，勢異而理亦異。」[9]這裡的「時」，便涉及時間性、歷史性。在王夫之看來，「勢」的變化與「時」相聯繫，隨著時間的綿延與歷史條件的變遷，歷史的趨勢也會相應發生變化。在現代，「時」與「勢」仍常常被合稱爲「時勢」，其中也包含著對社會發展趨向與時間演化之間相關性的確認。作爲事物或社會發展的歷史趨向，「勢」在個體與社會的層面，都構成了實踐過程展開的重要背景。

　　時間性與歷史性主要表現爲縱向的聯繫。從橫向看，「勢」又以事物

---

[7]　陳第：《毛詩古音考·自序》。

[8]　《淮南子·本經訓》。

[9]　參見王夫之：《宋論》，卷15，《船山全書》第十一冊，岳麓書社，1992，第335頁。

之間的相互關聯爲其內容。《鬼谷子‧摩篇》曾提出「物類相應於勢」的觀點，所謂「物類相應」，便是指事物之間的相互呼應或相互關聯，而在《鬼谷子》的作者看來，這種相互關聯便構成了事物變遷之「勢」。在否定意義上，「勢」作爲事物之間的關聯，又指兩種對立力量之間的相互排斥關係，《呂氏春秋》在談到春秋時期吳國與越國之間的相爭時，便指出：「夫吳越之勢不兩立。」[10]所謂「勢不兩立」，便是一種獨特的政治關係或政治格局，這種格局以否定的形式表現了事物之間的關聯。相互關聯的事物所形成的變遷、發展格局，往往構成了個體行動或社會實踐藉以展開的特定場域。以不同事物或事物不同方面的彼此互動、不同力量的錯綜配置等等爲內容，場域同時爲個體行動或社會實踐的展開提供了現實的背景。作爲社會實踐的背景和條件，這種場域非個人能夠隨心所欲地加以選擇和左右，相對於不同的實踐目標，它既可以呈現積極的意義，也每每表現出消極的趨向。《商君書》曾特別指出了這一點：「勢，治之道也」，「勢，亂之道也。」「勢治者不可亂，勢亂者不可治。」[11]這裡的「勢」即一定時期的政治格局。不同的「勢」可以成爲治理天下的有利條件，也可以導致失序、動亂，由此呈現不同的實踐意義。

「勢」的不同實踐意義，在「強勢」與「弱勢」、「優勢」與「劣勢」等區分中，也得到了具體的展現。「強勢」與「弱勢」既體現於社會領域中不同政治、經濟、文化等地位，也表現爲一定時期的某種社會格局。如前所述，「勢」本身便與一定的社會地位相聯繫，傳統社會中的君臣之勢，便體現了這一點。從社會地位看，擁有各種政治、經濟、文化等資源的個體或群體，在社會領域往往處於所謂「強勢」之位，與之相對，缺乏上述資源的個體或群體，則常常居於「弱勢」狀態。前者同時呈

---

10 《呂氏春秋‧知化》。
11 《商君書‧定分》。又，「勢亂」原作「世亂」，高亨據朱師轍說，此從之。

現為「優勢」，亦即有利的實踐背景，後者作為實踐背景則具有不利的性質，從而表現為「劣勢」。就一定時期的某種社會格局而言，強勢以雄健、有力的形式表現事物的發展趨向，弱勢則展現為衰萎、無力的形態。在現代社會經濟的運行中，一定時期金融市場中行情的凌厲上行，常常被視為強勢格局，相反，其綿延下挫，則往往被看作是弱勢形態。這種以強弱之勢分別呈現的社會格局，同樣表現為特定的實踐背景，它們對人的活動（包括經濟領域的實踐）每每具有不同的影響和作用。

　　總括以上幾個方面，可以看到，「勢」表現為具有綜合形態的實踐條件或實踐背景。實踐的背景既涉及時間，也關乎空間，與行動相關的時間以歷史條件為其實質內容，行動的空間形態則體現於社會結構和社會場域。一定的歷史條件與相關的社會結構、社會場域的相互作用及其動態統一，構成了實踐的綜合背景。作為實踐背景，「勢」以具體的存在為其「體」，從而有現實的根據。劉勰在談到「勢」時，曾指出：「夫情致異區，文變殊術，莫不因情立體，即體成勢也。勢者，乘利而為制也，如機發矢直，澗曲文回，自然之趣也。」[12]這裡所涉及的雖然首先是文論之域，但同時也關乎更廣意義上的「勢」。引申而言，所謂「即體成勢」，意味著「勢」非空無依託，而是實有其「體」。這種「體」可以是具體的社會關係，如政治實踐中的君臣之序（「人君之所以為君者，勢也」），可以是歷史變遷的過程（「故封建非聖人意也，勢也」），也可以是特定的行動情景，如父親溺水而加以救助的非常之境（溺則捽父，「勢不得不然也」），如此等等。「體」在賦予「勢」以現實品格的同時，也使其作為實踐背景的綜合形態得到了具體的落實。

---

[12] 劉勰：《文心雕龍·定勢》。

二、人與勢的互動

作為行動和實踐的背景和條件，「勢」既非本然的存在，也不同於與人無涉的外在力量。無論是表現為社會政治結構中的態勢，抑或作為特定行動中的情境；不管是體現於社會領域中不同事物之間的關聯與互動，還是展現為歷史變遷中的趨向，「勢」的形成與作用，始終包含人的參與，其意義也形成於實踐過程。「勢」與人相互作用，從不同方面影響和制約著人的實踐活動。

「勢」儘管與人相涉，但非人所能任意地左右和支配。事實上，「勢」在形成之後，就呈現為一種現實的境域和力量，人在行動和實踐的過程中，需要對其加以正視和應對。《孫子》在談到戰爭過程中「人」與「勢」的關係時，曾指出：「故善戰者求之於勢，不責之於人，故能擇人而任勢。」[13]這裡的「勢」，是指敵我交戰時的具體態勢和背景，所謂「求之於勢，不責之於人」，也就是在確立戰略戰術以及運用戰略戰術時，首先應基於客觀的條件，而非僅僅憑藉人的主觀判斷或能力。相對於人的認識與能力，「勢」更多地與客觀的法則相聯繫，《淮南子》曾從天人關係的角度闡釋了這一點：「禹決江疏河以為天下興利，而不能使水西流，稷闢土墾草以為百姓力農，然不能使禾多生，豈其人事不至哉？其勢不可也。」[14]「決江疏河」、「闢土墾草」，表現為人的作用過程，水的流向自東向西、冬天禾苗無法生長，則體現了一定環境或一定歷史時期的客觀法則，《淮南子》以後者為「勢」，側重的是「勢」的客觀向度。正是基於以上理解，《淮南子》認為：「夫地利勝天時，巧舉勝地利，勢勝

---

[13] 《孫子·兵勢》。
[14] 《淮南子·主術訓》。

人。」[15]「天時」、「地利」屬自然的條件，相對於此，「巧舉」更多地表現爲人的能動作用，人的作用固然可以戰勝自然（天），但它本身仍然受制於體現客觀法則的「勢」。孟子從更普遍的層面考察了人與勢的以上關係，並曾借齊人之言來表達對這一問題的看法：「雖有智慧，不如乘勢；雖有鎡基，不如待時。」[16]這裡的「智慧」是人對世界的認識以及廣義的認識能力，「鎡基」則是當時所運用的農具。就實踐過程而言，認識內容及認識能力（智慧）與工具（鎡基）均屬主體條件，按上述理解，這些主體條件的作用，總是受制於作爲實踐背景的「勢」與「時」，從而，對後者也應給予更多的關注。

勢作爲一種人之外的力量，對人的存在和行動具有影響、推動作用。各種因素的交互作用，常常會形成一種氣勢，後者對人的行動可以予以正面的觸發和推動，也可以在消極意義上加以抑制。當某種發展趨向呈現難以抗拒之勢時，與之相對的行動也許在情意之域仍會萌動（逆潮流而動的意向便與此相關），但在理性的層面，這種嘗試往往會受到抑制：面對不可抗拒之勢，理性的選擇一般更多地趨向於避免螳臂擋車。從正面看，這種氣勢則可表現爲某種歷史的動能，並推動實踐的進程。在歷史發展的轉折時期，新興力量之推翻舊時代的殘餘，便每每呈現橫掃千軍如席捲之勢，後者本身又表現爲具有驅動或加速意義的力量。與事物的交互作用及發展趨向相聯繫的這種「勢」或氣勢在推動或抑制行動的同時，也構成了相關行動實施與展開的背景。

以上所側重的，是「勢」超越於人的一面以及它對人的制約，這一視域中人與勢的關係，更多地表現爲人順乎勢。然而，順勢本身並非僅僅呈現被動、消極的形態，它同時又與合乎道、合乎法則相聯繫，後

---

[15] 《淮南子・兵略訓》。
[16] 《孟子・公孫丑上》。

者與《老子》所說的「為無為」具有相通之處。[17]「為無為」中的「無為」並不是指消極意義上拱手不做任何事，而是指以「無為」的方式去「為」。作為一種獨特的行為方式，「無為」的著重之點在於遵循自然之道或自然的法則、避免以合目的性干預合規律性，其特點近於黑格爾所謂「理性的機巧」。[18]顯然，「無為」在此並不是拒斥作為，而是使整個行為過程合乎自然法則。人之順乎勢，體現的是與之相近的行動趨向。「順勢」的以上內涵，使之與「乘勢」呈現了內在的一致性。歷史地看，中國哲學在強調「求之於勢」、順乎勢的同時，又一再肯定人的作用。荀子便將「處勝人之勢」與「行勝人之道」聯繫起來：「處勝人之勢，行勝人之道，天下莫忿，湯武是也。處勝人之勢，不以勝人之道，厚於有天下之勢，索為匹夫，不可得也，桀紂是也。然則，得勝人之勢者，其不如勝人之道遠矣。」[19]「勝人之勢」主要表現為積極意義上的實踐背景，「勝人之道」則涉及人的實踐方式。在荀子看來，僅僅「處勝人之勢」而缺乏「勝人之道」，往往將導向否定性的實踐結果。不難看到，相對於外在之勢，人的實踐方式及與之相聯繫的實踐活動在此呈現更重要的意義。

　　進而言之，「勢」對實踐的作用，本身需要透過人的實踐活動而實現。事實上，歷史的演進已體現了這一點，葉適曾對此做了了比較具體的闡述。在他看來，歷史過程中的「勢」總是影響著歷史過程本身的演進。欲治理天下，便必須把握歷史過程中的這種勢，並進而「以一身為之」：「故夫勢者，天下之至神也。合則治，離則亂；張則盛，弛則衰；續則存，絕則亡。臣嘗考之載籍，自有天地以來，其合離張弛絕續

---

[17] 參見《老子‧第三章》、《老子‧第六十三章》。

[18] 參見黑格爾：《小邏輯》，商務印書館，1980，第394頁。

[19] 《荀子‧強國》。

之變凡幾見矣，知其勢而以一身爲之，此治天下之大原也。」[20]在這裡，葉適一方面承認「勢」作爲必然趨向不以人的意願爲轉移，另一方面又肯定了人在「勢」之前並非完全無能爲力，所謂「知其勢而以一身爲之」，也就是在把握「勢」之後進一步運用對「勢」認識以治理天下。這樣，「勢」固然不隨個人的意願而改變，但人卻可以透過把握「勢」，乘「勢」而爲。在此意義上，葉適強調「勢」在己而不在物：「古之人者，堯、舜、禹、湯、文武、漢之高祖、光武、唐之太宗，此其人皆能以一身爲天下之勢，雖其功德有厚薄，治效有淺深，而要以爲天下之勢在己不在物。夫在己不在物，則天下之事惟其所爲而莫或制其後，導水土，通山澤，作舟車，剗兵刃，立天地之道，而列仁義、禮樂、刑罰、慶賞以紀綱天下之民。」[21]要而言之，人的乘勢而爲一方面表現爲根據社會的需要變革自然物件，所謂「導水土，通山澤，作舟車」等等，便與之相關；另一方面又體現於社會領域的道德、政治、法律等活動，所謂「列仁義、禮樂、刑罰、慶賞以紀綱天下之民」，即可歸屬於此。透過因「勢」而行、乘「勢」而爲，天下便可得到治理，在葉適看來，歷史上的唐虞、三代、漢唐之治，便是透過不同時代的君王「以一身爲天下之勢」而實現的。相反，如果不能順勢而爲，以致「勢」在物而不在己，那就很難避免衰亡：「及其後世，天下之勢在物而不在己，故其勢之至也，湯湯然而莫能遏，反舉人君威福之柄，以佐其鋒，至其去也，坐視而不能止，而國家隨之以亡。夫不能以一身爲天下之勢，而用區區之刑賞，以就天下之勢而求安其身者，臣未見其可也。」[22]

　　不難注意到，人與勢之間存在著互動的關係：一方面，「勢」作爲

---

[20] 葉適：《治勢上》，《葉適集》，中華書局，1983，第639頁。
[21] 《治勢上》，《葉適集》，中華書局，1983，第637頁。
[22] 《治勢上》，《葉適集》，中華書局，1983，第637-638頁。

客觀的背景，呈現爲人無法左右的力量，此即所謂「勢勝人」；另一方面，「勢」的作用又透過人而實現，人可以乘「勢」而爲，所謂「勢在己不在物」，便體現了這一點。陳亮在談到歷史中的「英雄」時，曾指出：「古之所謂英雄者，非以其耀智勇，據形勢，如斯而已也。」[23]儘管在總體上陳亮並沒有將「耀智勇，據形勢」作爲英雄的主要品格，但其中也涉及對人與勢相互作用的理解。所謂「耀智勇」，展現的是人對「勢」的積極作用，「據形勢」，則體現了「勢」對人的制約（以既成之勢爲行動的根據）。如何在實踐過程中，使「勢」之「在物而不在人」與「勢」之「在人而不在物」獲得內在的統一？這裡便離不開實踐主體的主導作用。從內在的層面看，人與「勢」之間的如上互動所折射的，是人的能動性與現實背景、客觀法則之間的關係，與之相聯繫，「勢」之「在物而不在人」與「勢」之「在人而不在物」的互動，同時涉及合法則性與合目的性的關係。如後文將討論的，實踐過程總是面臨「審時度勢」時問題，不斷在實踐過程中使合法則性與合目的性達到內在的統一，即構成了「度勢」的重要內容。[24]

從另一方面看，「勢」與人的互動也體現了「勢」的生成性。作爲一種歷史趨向，「勢」本身既涉及已然的狀態，也內含動態性。事實上，如上所述，「勢」非本然的存在形態，其形成過程總是離不開人的參與，後者也賦予「勢」以生成性的品格。韓非在談到「勢」時，已指出：「夫勢者，名一而變無數者也。」[25]這裡的「變」，便關涉「勢」在不同時間條件下的變遷、生成。一方面，同爲「勢」，其呈現的形式可以具有多樣

---

[23] 陳亮：《酌古論》，《陳亮集》，中華書局，1974，第64頁。

[24] 余蓮曾對中國思想史中的「勢」做了考察，並在總體上將「勢」理解爲一種「效力」，「勢」的觀念也相應地被看作是一種「效力觀」（參見余蓮：《勢：中國的效力觀》，北京大學出版社，2009年）。以此爲視域，余蓮所關注的主要是「勢」本身的作用，對「勢」與人之間的如上互動及其內在意蘊，似未能作具體的分析和考察。

[25] 《韓非子·難勢》。

性；另一方面，隨著時間的變化，同一「勢」也可以形成不同的樣態。「勢」所具有的生成性，使人之造勢成為可能。所謂「造勢」，也就是形成有利於實踐過程展開的趨向和背景，改變或避免不利的實踐境域。荀子的如下看法便關乎此：「聰明君子者，善服人者也，人服而勢從之，人不服而勢去之。」[26]所謂「勢從之」，也就是形成與某種實踐活動相應的行動格局。人既可透過自己的積極行動（如政治實踐中的「善服人」）而造就某種境域，也可以因為自己行動的不當而失去有利之「勢」。質言之，「勢」可由人造，意味著人的行動可以促成某種「勢」，並由此進一步影響和制約實踐活動。韓非子更明確地對「勢」與「必於自然」做了區分，強調「勢」為人之所「設」：「勢必於自然，則無為言於勢矣。吾所為言勢者，言人之所設也。」[27]「必於自然」意味著「勢」完全處於人的作用過程之外：人對其無能為力。與之相對，人之「設」勢則不同於「必於自然」而與人之「造」勢具有相通性。造勢的形式本身具有多樣性。從社會體制與個體行動的關係看，一定時期政治實踐的主體可以創造條件，形成近於社會結構或社會體制的背景或場域，由此對個體行為造成某種約束。《商君書》已注意到這一點，並提出了「勢不能為奸」的看法，[28]所謂「勢不能為奸」，也就是透過形成一定的行動背景，使個體無法為非作歹：不論相關個體懷有何種企圖，客觀之「勢」規定了他難以作惡。這是借助造勢，在消極意義上對個體行為加以約束。

王夫之從更普遍的層面，闡述了「理」、「事」與「勢」等關係：「順逆者，理也，理所制者，道也；可否者，事也，事所成者，勢也。以其順成其可，以其逆成其否，理成勢也。循其可則順，用其否則逆，勢

---

[26] 《荀子·王霸》。

[27] 《韓非子·難勢》。

[28] 《商君書·畫策》。

成理者也。」[29]「事」不同於「物」，「物」是物件性的存在，「事」則表現爲人的活動，「事」作爲人的活動，其展開受到「理」與「道」的制約，並相應地形成與理和道的不同關係。但「事」又可「成勢」：所謂「事所成者，勢也」，也就是透過人自身的活動，形成一定的存在境域。在「成勢」的過程中，理作爲必然的法則，始終制約著人的活動：它既在積極的意義上規定了人可以做什麼（「以其順成其可」），又在消極的意義是規定了人不能做什麼（「以其逆成其否」）。從人的活動（「事」）看，則又存在是否合乎理的問題：合乎理則能達到實踐目的（「循其可則順」），反之則難以成功（「用其否則逆」）。在這裡，人之造勢或「成勢」與理形成了內在的關聯，它從一個方面表明，以事成「勢」或「勢」的造就本身基於存在的法則，而並不是一個任意的過程。

可以看到，以事成「勢」，依「勢」制行（以「勢」制約人的行動），構成「人」與「勢」互動的相關方面。無論是以事成「勢」，抑或依「勢」制行，都涉及「理」與「勢」的關係：透過積極意義上的引導與消極意義上的限定，理對成勢過程中的活動（事）與因勢而展開的實踐（行）都具有影響和制約作用。

理作爲存在的法則，更多地體現了必然，「勢」與「理」的相關性，同時也意味著「勢」之中包含必然。葉適在界說「勢」時，已指出了這一點：「迫於不可止，動於不能已，強有加於弱，小有屈於大，不知其然而然者，是之謂勢。」[30]在此，「勢」既作爲外在力量超越了個體的意願，又表現爲一種「不可止、不能已」，「不知其然而然」的必然趨向。王夫之對「勢」與必然之理的關係做了更具體的闡述：「於勢之必然

---

[29] 王夫之：《詩廣傳》卷三，《船山全書》第三冊，岳麓書社，1988，第421頁。

[30] 《春秋》，《葉適集》，中華書局，1983，第731頁。

處見理，勢既然而不得不然，則即此為理也。」[31]這裡的「勢」與「理」彼此相關，但二者並非完全重合、等同，相對於「理」，「勢」涉及多重方面，「理」所體現的，主要是「勢」之中包含的必然趨向，所謂「於勢之必然處見理」，強調的也正是這一點。

　　然而，「勢」作為綜合的實踐背景，並非僅僅以必然之理為內容，它同時包含各種偶然因素。在論及理與勢的關係時，金嶽霖曾提出了一個值得注意的觀點，即「理有固然，勢無必至。」[32]這裡的「勢」首先與「殊相底生滅」相聯繫，[33]而「理有固然，勢無必至」則關乎個體的變動。在引申的意義上，「勢」同時涉及因果關聯。從因果關係的角度看，「理有固然」既表明事物的變化總是受到因果關係的制約，也意味著因與果之間包含必然的聯繫：有某因，必有某果，二者所呈現的關係具有必然性。然而，作為事物變化（包括個體變動）具體緣由的「勢」是否形成，則並非必然：就因果關係而言，某因是否出現或在何時、以何種方式出現，其間並無必至之勢。更具體地說，某一物件可能受多種因果關係的制約，但究竟哪一種因果關係得到實現，則取決於各種具體條件。這樣，根據「理有固然」的原理，「無論個體如何變如何動，我們總可以理解（事實成功與否當然是另一問題）」；但就「勢無必至」而言，則「無論我們如何理解，我們也不能完全控制個體底變動」。[34]以上關係既展現了個體的獨特性，也突顯了偶然性的作用：個體變動的現實歷程總是有「非決定」的因素。從理與勢的關係看，一方面，事物的存在與發展內含必然的趨向（所謂大勢所趨、理有固然），另一方面，發展過程又有變化、有起

---

[31] 王夫之：《春秋家說》卷九，《船山全書》第5冊，岳麓書社，1988，第238頁。

[32] 金嶽霖：《論道》，商務印書館，1987，第201頁。

[33] 金嶽霖：《論道》，商務印書館，1987，198頁。

[34] 金嶽霖：《論道》，商務印書館，1987，第167頁。

伏、有曲折；勢具有方向性，但又不具有明確的目的指向。[35]可以看到，以綜合性爲存在形態，「勢」包含多重方面，其中既關乎普遍、必然，也涉及特殊性、偶然性。作爲實踐的背景，「勢」所交織的必然與偶然的關係同時也決定了：不論是以事成「勢」，還是乘「勢」而行，都既需要順乎必然，又應當關注各種偶然性。

三、審時度勢：回到實踐的現實背景

可以看到，從實踐活動的維度看，「勢」包含現實存在中不同的方面、趨向以及這些不同方面和趨向之間的關聯、互動，從而表現爲具有綜合形態的場域或存在情境。這一視域中的「勢」既爲實踐活動的展開提供了現實的背景，又爲實踐活動的理解提供了具體的角度。實踐活動與「勢」的如上關聯，使之無法離開審「時」度「勢」。從寬泛的層面看，所謂審「時」度「勢」，也就是透過把握實踐活動的綜合背景，以引導實踐過程。

「勢」作爲實踐的背景，不同於抽象的存在形態，而是首先展開於具體的時空境域，並相應地呈現特殊而多樣的形態。從政治領域的不同地位和關係及由此形成的政治局勢，到軍事活動中的敵我雙方所處的勝負之勢，從社會經濟的運行大勢，到國際關係中錯綜複雜的格局所呈現的態勢（所謂國際形勢），從一定時期社會的綜合形勢，到日常生活所面臨的多樣行動情景，與具體實踐活動相聯繫的「勢」都表現出特殊的形態：不僅

---

[35] 需要指出的是，這裡對「理有固然，勢無必至」的闡釋，並非完全限於金嶽霖的論域，而是包含某種引申之義。同時，前文已提及，金嶽霖所關注的「勢」主要與個體的變動相聯繫，本書對「勢」的理解則涉及更廣的視域。

不同社會領域之「勢」各有特點，而且同一領域中的不同行動背景也每每
處於不同的時空關係之中，從而彼此相異。然而，「勢」之中又總是包含
普遍的趨向。在一定的條件下，對實踐活動具有積極意義之「勢」，便包
含相通的內容。以傳統社會而言，在君臣關係上保持君主之「勢」（君主
的政治主導地位），便可以視爲當時政治實踐有效展開的共同前提。這
樣，一方面，每一實踐過程面臨的具體背景往往各不相同，另一方面，不
同的行動背景中又包含普遍、共通之維。「勢」所呈現的特殊性與它所包
含的普遍性彼此交融，賦予實踐活動的背景以現實的品格，具體地把握這
一特點，構成了審「時」度「勢」的內在要求。

　　以現實的存在爲本源，「勢」基於不同實踐境域中既成的發展狀
況，並關聯著過去與現在。然而，與靜態的存在形態不同，「勢」並不限
於現存形態，而是跨越現在、指向未來：作爲一種歷史趨向，「勢」既源
自過去的事態、生成於當下情景，又關乎事物的後繼發展。在時間的層
面，這裡涉及過去、現在、未來以及共時與歷時之間的關係，而在時間關
聯與時間演化的背後，則是事物的既成形態與其未來發展趨向之間的關
係。從實質的方面看，未來的發展關聯著事物演化的可能形態：未來的時
間之維與可能的存在形態具有內在的聯繫。與內含可能性相應，「勢」作
爲發展趨向固然表現出方向性，但以可能性爲形態，這種趨向並不具有明
確的目的指向或目標性，這裡不難看到發展的方向性與終點的不確定之間
的張力。所謂「度勢」，意味著透過對共時與歷時、已成與將成、現實
形態與可能形態、方向性與終點不確定性等關係的審察、判斷，以往察
來，從事物的既成形態，展望其未來的發展。

　　作爲綜合形態的行動背景，「勢」不同於個別的事實，而更多地呈
現爲諸多事實所構成的系統或場域。陳亮曾將這一意義上的「勢」稱之

為「形勢」，並要求「論天下形勢之消長，而決今日大有為之機」。[36]這裡的「決大有為之機」，也就是根據綜合性的事實背景，做出實踐的決策。現代語境中的「政治形勢」、「經濟形勢」，或更廣意義上的「國際形勢」等等，同樣也指不同實踐過程中具有綜合性的事實系統。在這種事實系統中，一些方面與當下的實踐活動直接相關，另一些方面則與正在展開的實踐活動呈現間接的聯繫。以軍事活動而言，某一特定戰役中敵我雙方兵力的多寡、裝備的差異等往往構成了影響戰役的直接因素，而人心的向背、參戰雙方所代表的社會發展趨向對其產生的影響則相對而言呈現間接性。實踐活動的展開既需要關注實踐背景中直接的方面，也不能忽視其間接的因素。在這裡，實踐背景的綜合性，同時規定了審「時」度「勢」的多方面性：把握實踐過程之「勢」，意味著綜合地考察並深入地理解事實系統中的不同方面，由此獲得更廣的實踐視域。

在「理」與「勢」的關係中，「勢」的綜合性得到了更深刻的體現。「勢」之中包含必然性：「勢」所展現的歷史趨向同時便體現了事物發展的某種必然趨勢，所謂「於勢之必然處見理」，側重的也是這一點。然而，如前所述，作為綜合的存在形態，「勢」在既成的事實與未來的趨向等方面又涉及多重因素，其中包括各種偶然性。以事實而言，一定行動情景中出現的事與物，並不都具有必然性；從發展的趨向看，與多樣的可能性相聯繫，事物的發展過程中往往存在偶然的變遷。在實踐過程中，既需要把握必然的趨向，又應當充分注意偶然的方面，善於抓住各種稍縱即逝的時機。換言之，以「勢」為行動的背景，並不意味著僅僅機械地順乎某種必然趨勢，它同時也要求重視「勢」之中的偶然性。就社會歷史的演化而言，從傳統的社會形態走向現代形態，在一定的歷史時期是大「勢」所趨，但在不同的民族或不同的地區中，究竟何時、以何種方式實

---

36 陳亮：《上孝宗皇帝第一書》，《陳亮集》，中華書局，1974，第4頁。

現現代化，則存在偶然性，其間並沒有確定不變的日程和模式。與之相類似，某種力量即使在歷史發展的一定時期大「勢」已去，但仍可能出現迴光返照的現象，如舊體制在社會變革之後的死灰復燃、捲土重來，等等。必然的趨向與偶然的變遷彼此交織，既賦予「勢」以複雜的形態，又使具體地把握必然與偶然成為「審時度勢」的重要內容。

　　偶然與必然的關係，在「勢」與「時機」的互動中得到了具體地展現。葉適在論「勢」之時，曾對「機」與「時」的作用做了考察，在他看來，「機」與「時」只有透過人自身的活動才能得到展示和實現，由此，他對空談「機」與「時」的人提出了批評：「事之未立，則曰『乘其機也』，不知動者之有機而不動者之無機矣，縱其有機也，與無奚異！功之未成則曰『待其時也』，不知為者之有時而不為者之無時矣，縱其有時也，與無奚別然！」[37]這裡所說的「機」與「時」，近於一般意義上的時機、機會、機遇等等，作為實踐過程中的具體條件，它們既具有正面或積極的價值意義（表現為達到某種價值目標或實現某種價值理想的前提），又呈現偶然的品格（時機、機會、機遇的形成或來臨非必然預定）。與自然領域的偶然性有所不同，社會領域中時機的積極意義與作用只有在人的實踐過程中才能得到具體實現，後者往往與順「勢」而為的過程相聯繫。如果僅僅談論等待時機，卻始終不參與實際的踐行活動，那麼，時機也就失去了其現實的意義，從而雖有若無，所謂「不動者之無機」、「不為者之無時」所強調的，便是這一點。時機同時又是條件之「場」或條件的匯聚：它具體呈現為相關條件在某一時空背景下的交集，這種條件的交集或匯聚為實踐的成功展開提供了契機。在歷史衍化中，由條件的交集或匯聚而形成的這種契機或時機常常稍縱即逝，這使

---

[37] 《應詔條奏六事》，《葉適集》，中華書局，1983，第839頁。

時機顯得彌足珍貴：「速則濟，緩則不及，此聖賢所以貴機會也。」[38]從而，適時地把握時機，對於實踐過程至關重要。與「不動」、「不爲」相對，順勢而爲意味著在知行的過程中抓住時機，並利用時機所提供的條件，達到自己的價值目的。在這裡，一方面，順勢所體現的合乎必然與把握時機所內含的注重偶然呈現彼此交織的關係，另一方面，「審時」與「度勢」也相互關聯，並具體表現爲洞察「勢」與把握時機的統一：「勢」作爲發展的趨向，構成了實踐活動總的歷史背景，「時機」則爲乘勢而動、順勢而爲提供了現實的契機，透過既知其勢（度勢），又察其「時」與其「機」（審時），人同時也爲實踐過程的自覺展開透過了前提。

　　當然，從更寬泛的層面看，時機固然常常展現積極或正面的價值意義，但也可以呈現價值上的中立性。在一定的實踐背景中，某種機遇如果處理得當，便可以成爲推動實踐過程從不利的形態向積極的方向發展，但若應對失當，則可能向消極的方向發展。前者意味著化機遇爲「轉機」，後者則可能使機遇逆轉爲「危機」。以中國現代史的發展過程而言，一九三六年「西安事變」的出現，是一種重要的政治機遇，處理合宜，它可以成爲推動抗日救亡的轉機，處理不當，則可能將不同的政治力量進一步引向分裂和對抗，從而使全國的政治局勢陷於更深重的危機。在這裡，機遇究竟獲得何種性質，同樣離不開實踐主體的正確判斷以及與之相應的實踐過程，而積極意義上的化機遇爲轉機以及消極意義上的避免機遇轉爲危機，則體現了「審時度勢」的政治智慧，這種政治智慧可以視爲後文將進一步討論的實踐智慧在政治領域的具體表現形態。

　　要而言之，「勢」既涉及特定的行動情景，也體現了現實存在的普遍內容；既基於當下或已然的存在形態，也展現了事物發展的未來趨向；既

---

[38] 蘇軾：《范景仁墓誌銘》，《東坡文集》卷八十八。

包含與行動直接相關的方面，也兼涉間接影響行動的因素；既內含必然之理，也滲入了各種形式的偶然性，由此展現爲包含多重方面、具有綜合性和系統性的實踐背景。作爲行動和實踐的具體背景，「勢」呈現出現實性的品格：當我們從「勢」的角度考察行動時，同時也意味著回到行動由以展開的現實背景。從更深層的方面看，以「勢」爲考察行動和實踐的實際出發點，可以避免僅僅關注單向的因果關聯或線性的因果聯繫，綜合地把握實踐的現實條件。在考察行動和實踐的過程中，如果離開「勢」這樣一種綜合、現實的視域，便容易停留於單向的因果關係，後者的內在偏向在於僅僅關注行動和實踐過程的某一方面或某一重關係，而忽略現實背景的多方面性和複雜性，由此導致對行動和實踐過程的抽象理解。在這裡，關注行動之「勢」與面向實踐的現實前提構成了同一過程的兩個方面。[39]

　　存在的形態，內在地規定著把握存在的方式，「勢」的綜合性，相應地決定了「度勢」（把握勢）的多方面性。相對於一般意義上的認知活動，「度勢」的內在特點在於對實踐背景的綜合把握。這裡當然也涉及感知、直觀、理性的分析、推論，以及比較、權衡，等等。事實上，對經驗事實的把握，便離不開感知、直觀；對發展趨向的預測，則需要推論；揭示必然與偶然的關係，更要借助於分析、比較，如此等等。同時，從廣義的認識視域看，對「勢」的把握還涉及事實認知與價值評價的關係。然而，在「度勢」的過程中，以上方面並非彼此相分，而是展開爲一個統一的過程：「勢」作爲綜合的存在形態，既無法僅僅透過單一的認識環節加以把握，也難以在不同認識環節彼此相分的形態下得到展現，唯有當不同

---

[39] 余蓮在談到中國思想史中「勢」的觀念時，曾指出，中國人對因果觀念不感興趣，「他們用趨勢的牽涉作用（l'implication tendancielle）來對抗因果論的解釋（l'explication causale）。」（余蓮：《勢：中國的效力觀》，北京大學出版社，2009，第194頁）這一看法注意到了「勢」的觀念與被抽象理解的因果論之間的差異，但認爲中國思想中的「勢」與因果觀念完全相互排斥，則似乎走得太遠。事實上，與「勢」相對的主要是單向或線性的因果關聯，而並不是因果性本身，「勢」作爲綜合性的實踐背景，在某種意義上構成了實踐過程更具體的根據或原因。

的認識之維以「勢」爲共同指向而相互關聯，「勢」的整體形態才能被揭示和敞開。在此，作爲存在形態的「勢」所具有的綜合性，爲「度勢」過程對不同認識環節的整合提供了本體論的前提。

　　從現實的形態看，「度勢」的以上特點與判斷具有更多的相關性。作爲把握和作用於物件的認識形式，判斷以感知、理性、想像、直覺、洞察等方面的交融和互動爲前提，表現爲分析、比較、推論、確定、決斷等活動的統一。就作用方式而言，判斷的特點首先體現於聯結與溝通，後者既涉及上述不同認識環節之間的交融，也以觀念形態與外部物件之間的關聯爲內容。透過如上聯繫，存在的一般性質與特定形態的內在聯繫、事物的不同規定之間的相關性，也得到了把握，主體則由此進而形成了對事物不同維度、不同層面的認知。判斷的以上特點，使之不同於作爲邏輯分析物件的命題：就形成過程而言，判斷表現爲綜合的認識活動，命題的推論則與邏輯運演過程有更多的聯繫；就存在形態而言，判斷可以包含多方面的內容，命題的意義則主要體現於其邏輯內涵。二者的區分，在康德哲學與分析哲學的差異中也得到了體現：如果說，康德哲學側重於判斷，那麼，分析哲學則更多地關注命題，後者使分析哲學在祖述康德的同時，也使之在形式化的方面更進了一步。從現實的維度看，對「勢」的把握無法僅僅限於命題的推論，而是需要借助於判斷等綜合性的認識活動。

　　事實上，在寬泛意義上，可以將「度勢」理解爲對特定之「勢」的判斷：實踐過程中的所謂審時度「勢」，往往便是指透過對相關之「勢」的判斷，以形成行動的決策。從積極的方面看，對「勢」的正確判斷，是實踐成功的重要前提，在宏觀的社會層面，正確判斷歷史演進的大勢，可以避免與歷史潮流背道而馳；在科學的研究中，恰當的判定科學發展的趨勢，則可爲走向科學研究的前沿提供內在擔保。從消極的方面看，錯誤地判斷事物演變或社會發展之「勢」，往往將在實踐過程中碰壁。對「勢」的這種判斷，既離不開多樣的認識能力與認識形式，也表現爲一個

創造性的認識過程。如果說，了解單向的因果關係可以主要借助經驗層面的認知，那麼，把握以「勢」的形式表現出來的綜合形態的實踐背景，便既不能限於單純的直觀，也無法僅僅依賴程序化的推論，而需要創造性運用不同認識能力與認識形式。

作爲行動的背景，「勢」並非僅僅呈現靜態的性質。以人與「勢」的互動爲前提，「勢」同時在不同意義上展現出其內在的作用。如前所述，從正面或積極的意義上看，「勢」往往表現爲一種體現於行動過程的現實力量。引申而言，戰爭中勝利的一方「勢如破竹」地向前推進、「以摧枯拉朽之勢」橫掃敵軍，歷史變遷中合乎時代潮流的社會力量之「氣勢如虹」等等，都體現了「勢」的力量之維。在與之相對的意義上，「勢」又可以體現爲一種否定性的力量，所謂「劣勢」、「頹勢」、「勢孤力單」，等等，便反映了這一點。積極意義上「勢」同時呈現爲實踐過程中的動力因子，其作用具體表現在二個方面：在行動發生之前，「勢」可以引發行動；在行動展開過程中，「勢」則往往進一步推進後續的行動，所謂「勢不可擋」，便同時體現了「勢」對實踐的如上作用。

「勢」對行動的引發、推進，首先以行動目的與「勢」的一致爲前提，所謂「順勢」、「乘勢」，便體現了行動目的與「勢」之間的這種一致。惟其如此，「勢」才能化而爲具有積極意義的內在力量。反之，如果違逆歷史之勢（逆歷史潮流而動），則「勢」往往轉化爲否定性的力量。從行動的過程看，「勢」之成爲積極的力量，又基於行動方式、程序之合乎「勢」，以經濟活動而言，在工業化的時代，如果仍然以手工作坊中的操作爲生產的方式，便往往很難在普遍使用機器大生產這一時代大「勢」中生存。在政治實踐的領域，當民主化已成爲歷史潮流之時，試圖回復君主專制政體，最終總是難免走向失敗，近代史上的各種復辟鬧劇，便表明了這一點。

　　「勢」所呈現的力量，同時展示了與「勢」相關的行動背景所內含的動態性質：作爲一種現實的力量，「勢」非外在於行動而僅僅表現爲前提性的條件，而是滲入行動並參與行動過程。這裡可以進一步看到人與「勢」之間的互動：人透過實踐活動而成「勢」，「勢」又在人的行動目的和行動方式與之一致的條件下表現爲推進實踐的現實力量。「勢」的以上內涵，同時也規定了實踐活動的如下特點：「勢」的動態之維，賦予「審時度勢」以過程性，實踐過程中的順勢而爲、乘勢而行，則基於歷史衍化中對「勢」的創造性把握。

第五章　實踐過程中的「幾」、「數」、「運」

實踐活動不僅以「勢」爲現實背景，而且在更廣的意義上展開爲人與世界的互動過程。從本體論的層面看，人與世界的互動既涉及實然，也關聯可能、必然與偶然。作爲行動制約因素的可能、必然與偶然不同於人之外的本然趨向和規定，其存在意義無法與人的實踐活動相分離。以人的行動爲視域，本體論意義上的可能、必然與偶然分別呈現爲「幾」、「數」、「運」。與人的活動相關的「幾」、「數」、「運」在中國哲學中已得到了不同層面的關注，後者爲我們進一步理解和闡釋其意義提供了歷史前提。

一、「幾」：趨向現實的可能

在人與世界的互動中，「幾」是無法忽略的方面。作爲這種互動過程的內在規定，「幾」既呈現爲存在的形態，又與人的活動相聯繫。《易傳》已從以上視域對「幾」做了考察：「幾者，動之微，吉之先見者也，君子見幾而作，不俟終日。」[1]在此，「幾」不僅關乎「物」，而且涉及「事」。「物」主要表現爲對象性的存在，「事」則牽涉人的活動。進而言之，「物」本身又可以區分爲如下二種形態，即已經進入人的知行之域的物件與尚未進入此領域者。尚未進入知行之域者，也就是處於本然形態之物，其特點在於還未與人相涉；進入知行之域的存在，則是已成爲人作用對象之物。「事」從靜態看，可以視爲進入知、行之域的「物」；就動態言，則可以理解爲廣義之行以及與知相聯繫的活動，所謂「事者，爲也。」[2]「物」與人的聯繫，乃是透過後一意義上的「事」

---

[1] 《易傳·繫辭下》。
[2] 《韓非子·喻老》。

而建立的：正是在「事」的展開中，「物」改變了本然形態而進入知行之域。以「幾」為視域，「物」與「事」都具體展開為變化、發展的過程，「幾」本身的意義，也是透過「物」與「事」的這種變化、發展而得到展現。

作為變化、發展過程中的環節，「幾」首先表現為物、事演化的初始形態。《易傳》以「動之微，吉之先見者」界說「幾」，側重的也是「幾」的這一內涵。所謂「動之微」，既關乎「動」的過程，又牽涉「動」的結果，後者（「動」的結果）具體呈現為變動的最初形態。同樣，「吉之先見」也相對於物與事之變化過程的完成或充分展開而言，它所表示的是變動結果出現之前的初起徵兆或跡象。韓康伯（韓伯）在解釋《易傳》的如上觀念時，曾指出：「幾者，去無入有，理而未形，不可以名尋，不可以形睹者也。唯神也，不疾而速，感而遂通，故能朗然玄照，鑒於未形也。合抱之木，起於毫末，吉凶之彰，始於微兆，故為吉之先見也。」[3]「去無入有」，意謂前一階段尚不存在的現象，在後一階段開始出現；「理而未形」，則表明這種現象雖有而未彰，若毫末、似微兆，難以如完全顯現的對象那樣加以直觀。這裡既涉及動靜關係，也關乎隱顯之變。從動靜關係看，「幾」一方面處於變化的過程之中，並表現為發展的趨向，所謂「去無入有」，另一方面，又作為已呈現的徵兆而具有相對確定的形態，從而雖動猶含靜。從隱顯之變看，「幾」因未充分展開，故具有隱而未彰的品格，但作為變化和發展的端倪，又具有顯現於外的一面，就此而言，它又隱中有顯。要而言之，作為將成而未成的特定存在形態，「幾」呈現既動且靜、既隱又顯的特點。

從物的層面看，「幾」更多地關乎物件的發展變遷。張載曾基於太虛

---

[3] 韓康伯：《周易·繫辭下注》，參見《周易正義·繫辭下》（《周易正義》包括王弼和韓康伯之注、孔穎達之疏等）。

即氣的觀點，對此做了考察：「太和所謂道，中涵浮沉、升降、動靜、相感之性，是生絪縕、相蕩、勝負、屈伸之始。其來也幾微易簡，其究也廣大堅固。」[4]這裡所涉及的是形上視域中物件世界的變遷衍化。在張載看來，氣為萬物之體，物件的變化與氣的聚散、相感等相聯繫，氣在變化之初，呈現「幾微易簡」的形態，隨著後續的發展，趨向於「廣大堅固」。王夫之在解釋張載的以上思想時，便指出：「幾微，氣之初動。」[5]在此，「幾」主要被理解為本體論意義上萬物（對象世界）發展的初始形態。[6]

　　與「物」相對的是「事」。孔穎達在解釋《易傳》關於「幾」的觀念時，便主要基於「幾」與「事」的關係：「『幾者，動之微』，此釋幾之義也。幾，微也，是已動之微。動謂心動、事動，初動之時，其理未著，唯纖微而已，若其已著之後，則心事顯露，不得為幾，若未動之前，又寂然頓無，兼亦不得稱幾也。幾是離無入有，在有無之際，故云『動之微』也。若事著之後乃成為吉，此幾在吉之先，豫前已見，故云吉之先見者也。此直云吉不云凶者，凡豫前知幾，皆向吉而背凶，違凶而就吉，無複有凶，故特云吉也。」[7]如前所述，相對於「物」，「事」更直接地與人及其活動相聯繫，以人為主體，「心」與「事」也呈現相關性，正是在此意義上，「心動」與「事動」彼此關聯。在「事」的層面，「幾」首先關乎行動的展開過程，而人的行動又表現為一個價值追求

4　張載：《正蒙・太和》，《張載集》，中華書局，1978，第7頁。

5　王夫之：《張子正蒙注》，卷一，《船山全書》，第十二冊，岳麓書社，1996，第16頁。

6　方以智後來曾區分了「通幾」與「質測」：「寂感之蘊，深究其所自來，是曰通幾。物有其故，實考究之，大而元會，小而草木蟲蠕，類其性情，征其好惡，推其常變，是曰質測。質測即藏通幾者也。」（方以智：《物理小識・自序》）這裡的「幾」更多地指物件世界變遷的本源，「通幾」即從形而上的層面把握這種本源（「深究其所自來」）。對「幾」的如上理解，與張載在這裡所說的「幾」有相通之處。不過，如後文所論，張載同時從人之行的層面理解「幾」的意義，方以智對「質測」與「通幾」的區分，則側重於「幾」的形而上內涵，後者與人之行尚未直接相涉。

7　孔穎達：《周易・繫辭下疏》。參見《周易正義・繫辭下》。

的過程（「違凶而就吉」、趨「吉」而避「凶」）。在「事」的這一展開過程中，「幾」往往呈現為價值結果的最初端倪（「吉之先見」）。

「幾」作為「物」與「事」變化的初起形態，同時涉及事物發展過程中現在與未來等時間關係。「幾」之形成，首先基於事物以往的衍化，正是事物發展的已有根據與相關條件的交互作用，決定了某種端倪（「幾」）的發生。不過，「幾」儘管尚處於事物發展的初始狀態，但它並非停留於這種現存（既成）的形態，而是具有未來的指向。從動態的過程看，「幾」的意義並不僅僅在於展現了事物發展的初始形態，在更實質的層面，「幾」雖初起，卻影響、決定著事物後續的發展，與之相聯繫，它總是預示著事物發展的趨向。以樹木這一類植物的衍化而言，在各種條件都適宜的條件下，樹種之始萌即預示著其後來枝葉繁茂的發展形態。事實上，「幾」的本體論意義更直接地與展示事物未來發展趨向相聯繫。從實踐的視域看，這種趨向同時為人對行動的不同選擇提供了依據。

「幾」何以能夠預示事物的發展趨向？這一問題指向「幾」自身更內在的涵義。前文提到的初始形態、「端倪」，主要與事物的存在方式相涉，從更為實質的本體論內涵看，這種存在方式同時關乎可能與現實的關係。事物在其衍變的過程中固然包含多重可能，但並非所有的可能都能夠向現實轉化。事實上，唯有基於現實根據和條件，可能才能夠轉化為現實，這種轉化同時展開為一個從初起到完成的過程。以此為背景，可以進一步把握「幾」的本體論性質：它既不同於純粹的可能，也有別於已完成了的現實，而是表現為可能向現實轉換的最初形態。所謂雖動猶靜、既隱且顯，可以視為以上形態的外在表現形式，與「幾」相關的所謂端倪、跡象、萌芽等等的涵義，也應從這一層面加以理解。在以上視域中，「幾」可以看作是可能向現實的最初轉化或趨向現實的可能。事物所內含的可能在向現實轉化之初固然不同於完成了的現實形態，但卻以具體

而微的形式，展示了事物的發展趨向。作為變動中的存在規定，「幾」既表現為趨向於現實的可能，又呈現為可能向現實轉化的初始形態，正是以趨向現實的可能或現實的初起為本體論的內涵，「幾」與事物變化過程中的未來走向形成了內在關聯。

可能向現實的轉化，既基於內在的根據，也取決於多方面的條件，這些條件何時形成、如何形成，往往難以預定。與之相聯繫，「幾」的呈現，也具有不可預測性。廣而言之，「幾」同時表現為作為事物變化過程中的轉捩點或契機，這種轉捩點或契機在何時、以何種方式出現，同樣具有難以預測的特點。然而，「幾」不可測，並不意味著其完全不可知。「幾」固然無法確定地加以預期，但作為事物發展的端倪以及可能向現實的最初轉化形態，它同時又為展望事物的進一步發展提供了出發點：在把握了事物初顯的端倪之後，可以由此推知其未來的發展趨向。孔穎達在解釋《周易》相關思想時，已注意到此：「『君子知微知彰』者，初見是幾，是知其微，既見其幾，逆知事之禍福，是知其彰者也。『知柔知剛』者，剛柔是變化之道，既知初時之柔，則逆知在後之剛，言凡物之體從柔以至剛，凡事之理從微以至彰，知幾之人，既知其始，又知其末，是合於神道，故為萬夫所瞻望也。」[8]這裡所說的「逆知」，也就是推論、展望，而這種推知又與「知幾」相聯繫。「知幾」的特點在於不僅把握作為可能轉化之初的開端，而且預測其後來的發展，所謂「既知其始，又知其末」。朱熹更明確地將知幾與推論聯繫起來，在談到與「幾」相關的認識過程時，朱熹便指出：「未做到那裡，先知得如此，所以說可與幾。」[9]這裡特別值得注意的是，朱熹從「做」的層面理解「幾」。「做」即人的實踐活動，實踐活動的特點之一在於：行動

---

[8]　孔穎達：《周易‧繫辭下疏》。參見《周易正義‧繫辭下》。
[9]　《朱子語類》卷六十九。

（「做」）之前，可以對其結果加以預期，而這種預期又以「幾」的把握（「與幾」）為前提。從實質的層面看，「知幾」並不是離開人自身的實踐過程抽象地推知事物發展的趨向，而是表現為實踐過程的內在環節。與之相聯繫，把握事物變化的契機（知幾），也以一定的實踐需要、條件為其背景：契機本身並不是物件的自在規定，其意義乃是相對於實踐過程及其內在需要而言。某種契機究竟何時出現、如何出現，固然無法完全推知，但實踐的展開中會出現各種影響實踐活動的契機，把握這些契機需要由顯而達隱並關注事物的變遷及其過程性等等 —— 所有這些方面，卻又並非處於人的可知領域之外。進而言之，透過對實踐背景（包括具體的存在境域）和實踐條件的考察，人能夠更具體地預測何種契機可能出現。所謂「知幾」，便與上述方面相涉。

由「知幾」而「逆知」，不僅表現為由微而知著，而且以「由末達本」為內容，張載對此做了具體的闡釋：「學必知幾造微，知微之顯，知風之自，知遠之近，可以入德，由微則遂能知其顯，由末即至於本，皆知微、知彰、知柔、知剛之道也。」[10]就其本來意義而言，「微」與「顯」較為直接地涉及事物的外在形態，這一論域中的由微而知著，也更多地關聯著現象層面的認識活動。「本」則超乎現象領域的顯微，將「知幾」與由「末」至「本」聯繫起來，其內在的要求是由了解事物的初現形態（「幾」），進一步把握事物之「本」。這裡的「本」既是體用關係上存在的本體，又是可能的現實根據，由知「幾」而知「本」，意味著在了解從可能向現實轉化的初始形態之後，揭示可能本身的現實根據，由此推知事物的發展趨向。較之基於外在現象的推論，由知幾而達本，並由此進而把握事物的發展趨向，無疑體現了更內在的視域。

以可能向現實的初始轉化為存在的形態，「幾」主要展示了其本體

---

[10] 張載：《橫渠易說》，《張載集》，中華書局，1978，第223頁。

論的意義。就「幾」與人的關係而言，其意義則更具體地體現於實踐的層面。《易傳》已將「幾」與「成務」聯繫起來，在談到「易」的功能時，《易傳》指出：「夫易，聖人之所以極深而研幾也。唯深也，故能通天下之志；唯幾也，故能成天下之務；唯神也，故不疾而速、不行而至。」[11]「極深」以把握「理」爲指向，涉及理論性的活動，「研幾」則關乎「動微之會」，它所指向的是成務：「極未形之理則曰深，適動微之會則曰幾。」[12]從內在的涵義看，「務」即「事」，張載在解釋以上觀點時，便指出：「務，事也」，[13]「事」則指人的活動。在此意義上，「成天下之務」也就是成就天下之事，後者的具體指向是推進和完成人的實踐活動。不難注意到，就「研幾」與人自身之「在」的關係而言，其內在之旨即在於行：對「幾」的把握並非以「知」爲旨趣，而是以「成天下之務」（行）爲目標。

「幾」與人的實踐活動的聯繫，以「義」爲仲介。張載曾對此做了分析：「見幾則義明，動而不括則用利，屈伸順理則身安而德滋。窮神知化，與天爲一，豈有我所能勉哉？乃德盛而自致爾。」[14]「義」與宜相通，引申爲當然，作爲規範性的觀念，它所涉及的，首先是行動的選擇，後者既與應當做什麼相聯繫，又關乎應當如何做。「見幾則義明」，表明把握了「幾」，便可進一步知其「當然」。這裡的前提是：「幾」蘊含事物發展的根據，並預示著其發展的趨向，從而，見「幾」而行，同時意味著順乎事物發展的趨向。正是在此意義上，由知「幾」而明其當然、並進一步展開實踐活動（「動而不括」[15]）的過程，具體表現爲

11　《易傳・繫辭上》。
12　韓康伯：《周易・繫辭上注》。
13　張載：《橫渠易說》，《張載集》，第201頁。
14　張載：《正蒙・神化》，《張載集》，第16頁。
15　王夫之：「括，收也，滯也。」王夫之：《張子正蒙注》，卷二，《船山全書》，第十二冊，岳麓書社，1996，第89頁。「動而不括」，表明實踐活動暢而不滯。

「與天爲一」。所謂「與天爲一」，也就是當然與自然的一致。

由「知幾」而明「義」，牽涉「幾」與「當然」的關係。在「當然」之後，則是普遍之道。「幾」之成爲實踐的出發點，在更本原的層面基於「幾」與道的關聯。王夫之已指出了這一點：「唯研其幾，而知體用相因之際，同異互成，其微難見，而靜有其體，動必有用，則庶務合而歸諸道，無不可成也。」[16]對「幾」的理解（研幾），並非僅僅關注形之於外的初顯現象，而是透過考察體用關係以把握存在的根據，體用關係的揭示，則進一步指向普遍之道（「歸諸道」）。在這裡，把握「幾」與合乎道呈現了內在的統一。事實上，上文論及的「與天爲一」在某種意義上也體現了這種統一：所謂「幾而知之，天也」，[17]便意味著「知幾」既是一個指向本然法則（天）的過程，又具有合乎自然（天）的性質。正是「知幾」與「歸諸道」的如上統一，使「見幾而作」不同於隨意、偶然之舉，而是基於存在自身的法則。

事物發展的趨向往往呈現不同的價值意義。「幾」作爲可能向現實發展的初始形態，其價值意義可以展示正面或積極的性質，也可以呈現負面或消極的趨向，在「知幾」之時，應當同時把握其中顯現的不同價值意義。從實踐的視域看，首先無疑應當使具有積極或正面價值意義的發展趨向化爲現實，而這一過程總是離不開人自身的參與。張載在談到「幾」與人之行的關係時，已注意到這一點：「知幾其神，由經正以貫之，則寧用終日而斷可識矣。君子既知其幾，則隨有所處，不可過也，豈俟終日？『幾者動之微，吉之先見者』也。夫幾則吉凶皆見，特言吉者，不作則已，作則所求乎向吉。」[18]「吉凶皆見」意味著「幾」內含不同的價值

[16] 王夫之：《周易內傳》卷五下，《船山全書》，第一冊，岳麓書社，1996，第556頁。

[17] 郭店楚簡《五行篇》。

[18] 張載：《橫渠易說》，《張載集》，中華書局，1978，第222頁。

意義，對人來說，應當努力實現的則是其中正面的價值意義，此即「不作則已，作則所求乎向吉」。事實上，基於道的可能（幾）所具有的價值性質，本身相對於人而言：正如本然形態的道主要表現爲存在的法則或原理一樣，體現道的可能（幾）在未進入人的存在之域時，也主要呈現爲自在的規定。唯有以人的存在及其知行過程爲背景，「幾」的價值意義才能形成並彰顯，也唯有透過人自身的實踐活動，這種價值意義才能得到實現。與之相聯繫，人的活動（「作」）之外的「俟」不僅僅表現爲消極等待，而且意味著將「幾」的價值意義的實現過程與人的實踐活動隔絕開來。以肯定人的作用爲前提，「豈俟終日」可以視爲對以上進路的揚棄。作爲價值的規定，「幾」所內含的積極意義一開始常常並未充分顯露，「知幾」需要基於過去、立足現在、展望未來，在價值意義初現之時，及時判定，積極行動。歷史地看，開風氣之先、引領時代潮流的實踐活動，每每便以適時地「見幾而作」爲其內在特點。

　　與正面或積極的價值趨向相對的是負面或消極的價值意義。如前所述，事物發展的正面價值趨向展開爲一個過程，從積極的方面看，「見幾而作」就在於透過人自身的努力以完成這一過程。在消極的意義上，「見幾而作」則在於防微杜漸，將負面及不利的價值趨向抑制在初起或萌芽狀態。這裡涉及「行」與「止」的關係：如果說，實現正面的價值趨向表現爲積極意義上「行」，那麼，抑制消極的價值趨向則更多地呈現爲「止」。當然，二者並非彼此相分，而是同一過程的二個方面。王夫之曾對此做了概要的解說：「行而不爽其止之正，止而不塞其行之幾。」[19]一方面，「行」並不偏離「止」的原則，另一方面，「止」作爲「見幾而作」的特定形式，又不阻礙「行」。積極意義上完成正面的價值發展趨向與消極意義上抑制負面的價值趨向，從不同方面體現了「見幾而作」的實

---

[19] 王夫之：《周易內傳》卷四上，《船山全書》，第一冊，岳麓書社，1996，第419頁。

踐向度。

在以上過程中，及時發現並把握事物發展的趨向，顯得尤爲重要。事物的發展趨向在初露其端之時，也爲人的實踐活動提供了時機，在這一意義上，「幾」與「機」具有相通性，而對「幾」的把握則離不開「時」。「幾」是事物發展、轉化過程中的最初形態，所謂「幾者，動之微，吉之先見者也」，這一視域中的「幾」同時表現爲行動的時機和契機。以實踐爲指向，只有抓住時機和契機，積極順勢而爲，才能將「幾」引向積極的價值結果、避免消極價值趨向的發展，所謂「見幾而作，不俟終日」。張載的以下看法可以看作是對上述關係的具體闡釋：「君子見幾而作，不俟終日，苟見其幾，則時處置不欲過，何俟終日？幾者，動之微，吉之先見。特言吉者，事則直須求向吉也。」[20]值得注意的是，張載在此特別將見幾而作與「時」聯繫起來，強調「時處置不欲過」，亦即把握時機、及時行動。實踐過程每每出現各種機遇、契機，這些機遇和契機一旦錯失，則其實踐意義也會發生變化，因此，「見幾而作」需要有「時不我待」的緊迫感，「何俟終日」所突出的，便是實踐過程的及時性、適時性。無論是積極意義上實現正面的價值意義，抑或消極意義上防患於未然，都應當「見幾而作，不俟終日」。

二、「數」：必然性與時空關係

「幾」之呈現，有其內在根據，後者在本體論上與普遍之道相聯繫。道作爲普遍的法則，具有超越特定時空的特點，就其超越特定時空而

---

[20] 張載：《橫渠易說》，《張載集》，中華書局，1978，第222頁。

言，道既制約人的行動，又展現出外在於人的一面。相對於道，中國哲學所說的「數」表現出另一重性質。一方面，「數」包含必然的趨向，所謂「定數」、「運數」，等等，都體現了這一點；另一方面，「數」又與一定的時空關係相涉，可以視爲必然性在一定時空關係中的體現。「數」與時空關係的這種相關性使之不同於抽象的必然，而與人的行動形成更切近的聯繫。

　　「數」作爲事物發展過程中一種趨向，雖不同於一般的道或理，但又基於道或理，後者（道或理）作爲普遍的法則，同時賦予「數」以必然性。這種必然首先體現於自然過程：「天有常道矣，地有常數矣，君子有常體矣。」[21]與「天之常道」相應，此處的「地之常數」表現爲一種必然的趨向。同樣，「數」也內在於社會歷史領域，在談到秦國的歷史演變時，荀子便指出了這一點：「故四世有勝，非幸也，數也。」[22]這裡的四世，指秦孝公、秦惠王、秦武王、秦昭王各世代。秦國在以上四世中，處於強盛之勢，這種強盛非緣於僥倖（偶然），而是有其必然性，「數」在此便表示這種必然。就社會生活的內在方面而言，不同社會成員之間的關係，也包含必然的方面：「夫兩貴之不能相事，兩賤之不能相使，是天數也。」[23]處於同一社會層面（「兩貴」或「兩賤」）的個體之間，總是難以彼此支配，這裡的「天數」，便指「兩貴」、「兩賤」之間以上交往關係中的必然趨向，在「數」之前冠以「天」，主要突出了這種必然包含近乎自然（天）的性質。

　　然而，如前所述，以「數」爲存在形態，必然性同時又關涉一定的時空關係，「數」本身則可視爲必然性在一定時空關係中的體現。這裡所

---

[21] 《荀子・天論》。
[22] 《荀子・強國》。
[23] 《荀子・王制》。

說的時空關係，並不僅僅表現爲抽象的形式，而是以內在於一定時間、空間中的具體條件爲其內容。以氣候的變遷而言，儘管地球上不同地區進入冬季的時間各有差異，但一旦進入冬季，溫度便將低於夏季，這又具有必然性，後者緣自地球與太陽的關係以及地球本身的變化。然而，冬季何時降溫、氣溫降到何種程度，則與一定時空關係中的氣象條件，包括某種冷空氣的生成、擴散等等相聯繫。地球上某地在冬季的某日氣溫達到某度，可以視爲「數」，這種「數」既受到內在於地球和太陽關係中的普遍法則的制約，又基於一定時空關係中的氣象條件；前者使之區別於純粹的偶然，後者則使其不同於絕對的必然。社會領域中的「數」，同樣體現了以上特點。以上文提及的秦國四世的強盛來說，秦國一方面在這一歷史時期順應了社會變遷的大勢，另一方面又先後出現了秦孝公、秦惠王、秦武王、秦昭王等有作爲的君主，前者涉及歷史的必然趨向，後者則表現爲一定時空關係中的條件，二者的交融，決定了秦「四世有勝」之「數」。作爲必然趨向與一定時空關係的結合，以上視域中的「數」並不具有神秘性，毋寧說，它更多地呈現出現實性的品格。

　　這裡似乎可以區分特殊中的普遍、必然與特殊化的普遍、必然。從道不離器的層面看，道內在於特殊之中，並相應地與時空關係相涉，不過，道與一定時空條件的這種聯繫，更多地表現爲特殊（器）之中蘊含普遍、必然（道）。較之寓於器之道，「數」主要以普遍、必然與一定時空條件的結合爲其特點，透過二者的這種融合，普遍、必然在一定意義上取得了「特殊」的形態，「數」本身則作爲普遍的特殊化而表現爲一種具體的存在趨向或存在形態。以普遍寓於特殊爲形式，道首先呈現普遍、必然的形態，所謂「形而上者謂之道，形而下者謂之器」[24]、「一陰一陽之

---

24 《周易‧繫辭上》。

謂道」，[25]便分別從存在的統一性與存在的過程性展現了這一點；以普遍的特殊化或必然之勢與特定時空的交融為趨向，「數」則突顯了事物在具體存在過程中的定向性。論「道」，既不能使道離於器，也不能將道等同於器，由器而得道（從特定之器，揭示普遍之道），便體現了這一點。言「數」，則普遍、必然與特定的時空條件往往相互交錯、彼此交織，僅從普遍、必然，或僅從特定的時空條件，都無法推知其「數」。

　　從更內在的層面看，「數」本身又有不同的形態。金嶽霖曾區分了「勢數」與「理數」，「理數」主要與類的存在與發展相聯繫，「勢數」則體現於個體的存在和發展過程。[26]二者都既涉及必然性，又關乎不同的時空關係。以能源的運用而言，地球上石油的儲藏量是既定的，在目前的條件下，人類每年使用石油的數量也可大致計算出來，如果將地球上石油的儲藏量與目前人類每年的消耗量做一測算，並假定石油年消耗量基本穩定，那麼，便可大致了解地球上的石油將在何時用盡。石油在某一時間耗盡，體現的是人與自然互動過程中的一種「數」，其中既內含必然趨向，又與一定的時空關係相涉。不難看到，這裡的時空涉及較大的時間尺度，並相應地關乎類。[27]

　　與類相對的是個體，「數」不僅內在於類，而且也體現於個體。人皆終將走向死亡，這具有普遍必然性，但特定個體的生命究竟在何時終結，這又取決於個體所處的具體時空關係以及內在於這種時空關係中的各種因素，包括遺傳、環境、個體的生活方式、某些突發的事變等等。個體在某時走向死亡，可以視為其生命存在過程中的「數」，這種「數」具體便表現為「人必有一死」所體現的必然趨向與一定時空關係中各種具體因

---

[25] 《周易·繫辭上》。
[26] 金嶽霖：《論道》，商務印書館，1987，第175-176頁。
[27] 金嶽霖在說明「理數」時，曾舉過類似的例子。參見《論道》，第176頁。

素的交融。當然，個體存在於其間的時空條件相對於前面能源變化所涉及的時空關係而言，所呈現的是較小的時間與空間尺度。這種不同的時空關係與類和個體之別呈現某種相關性。

時空關係的融入，使「數」所內含的必然性同時呈現某種定向性。在類的層面，時空關係對事物衍化的趨向具有一定的限定作用，以前文提到的能源使用之「數」而言，特定的空間（地球中的不同區域）、一定的時間段（人類以某種方式消耗相關能源這一特定歷史時期），使某種能源（如石油）演變的必然趨向具有了定向性（石油這一能源將逐漸走向枯竭）。同樣，個體生命存在所處的時空環境，也使其衍化過程中的「數」呈現某種定向性：遺傳、環境、個體的生活方式等時空關係中的因素，在某種意義上規定了個體生命的期限。

「數」所體現的必然趨向與一定時空關係的交融，同時也使其中所內含的必然性不同於邏輯意義上的必然。邏輯意義中的必然具有形式化的特點（不涉及實質的內容），此種形式化的規定使之超越特定的時空關係。這一論域中必然性的體現形式之一，是演繹推論的前提與結論之間的蘊含關係：在有效的演繹推論中，結論蘊含於前提之中，二者的關係具有必然性，這種必然性並不受制於時空關係。現代邏輯中的重言式（tautology）以另一種方式體現了邏輯的必然：作為邏輯上永真的形式，其真值超越一切時空，從而表現為嚴格意義上的必然。相形之下，「數」體現的是物理世界中的必然趨向，關乎事物實質的衍化過程，前文提及的能源（石油）、人的生命，便都表現為實質意義上的物理形態。無論在類的層面，抑或個體之域，「數」都涉及一定的時空關係。與時空關係的如上相涉，使事物變化發展過程中展現的必然趨向，有別於形式層面的邏輯必然。

然而，儘管「數」不同於邏輯的必然，但它並非不可把握。《易傳》已涉及「數」與「知」的關係：「極數知來之謂占，通變之謂

事。」「極其數，遂定天下之象。」[28]這裡的「數」既涉及《易經》中的象數，也關乎更普遍意義上內含必然趨向之「數」，事實上，《易經》中的「數」，本身便包含普遍必然之意，惟其如此，故可「定天下之象」。所謂「極數知來」，也就是透過從本原的層面把握「數」，[29]以預測未來。「極數」與「通變」的聯繫，則體現了明其變遷、變異（通變）與把握必然的統一。在此，「知來」（對未來的預測）是以認識「數」為前提的。儘管在狹義上，「極數知來」關乎占卜，但在寬泛的意義上，它則以人的活動為指向，表現為基於「數」的把握而展開的推論、預測活動。

　　《易傳》所內含的如上廣義意蘊，張載曾給予較具體的考察。在關注「幾」的同時，張載也對「極數知來」做了闡述：「開物於幾先，故曰知來；明患而弭其故，故曰藏往。極數知來，前知也。前知其變，有道術以通之，君子所以措於民者遠矣。」[30]「開物」可以視為人變革物件的活動，將「知來」與「開物」聯繫起來，體現了展望未來與人的活動之間的關聯。以「極數」為前提，「知來」對未來發展和變化前景的預見，超越了僅僅根據偶然現象所作的推知。王夫之在詮釋張載的以上思想時，便指出了這一點：「盡其數之所有，而萬變皆盡，來者無窮，莫之能逾也。」「理無不通，故推而行之皆順。」[31]在此，「極數」與「明理」呈現了內在的相通性，二者賦予預見、推知以確定性。作為對未來必然發展趨向的推知，這種預見最終服務於開物成務的活動，並為人們選擇適當的實踐方式（「有道術以通之」）提供了根據。

---

[28] 《易傳・繫辭上》。

[29] 王夫之在解釋《易傳》所說的「極數」時，曾指出：「極，根極之也。」「根極」亦即從本原的層面加以把握。（參見王夫之：《周易內傳》卷五上，《船山全書》，第一冊，岳麓書社，1996，第530頁）

[30] 張載：《正蒙・大易》，《張載集》，第49頁。

[31] 王夫之：《張子正蒙注》，卷七，《船山全書》，第十二冊，岳麓書社，1996，第284、285頁。

　　如前所述，「數」既內含必然趨向，又與一定的時空關係相關。必然趨向關乎普遍法則（道、理），時空關係則涉及具體的條件。從理論上看，如果既把握必然法則（明其理），又切實地了解一定時空關係中的具體條件（知其事），則事物衍化之「數」便可以加以把握。以氣溫的變化而言，在認識氣候變化的必然之勢以及一定區域在一定時間段的氣象情況之後，便可以對該區域在某一時間段的氣溫加以預測，這種預測的準確度，與認識的深入性和真切性相聯繫。一般而言，對氣候變化的必然之勢與相關氣象狀況的認識越是具體、深入，預測便越準確，現代的氣象學已體現這一點。某時某地出現何種氣溫，可以視爲氣象變化中的「數」，透過明理（認識氣象變化的必然之勢）與知事（了解一定時空中的氣象狀況）以做出氣象預測，則是對氣象變化以上之「數」的把握。

　　透過把握「數」以預知未來（極數知來），其實踐意義首先在於爲行動的選擇提供根據。實踐過程的展開既涉及理與道，也關乎事與物，前者主要表現爲普遍的法則或普遍的必然，後者則內在於一定的時空關係。普遍的法則無疑對人的實踐與行動具有引導作用，但從邏輯上說，必然性本身主要表現爲普遍的發展定勢，停留於這種一般的形式之上，其引導意義往往無法擺脫抽象性。另一方面，特定時空關係中的事與物則受到這種時空關係本身的限定，難以展現普遍的發展趨向。相對於此，「數」可以視爲必然性在一定時空關係中的體現，其中既內含事物變化的普遍趨向，又關涉一定時空中的事與物，「數」的這一特點，使基於「數」的「前知」同時被賦予具體的內容。如前文所提及的，冬季溫度較之夏季會下降，這是一種必然趨向，僅僅了解這一點，固然無法預知某地某日的溫度，但將這一必然趨向與綜合地把握相關時空關係中的氣象狀況結合起來，則可以對該地在某一時間段中的氣溫做出較爲具體的預測，並由此爲相關的實踐活動提供選擇的根據。在談到「數」與人的活動的關係時，荀

子曾指出：「必時藏餘，謂之稱數。」[32]所謂「必時藏餘」，也就是依據對自然變化的必然法則與時間條件的把握（「必時」），來展開人的生產、儲備（「藏餘」）等活動，這種活動同時被視爲合乎「數」（「稱數」）的過程。這裡無疑已注意到把握「數」對人的實踐所具有的引導意義。

三、「運」與人之「在」

「數」所內含的必然趨向更多地呈現確定性。實踐活動在現實的展開過程中既有相對確定的一面，也常常面臨不確定性的問題，後者在「運」或「時運」之中得到了具體的體現。與「數」的相對確定趨向不同，「運」或「時運」首先與偶然性相聯繫，它從不同方面影響、制約著實踐過程，並使之呈現複雜的形態。

較之寬泛意義上的偶然性，「運」更直接地與人的活動相關，可以視爲體現於人的存在過程及多樣活動中的偶然性。作爲影響行動的因素，「運」既可以是有利於行動的積極條件，也可表現爲行動過程的不利條件。相對於「數」所具有的穩定性，「運」更多地呈現可變性。這種變動不僅涉及「運」的形成或消失，而且關乎不同性質的「運」之間的轉化。日常語言中「時來運轉」這一表述，已涉及「運」的以上特點。「運轉」意味著「運」的變化，這種變化可以指「運」從無到有的發生過程，也可表現爲「運」從消極形態向積極形態的轉化。「運」的如上變化，無法與「時」相分：「運轉」以「時來」爲前提。這裡的「時」既涉

---

[32] 《荀子‧富國》。

及廣義上的時間綿延，也關乎具體歷史條件的衍化。以體現於實踐過程的偶然性為實質的內容，「運」的轉換無法離開時間的綿延與歷史條件的變化。

作為可轉換的偶然性，「運」既不同於純粹的必然，也有別於絕對的不可能：純粹的必然無法改變，絕對的不可能則不存在發生或變化的問題。就其介乎二者（純粹的必然與絕對的不可能）之間而言，「運」同時取得了某種可能的形式。事實上，偶然性與可能性本身便彼此相關，如前文（第三章）所提及的，黑格爾已注意到這一點，並認為可能性可以理解為外在的偶然。[33]在相近的意義上，偶然也可看作是可能的表現形態：在時間的歷史衍化中，它可能出現（不同於絕對的不可能），也可能不出現（區別於純粹的必然）。「運」與可能的這種關聯，從一個方面表現了其不確定性。

以偶然與可能的變動為內容，「運」不僅呈現積極（有利於人的行動）或消極（不利於人的行動）等不同的性質，而且具有量的規定，並相應地可以從量的層面加以考察。通常所說的概率或幾率，便可視為「運」的量化形式。從數學（概率論）的角度看，概率表現為0到1之間的實數，把握概率則意味著對某種現象發生的可能性作數量關係上的確認。一般而言，絕對不可能出現的現象，其概率值為0，必然出現的現象，它的概率值則為1，各種可能出現、也可能不出現的現象，其概率值便在0到1之間。儘管「運」未必都能從概率的層面加以推算，但從邏輯上說，作為介乎必然發生與絕對不可能出現之間的偶然現象，「運」也存在是否出現的概率或幾率問題。在可能的情況下從量化的層面把握「運」，對實踐活動的展開無疑具有積極的引導意義。

當然，「運」的幾率性或概率性，並不意味著它可以完全進入人

---

[33] 參見黑格爾：《小邏輯》，商務印書館，1980，第300-301頁。

的預見之域，事實上，作爲偶然性的現象，「運」往往具有難以準確預期的特點，其形成既非出於人的有意安排，也非基於預先推知，從而具有隨機性、不確定性。從某些方面看，不確定性似乎主要呈現消極的意義：它在某種意義上使人的實踐活動缺乏穩定的品格。然而，在實踐過程中，「運」並非僅僅具有消極的性質。行動、實踐過程首先涉及選擇、決定，這種選擇、決定不僅以人的價值目的爲出發點，而且需要考慮現實世界的具體背景和狀況。從現實世界的存在和發展看，其中既包括必然趨向，也內含各種形式的偶然性，以人的活動爲視域，後者（偶然性）即表現爲「運」。在實踐過程中，「運」往往呈現爲某種「變數」，³⁴它作爲非預期的因素而制約實踐過程。如果僅僅著眼於必然趨向而忽略以「運」等形式表現出來的偶然因素，那麼，一旦出現偶然的變數，便往往容易使行動陷於被動之境甚至導致失利。反之，若能充分考慮現實世界及實踐過程本身之中可能發生的偶然因素，則可以爲應對各種可能的變數預留充分的空間，從而始終保持人在實踐過程中的主動性。通常在行動之前設想最不利的情況，包括所謂「作最壞打算」，實際上也就是充分考慮各種可能出現的變數，尤其是可能出現的不利變化，由此對行動做出更自覺的規劃與引導。

對行動的引導主要體現於行動發生之前。行動完成之後，總是形成不同的行動後果，後者對行動者本身及行動者之外的個體或群體都會產生不同的影響，與之相關的是行動責任的承擔問題。一般而言，如果行動過程由行動者所控制，則行動者便應當對行動過程及其結果負責。然而，在現實的存在中，行動者及行動過程每每受到各種偶然之「運」的制約：行

---

³⁴ 就語義而言，「變數」亦關乎「數」，不過，如上所述，在哲學的視域中，「數」本身表現爲事物蘊含的必然趨向在一定時空關係中的體現，其中的時空關係或時空條件包含著可變性，「變數」所涉及的主要是與一定時空條件相關的可變因素。

動者的智力與體力包含由基因所規定的天賦差異，獲得不同的天賦對個體而言是一種「運」；行動者的社會背景也呈現多樣的形態，無論是宏觀意義上生活在某種社會體制中、身處治世或亂世，抑或微觀層面上出身於名門望族或貧寒之家等等，都具有受制於「運」的性質；從行動本身看，如前所述，其具體展開過程又可能受到各種無法預測的因素的影響。上述方面在非行動者本身所能完全控制這一點上具有相通性，不過，它們對行動的實際影響又有所不同。自然層面的天賦因素在獲得之時固然具有偶然性，並相應地表現爲「運」，但在個體後天的成長過程中，常常逐漸成爲可預期的因素：在行動過程中，個體的能力，包括受到天賦影響的智力因素與體力因素，都構成了行動展開過程中可預期的方面，具有某種智力或體力方面特長的個體之被選擇參加某種活動，也是基於如上的預期。以身高而言，個體擁有某種形體高度，這首先表現爲與基因相關的天賦之「運」，但相關身高對某些活動（例如體育競技）的影響，卻具有一定的可預期性。就社會的層面而言，個體處於何種社會體制、何種社會狀態（亂世或治世），固然無法由其決定，從而具有「運」的性質，然而，一定的社會體制、社會狀況對個體行動可能產生的影響，卻具有某種可預期性。以政治活動而言，在君主專制的社會體制中，如果對君主的至上權威提出挑戰，那麼由此導致的後果便多少可以推知。在以上情形中，廣義之「運」透過與社會領域不同因素的交互作用，已不再僅僅表現爲不可預測的隨機因素，行動的後果，也難以完全歸之於個體無法決定的偶然因素，從而，行動者同樣需要對其承擔某種責任。[35]

---

[35] 從另一方面看，正是上述因素在社會衍化中所具有的可測性，使社會正義的實現既變得必要，又具有可行性。個體的先天差異、處於何種社會背景等對不同的個體而言固然是偶然之「運」，但它們對個體的影響又具有可預測性，後者爲制約這種偶然之「運」的作用提供了可能。事實上，社會正義的體現之一，就在於透過確立某種規範系統及運作體制，使個體在先天差異、存在背景上的偶然之「運」對他在社會生活中可能帶來的消極影響降低到最低限度。順便指出，羅爾斯在談到正義時，曾從一個方面涉及了如上問題，在他看來，個體在天賦的能力、一開始所具有的社會背景等方面的差異，具有偶然性，惟其如此，故這種因素無法成為社會

　　在此，似乎應區分「運」的不同情形：其一，難以預測、帶有隨機性的偶然現象；其二，在某些層面表現為偶然之「運」，但從具體的社會背景看又不同於純粹的偶然性。對於前者所引發的行動後果，行動者每每很難負責，基於後者而形成的行動後果，則行動者仍需承擔某種責任。開車途中突遇地震，以致車毀人亡，個體無法對此負責；籃球隊員在球賽中失分，卻不能歸之於身材不夠高：儘管個體擁有何種身材對他而言是一種偶然之「運」，但這種「運」在其作為籃球隊員而進行訓練、比賽的過程中，已轉換為可預測的因素，從而其行動不能僅僅歸咎於最初之「運」，而需由其承擔應負之責。

　　與上述情況相關的是行動的理解與解釋的問題。「運」作為行動過程中體現的偶然性，同時為行動的解釋、評價提供了依據。在討論人的不同行動結果時，朱熹與他的學生之間曾有如下對話：「問：『范氏謂天下之理，正而勝者常少，不正而勝者常多』。曰：『此當以時運言之。譬如一日與人一生，能有幾多好底時節。』」[36]在現實生活中，正直之士常常失意，心術不正者卻往往得勢，如何理解這種現象？在以上對話中，朱熹便以「時運」加以解釋。在此，「運」或時運被視為某種行動結果所以發生的緣由。從現實的情形看，個人在社會中的遭遇，總是受到多重因素的制約，其中既有個體可以把握的方面，也有個體無法控制的偶然因素，朱熹以「時運」解釋人的所作所為與其所遭所遇之間的關係固然未能反映人在

資源分配的根據：不能因為個體在天賦等方面具有優勢，就認為他應該（deserve）在社會資源分配中占有利地位（參見John Rawls, *A Theory of Justice*, Harvard University Press, 1971, pp.101-105）。相反，「世界的任意性（arbitrariness）必須透過調整原初契約狀態的環境來糾正」（ibid.p.141），這裡的「任意性」便與個體的天賦、最初境遇等偶然因素相聯繫，羅爾斯所提出的差異原則亦與克服以上因素對社會正義可能產生的影響相關。儘管如諾齊克所批評的，以上看法可能導向對個體權利的限定，但從社會的層面看，在天賦能力、出身等偶然之「運」對個體發展具有可預期的影響這種背景下，透過一定的社會體制、程序、規範的作用對這種偶然因素加以合理制約，無疑有助於建立公正的社會秩序。這裡同時展現了社會領域中偶然之運可預測之維的複雜性：它既在一定條件下關乎個體責任，又涉及社會層面的調節和作用。

[36] 《朱子語類》，卷四十七。

世過程的多重方面，從而具有抽象的性質，但其中也多少注意到了偶然因素在行動發生過程中的作用，以此作爲解釋行動及其結果的根據，也相應地有其歷史的理由。在社會的變遷中，常常有所謂「世無英雄，遂使豎子成名」的現象，對於成名的「豎子」而言，某一時期沒有出現具有雄才大略、能夠叱吒風雲的人物，是其所遇的「時運」，後者同時爲其登上歷史舞臺提供了契機。這種歷史現象亦從一個方面體現了「時運」的作用。

對「運」的關注，固然對實踐、行動具有引導意義，但行動本身不能依賴於運。作爲隨機現象的「運」既非人所能準確預測，也無法透過人的努力完全加以支配和控制，實踐活動若純然基於「運」，則其成功與否便完全取決於人自身力量之外的因素。這樣，在肯定「運」可能對實踐產生影響的同時，又需要超越「運」，後者意味著避免行動的僥倖性。上述意義上的超越「運」，與注重人自身的作用具有內在的關聯。以道德領域的實踐而言，在有些情況下，行爲主體可能雖無自覺的道德意向，卻碰巧做了合乎道德原則的事。例如，某人在駕車時，可能因疏忽而將車開上人行道，但無意中卻撞倒了當時正試圖劫殺一位行人的歹徒，並使受害者由此獲救。就其客觀上制止了犯罪並使受害者得救而言，以車衝撞行凶歹徒無疑合乎道德的原則，然而，這種行爲本身又出於偶然性，故可歸入廣義的道德運氣之域。[37]這種緣於道德運氣的行爲，無法視爲眞正意義上的道德行爲：嚴格而言，唯有基於自覺的道德意識或內在的德性，行爲才具有眞實的道德意義。早期儒家文獻《性自命出》曾指出：「雖能其事，不能其心，不貴。」在引申的意義上，這裡的「能其事」與完成某事相涉，「能其心」則關乎自覺的意識。所謂「能其事」而「不能其心」，意味著

---

[37] 從狹義上說，「道德運氣」（moral luck）這一概念由伯納德·威廉姆斯、湯瑪斯·內格爾（Thomas Nagel）較爲明確地引入倫理學。威廉姆斯將道德評價與運氣好壞聯繫起來，對他而言，人既有內在運氣，如是否具有某種天賦，也有外在運氣，如各種人生遭遇，這些方面都會影響行動者對其行爲進行反思性評價。本文的「道德運氣」是就廣義而言，如上述例子所表明的，指由某種偶然因素的作用而使相關行爲具有合乎道德的形式。

雖完成某事，但卻缺乏自覺意識的參與，對早期儒家而言，這類行為並無眞正値得肯定的價値，故「不貴」。基於「運」的僥倖之事，在某些方面近於「能其事」而「不能其心」。可以看到，在實踐過程中，一方面要充分關注「運」對行動可能具有的影響，另一方面又不能將行動建立在「運」之上。上述兩個方面既涉及對必然與偶然關係的定位，也關乎以自覺的意向、內在的能力超越偶然的運氣。

　　作爲實踐過程中的相關方面，「運」與「數」並非彼此相分。如前所述，就其存在形態而言，「數」與「運」都不同於本然意義上的必然與偶然，而是必然與偶然在人自身存在之域的體現，或者說，是進入知行過程中的必然與偶然。在實際的作用過程中，「數」與「運」往往彼此交融：「運數」這一表述，便從一個方面表明了這一點。從現實的世界看，其存在與發展的過程總是交錯著必然的趨向與偶然的變化，現實的存在形態及其變遷可以視爲這種互動的產物。在解釋歷史上的治亂過程時，張載便指出：「古者治世多而後世不治，何也？人徒見文字所記，自唐虞以來論其治亂，殊不知唐虞以上幾治幾亂，須歸之運數。」[38]這裡所說的「運數」即表現爲必然與偶然的交互作用，而歷史的變遷則被視爲這種作用的結果。對歷史的以上理解無疑具有抽象性，但其中也有見於歷史變遷有其自身的內在趨向，這種變動趨向既關乎必然，也涉及偶然。就個體而言，其人生過程中的所遭所遇，也每每被歸之於「運數」，黃宗羲便強調了這一點：「萬事之來，吾有以致之而後至，乃人世富貴、貧賤、生死、禍福，多有不召而自至者。同是聖人也，而得位不得位，堯舜何以至壽，顏子何以至夭？皆無以致之者，此則氣化不齊，運數之自爲醇駁。人生其中，不能不受制而無可奈何。」[39]這裡的運數，也兼涉必然與偶然。

---

[38] 張載：《橫渠易說》）《張載集》，中華書局，1978，第189頁。

[39] 黃宗羲：《孟子師說》卷五，《黃宗羲全集》第一冊，浙江古籍出版社，2005，第124頁。

認為人在運數之前完全無可奈何，固然有某種消極意味，但其中亦注意到：存在過程中必然與偶然的交融既非人作用的產物，也非人所能完全支配。金嶽霖從更普遍的層面考察了事物的變遷：「說一件事體適然地是怎樣，就是說不僅有必然的，固然的理由使它那樣，而且有一時一地底環境總和使它那樣。」[40]所謂「一時一地底環境總和」，便可視為內含「數」（必然）與「運」（偶然）的綜合存在形態，特定的事與物之形成，既非由單純的必然（數）所決定，也非僅僅緣於偶然現象（運），而是基於以上的綜合存在形態。現實存在過程中「數」與「運」的交錯，與實踐過程中二者的互動，具有內在的相關性。

這裡似乎可以對「命運」做一分析。命運常常被賦予某種神秘的形式，用以解釋在個體或類的存在、發展過程中所出現的特定歸宿或結局。如果撇開其神秘的形式，從另一角度加以理解，則可以將命運視為「命」與「運」的交融。就其包含必然的演化趨向而言，這裡的「命」與「數」有相通之處，當然，如前所述，「數」體現於一定的時空關係之中，「命」則往往被視為更寬泛、抽象的趨向；相對於「命」，「運」更多地涉及行動過程中的偶然性。從日常的現象看，種瓜得瓜、種豆得豆，這是自然的演化過程，其中蘊含著作為必然趨向的「命」；特定之「瓜」、「豆」的種子能否分別萌芽、生長為「瓜」與「豆」，則取決於各種條件，包括適當的光照、水分、養料等等，這些條件是否出現，每每具有偶然性，在此意義上，它們同時呈現為「運」。所種之瓜、所植之豆既可能最後分別生長、成熟為「瓜」、「豆」，也可能因生長所需條件的缺乏而中途枯萎，二者表現為「命」（種瓜得瓜、種豆得豆）與「運」（「瓜」與「豆」各自生長所需條件的是否滿足）交互作用的不同結果，無論出現哪一種情形，對相關的「瓜」、「豆」之種來說，都是一

---

[40] 金嶽霖：《論道》，第171頁。

種廣義的「命運」。不難看到，這一意義上的命運，即以必然趨向與偶然因素的綜合作用爲其形成的前提，後者與「運」與「數」的互動呈現某種相通性。

從變化與發展的過程看，「運」與「數」交融的最初形態，也就是前文所提到的「幾」。作爲「數」與「運」統一的最初體現，「幾」同時表現爲事物變化的契機，所謂知「幾」，也就是及時把握具有正面價值意義的發展趨向，以達到相關的價值目標。「幾」的形成，意味著事物發展的可能形態已開始向現實形態轉化，這種轉化既基於現實所蘊含的必然趨向，又受到各種偶然因素的制約。然而，在「幾」的形態下，可能向現實的轉化尚處於初始的階段，這一過程的完成，離不開「數」與「運」的互動。「數」與一定時空條件相結合，形成了事物發展的定向，「運」作爲非預期的偶然因素，則構成了事物發展的變數，二者從不同的方面制約、影響著事物的發展。以樹種的衍化而言，樹的種子之轉化爲萌芽，既以植物生長的法則爲內在根據，又取決於樹種能否處於氣候、土壤等方面都比較適宜的環境，後者對特定的種子而言具有偶然性。樹種始萌，可視爲其衍變之「幾」，但它能否進一步向枝繁葉茂的形態發展，則不僅關涉植物發展的法則，而且也受到各種偶然因素的制約，如果出現嚴重的乾旱、山火等自然災害，那麼，樹種即使已萌，仍可能夭折。在樹木衍化的如上情形中，自然災害並非特定樹種所內含的必然規定：其出現對該樹木的生長具有偶然的性質，然而，它又影響著相關樹木從萌發到生長的現實過程。從人的實踐（如植樹造林）看，在把握必然趨向（「數」）的同時，需要對非預期的各種偶然因素（「運」）給予充分的關注，並在實踐的規劃中留有相應的空間，以應對可能出現的不利變化。可以看到，「見幾而作」、「極數前知」、「愼處時運」相互聯繫，構成了實踐過程有效展開的綜合前提。

第六章　實踐理性及其原則

　　人的實踐過程不僅受到可能、必然、偶然等形上規定的制約，而且內含規範性。在實踐的層面，規範性具體涉及做什麼、如何做等問題，後者進而關涉實踐理性。作為理性在實踐領域的體現，實踐理性以如何使存在合乎人的理想及人的合理需要為關切之點。從形式層面的正當，到實質意義上的善，從價值的多重內容，到價值實現的方式，實踐理性體現於不同的方面，其中既涉及主體的欲求、需要，也關乎實然、當然、必然。在正當、向善、有效等實踐理性原則中，上述方面的相關性進一步得到了具體的展現。

一、廣義視域中的實踐理性

　　亞里斯多德曾區分了理論、實踐、生產或製作（productive）等不同的思想與知識形態，並認為，「理論知識（theoretical knowledge）的目的是真理，而實踐知識（practical knowledge）的目的則是行動。」[1]康德進一步分別對純粹理性與實踐理性做了考察，前者（純粹理性）涉及理性的理論運用或思辨運用，後者（實踐理性）則關乎理性的實踐運用。在康德那裡，理性的實踐運用首先與道德領域相聯繫，它所關心的不是存在的實際根據，而是其應當發生的法則。[2]實際的根據屬實然，「應當發生」所指向的則是當然，以「應當發生」為關注之點，實踐理性更多地側重於當然。在此意義上，實踐理性與理論理性之別，與應然（當然）和實然之分呈現相關性。

---

[1]　參見Aristotle, *Metaphysics*, 993b20, 1025b25, *The Basic Works of Aristotle*, Random House, 1941, p.712, p.778.

[2]　Kant, *Grounding for the Metaphysics of Morals*, Hackett Publishing Company, 1993, pp.29-35.

　　對康德而言，實踐理性同時與人心的機能相聯繫。如前文（第三章）所述，他曾將人心的機能區分爲三種，即「認識機能、愉快與不快的情感和欲求的機能」。[3]認識機能關乎認識過程中的思維活動，欲求的機能表現爲意志的自我要求，愉快與不快的情感則涉及審美領域中的情感認同、情感接受。其中，欲求的機能所涉及的主要便是實踐理性。在談到理性的實踐運用時，康德即指出，理性在實踐層面關乎主體的欲求能力。[4]如後文將進一步分析的，在康德那裡，實踐理性論域中的欲求，主要體現於意志的自我立法，從而不同於感性的意欲。

　　可以看到，亞里斯多德與康德從不同的層面，對理性的理論形態與實踐形態做了區分，這種區分無疑有見於理性在作用物件、作用方式等方面的不同特點。理性的實踐形態內在地涉及對實踐的理解，從總體上看，亞里斯多德所說的實踐，主要限於社會倫理、政治等領域，他將實踐與生產或製作區分開來，便從一個方面表明了這一點：對亞里斯多德而言，實踐作爲社會倫理、政治領域的行爲，不同於作用或變革自然物件的活動。康德大致沿襲了亞里斯多德以來的哲學傳統，並相應地首先將實踐與道德之域聯繫起來。對實踐的這種理解，不免忽視了其豐富的內容，基於這一看法的實踐理性，其內涵也或多或少被狹隘化了。作爲人的基本存在方式，實踐既體現於社會領域中人與人的互動，也展開於人作用於廣義世界（包括自然物件）的過程；既影響和改變人自身，也影響和改變人內在於其中的世界。就此而言，實踐不僅成就人自身，而且也成就世界。事實上，實踐在廣義上便表現爲成就人自身與成就世界的過程。以這一視域中的實踐爲指向，實踐理性構成了成就人自身與成就世界所以可能的條件，其意義也具體地展現於這一過程。

---

[3]　康德，《判斷力批判》，商務印書館，1985，第15頁，譯文據英譯本略有改動，參見Kant, *Critique of Judgment*, Hafner Publishing Co. New York, 1951, p.13。

[4]　Kant, *Critique of Practical Reason*, Cambridge University Press, 1997, pp.17-18.

　　與廣義的實踐過程相聯繫，實踐理性以不同於理論理性的方式，展示了人與世界的關係。在理論理性中，問題主要是人的認識如何合乎外部存在，包括如何正確地認識世界或如其所是地把握世界；在實踐理性中，問題則更多地呈現為存在如何合乎人的理想和人的合理需要。存在之合乎人的理想和人的合理需要，意味著存在本身的某種改變，這種改變乃是透過人的行動過程和實踐活動而實現的。以存在的改變為指向，實踐理性所關注的，首先也是人的行動過程和實踐活動：透過對行動和實踐的引導和規範，使行動和實踐所作用的物件合乎人的理想與人的合理需要，構成了實踐理性的內在特點，後者同時決定了實踐理性的側重之點主要不是明其真，而是求其善：人的理想以及人的合理需要屬價值之域，價值的肯定形態則體現為廣義的善。

　　當然，以善為內容的價值形態既可以體現於形式的層面，也可以內在於實質的層面。如後文將具體論述的，在形式的層面，實踐理性主要表現為正當原則（the principle of rightness），其內涵在於合乎一定的價值原則或實踐規範：行動和實踐唯有與相關的價值原則或實踐規範一致，才具有正當性。[5]在實質的層面，價值理性則表現為向善原則（the principle of goodness），其要義在於行動或實踐過程合乎行動主體或實踐主體的合理需要，這種合理需要的滿足同時意味著價值（善）在實質意義上的實現。[6]此所謂「合理」，主要是指對人的存在和發展呈現積極或正面

---

[5]　這裡的「正當」是就廣義而言，其涵義與right一致，而與法律、政治之域中的legitimacy有所不同：後者（legitimacy）與「合法」相通，前者（right）則側重於廣義的「對」。當然，在更深層的意義上，法律、政治之域中的「正當」或「合法」，往往也表現在合乎一定的法律規範或政治原則，就此而言，這一視域中的「正當」或「合法」與更廣意義上的「對」並非完全無涉。順便提及，羅斯（D. Ross）在討論「正當」與「善」的問題時，也曾以right表示「正當」（參見D. Ross, *The Right and the Good*），不過，羅斯所說的right主要就倫理領域而言，相應於實踐的廣義理解，作為實踐理性原則的「正當」，則不限於倫理領域，詳後文。

[6]　在道德領域，「善」（goodness）首先與個體的德性、品格等相關，這一視域中的「善」可以視為狹義上的善。向善原則所體現的「善」是就廣義而言，其涵義不限於道德領域，而是更多地與寬泛意義上正面或積極的價值（positive values）相涉，後者同時包含實質的內涵。

的價值意義，而合理的需要則意味著這種需要對人的存在和發展具有正面的價值意義。與人的存在境域的具體性相聯繫，所謂合理需要也包括不同的內容，並呈現歷史的品格。以維持生命存在這一基本的需要而言，在社會發展的一定階段，合理的需要可能主要表現為果腹與蔽體，在更高的歷史發展階段，則讓食物更富有營養與滋味、使服飾更舒適和美觀，同樣也可以表現為相關歷史境域中的合理需要。行動與實踐過程同時涉及手段與方式，就行動和實踐過程中的手段、方式而言，實踐理性又具體展開為有效原則（the principle of effectiveness），其內在的要求在於合乎實然（事實）與必然（存在的法則）：實踐活動的有效展開，既基於事（實然），也依乎理（必然）。如果說，正當原則與向善原則主要從價值的形式之維與實質之維體現了理性與實踐的關係，那麼，有效原則更多地從手段、方式、程序上展示了理性的實踐形態。在以上視域中，行動和實踐的理性品格，主要便表現為行動和實踐過程本身合乎社會規範、體現合理需要、依乎存在法則。

以正當、向善、有效為相關原則，實踐理性在更內在的層面指向人的自由。如康德已注意到的，從觀念的層面看，實踐理性涉及人的欲求。在道德的領域，當向善的欲求與一定的價值原則或規範相一致時，行為便將獲得從心所欲不逾矩的品格，道德實踐的主體則由此走向自由之境。在人與世界更廣意義上的互動中，實踐主體的欲求與合理的需要相融合，當二者在實踐過程中契合於事與理時，作為實踐主體的人即進一步在變革世界的意義上獲得了自由。可以看到，道德之域的自由基於主體意欲與當然之則的相融，人與世界互動中的自由，則以意欲、需要與實然、必然的統一為前提。在正當原則、向善原則、有效原則與意欲、需求的互動之後，是人的意欲、需求與當然、實然、必然之間的相互關聯。透過以上互動與關聯，實踐理性同時賦予行動和實踐過程以自由的品格。

康德在談到實踐理性時，已注意到實踐理性與人的自由之間的關

聯。在他看來，意志自律是道德領域中實踐理性的體現，而它同時又以自由的預設爲前提。由此，康德指出：「我們已最終把道德的確定概念追溯到自由的理念」。[7]當然，康德所關注的，主要是意志的自主與普遍法則之間的關係：普遍的法則被理解爲主體意志自我立法的產物。作爲立法者，「意志不是別的，就是實踐理性」。[8]這樣，對康德而言，實踐理性似乎以意志自主的形式，爲人的自由提供了擔保。將實踐理性與人的自由聯繫起來，無疑注意到了實踐理性不同於思辨理性的特點，不過，在康德那裡，透過實踐理性而引入人的自由，與他的認識論與形而上學立場又存在內在關聯。如所周知，在認識論與形而上學的論域中，康德對現象與物自體做了區分，並認爲人的認識所及，僅限於現象，而現象之域又受到因果律的制約，其中不存在自由的問題。就人自身的存在而言，按康德的理解，其性質呈現二重性：作爲感性的存在，他屬現象之域，並受因果律的制約；作爲理性的存在，他則是存在本身，後者使之超越了現象之域，並具有自由的意志。在康德看來，實踐理性之域這種超越現象的存在，與認識之域的物自體具有相通之處，它超出了人的認識範圍：「甚至對自己本身，透過內部感覺而獲得的知識，人並無充分根據知道他自身是什麼。」[9]這裡的人自身，近於認識論領域中的物自身，正如思辨（理論）領域的物自體無法認識一樣，實踐領域的物自體（作爲自由意志主體的理性存在）也無法認識。

　　康德的以上看法有見於實踐理性與自由的相關性，然而，把實踐理性的主體視爲類似物自體的存在，以此作爲超越現象領域的因果律、達到自由的前提，這無疑將實踐理性奠基於超驗的基礎，從而多少使之抽象化

---

[7]　Kant, *Grounding for the Metaphysics of Morals*, Hackett Publishing Company, 1993, p.51.

[8]　Kant, *Grounding for the Metaphysics of Morals*, Hackett Publishing Company, 1993, p.23.

[9]　Kant, *Grounding for the Metaphysics of Morals*, Hackett Publishing Company, 1993, p.53.

了。實踐理性確實有其本體論的根據，但這種根據並非如康德所理解的那樣，在於實踐領域中的人構成了存在本身（類似物自身），而非僅僅是現象。從形而上的形態看，人既是現實世界（實然）中的存在，也不斷走向當然的世界；既受到必然法則的制約，從而表現爲必然世界中的存在，也面向可能的世界，並能夠透過自己的知與行，化可能的世界爲價值的世界，從而成爲自由的存在。作爲實踐理性的主體，人不僅內含行其當然的意向，而且具有擇善而爲、依乎必然的要求與能力，前者涉及形式層面的價值原則，後者則展現了實質意義上的價值關切以及對現實世界中事與理的注重。體現於實踐理性的這種能力儘管有別於感性經驗，但它並非先天的預設，其形成離不開現實的知、行過程。作爲實踐理性的體現，人的能力構成了走向自由的內在根據，而這種能力生成的歷史性和具體性，則表現了理性主體的歷史性和具體性。人的存在的這種具體性，使之區別於康德視域中的物自體，從另一層面看，它則同時構成了實踐理性的現實前提或本體論根據。

從理性本身看，實踐理性作爲理性的實踐運用，與理性的理論運用或理論理性無疑表現了不同的趨向。理性的理論運用或理論理性首先以說明世界爲目標，與之相關的活動主要表現爲認知，其過程具有描述性的特點。實踐理性則以改變或成就世界爲指向，與之相關的活動更多地展開爲評價，後者同時呈現規範性的特點。在規範性的層面，理性既涉及目的之合理性，也關乎手段的合理性，前者（目的之合理性）以價值意義上的正當性爲內涵，後者（手段的合理性）則以行動的有效性爲指向；對以上二者的雙重關注，構成了實踐理性有別於理論理性的又一特點。當然，如康德所指出的，「歸根到底，只能有同一種理性」，[10]作爲同一理性的不同形態，實踐理性與理論理性並非彼此隔絕。事實上，說明世界與改變世界

---

[10] Kant, *Grounding for the Metaphysics of Morals*, Hackett Publishing Company, 1993, p.4.

本身具有內在的關聯性，對世界的理解以改變世界爲價値目標，世界的變革則基於對世界的理解。同樣，對事物及世界的認知總是受到評價過程的引導，合理的評價則以眞實地把握世界爲前提。在更本原的層面，實踐理性與理論理性的如上關聯所體現的，是眞與善之間的交融。

二、實踐理性的諸原則

以規範性爲內在向度，實踐理性的內涵首先體現於理性的基本原則：正是在這些基本的原則中，實踐理性的規範意義得到了具體的展現。康德在將實踐理性主要限定於道德領域的同時，又把關注之點著重指向理性準則和理性法則，無疑也有見於此。在實踐理性之域，康德所突出的首先是普遍性原則。對康德而言，實踐理性體現於道德實踐，而道德行爲的基本要求則是：「僅僅這樣行動：你所遵循的準則（maxim），同時應當能夠成爲普遍的法則（universal law）。」[11]康德同時將此視爲絕對命令（categorical imperative），按其看法，「實踐領域一切合法性的基礎，客觀上就在於規則及普遍的形式（the form of universality）」。[12]

康德對普遍性原則的強調，更多地著眼於形式的層面。事實上，如上所示，在康德那裡，普遍的法則（universal law）與普遍的形式（the form of universality）往往彼此相通。從道德實踐的層面看，康德將普遍性原則放在優先的地位，主要試圖以此擔保道德行爲的合理展開以及道

---

[11] Kant, *Grounding for the Metaphysics of Morals*, Hackett Publishing Company, 1993, p.30.

[12] Kant, *Grounding for the Metaphysics of Morals*, Hackett Publishing Company, 1993, p.38.

德秩序的建構。按康德的理解，行爲的可普遍化，是道德行爲所以可能的前提，這種普遍化本身又源於規則或法則的引導和制約，理性的主要作用，便在於提供這種規則或法則：「我們要求於理性的，除了行爲的規則（rule of conduct）之外，沒有任何其他東西。」[13]康德所謂理性立法（the legislation of human reason），首先也與普遍法則相關。從社會的層面看，行爲的普遍性原則使共同體中不同個體的行爲避免了彼此的衝突，從而爲社會道德秩序的形成提供了擔保。康德對普遍性原則的強調，顯然注意到了以上方面。

然而，就其本身而言，康德所突出的普遍性原則往往缺乏實質的內容而呈現爲某種空泛的形式，康德將普遍的法則同時理解爲普遍的形式，也從一個方面表明了這一點。如前文已提及的，從規範的意義看，在實踐理性的領域，更應當注意的是正當性原則（the principle of rightness）、向善原則（the principle of goodness），以及有效性原則（the principle of effectiveness）。

（一）正當性原則（the principle of rightness）

實踐理性首先涉及正當性原則。在實踐的領域，行爲的「正當」和「非正當」與「對」和「錯」的涵義大體一致，其判斷的標準就在於是否合乎相關的原則或規範：凡是合乎相關原則或規範的行爲即爲「正當」或「對」，反之則「非正當」或「錯」。在此，「正當」主要關乎行爲的倫理、政治、法律等性質，「對」則涉及更廣的實踐領域，兩者在不同的意義上表現爲一種社會的認可以及實踐的認可（social approbation and practical approbation）。行爲的「正當」，意味著在道德、政治、

---

[13] Kant, *Critique of Pure Reason*, Translated by N. K. Smith, Bedford/St. Martin's Boston/, New York, 1965, p.643.

法律等領域合乎相關原則或規範，從而在社會的層面獲得認可；行爲在更廣實踐領域中的「對」，則表明其合乎所涉領域的行爲原則或規範，如生產勞動中的程序性要求、技術操作中的規程、軍事或體育活動中的動作要領，等等，從而達到預期的實踐目標。相對於康德的普遍性原則，以上視域中的正當性原則無疑包含更具體的內涵。

制約行動的原則與規範並非先天預定，而是形成於多方面的社會實踐過程。作爲社會歷史的產物，原則與規範本身可以視爲人類長期實踐經驗的沉澱，其中凝結了歷史的智慧，而這些原則、規範本身之被認同和接受，則既基於實踐的確證，也表現爲社會的選擇。這裡的社會是就廣義而言，它既涉及多樣的形態，也包含社會之爲社會的普遍規定，與之相聯繫，爲社會所確認的原則、規範也既呈現歷史的品格，又具有普遍的內涵。以智慧的歷史沉澱爲前提，普遍的原則和規範爲個體的行爲選擇提供了根據：從應當做什麼的層面看，原則與規範規定了什麼可以做、什麼不應做；從應當如何做的維度看，原則與規範又制約著行動的手段、方式、程序，由此爲個體的行爲提供積極的引導，使之無需進行重複性的探索。當個體的行爲與上述原則、規範相一致時，行爲便既呈現出正當性，又具有「對」的性質：如果說，行動的正當性表現爲社會的認可，那麼，行動之「對」則體現了更廣意義上的實踐認可或實踐確證。透過依乎原則、循乎規範，一方面，社會共同體中多樣的行爲超越了偶然、隨意的形式而表現出有序的形態：規範所內含的普遍性、確定性，使其引導的實踐活動不再僅僅受制於特定境域的偶然性，實踐過程中的秩序由此逐漸形成；另一方面，個體自身也不斷融入社會，其行爲則透過這一過程而爲社會所接納。

一般而言，實踐活動包含個體的參與，行動也由個體完成，就此而言，實踐和行動總是具有個體性之維，但無論是對外部世界的作用，還是表現爲人與人的互動，實踐和行動又包含社會性。作爲實踐理性的原

則，正當性以合乎普遍原則與規範為內容，後者首先透過社會共同體的認可而獲得社會的品格，這種社會認可使實踐理性的原則和規範不同於無條件的、絕對的先天形式。可以看到，在實踐理性的領域，原則和規範擔保了行動的普遍性，而普遍性的意義則首先在於確認實踐和行動的社會性。這裡的社會性不僅僅表現為行動的展開有其社會背景並涉及一定的社會關聯，而且體現在行動本身傳承了凝結於相關實踐領域的歷史經驗與歷史智慧。與社會認可相聯繫的是實踐認可，後者從實踐和行動過程的環節、手段、程序等方面，體現了行動的合理性，這種合理性構成了正當性原則的另一重內涵。

要而言之，作為實踐理性的原則，正當性以合乎普遍的規範為內在要求，後者所體現的是行為的社會認可與實踐認可。在具體的實踐和行動過程中，實踐的規範從普遍的層面規定了應當做什麼以及應當如何做，正當性原則由此既構成了行為選擇的根據，又引導著行動的展開。

（二）向善原則（the principle of goodness）

在實踐理性的領域，需要關注的另一重原則涉及廣義的善，可以表述為向善原則（the principle of goodness）。這裡的「善」（goodness）並不限於倫理之域，而是具有更寬泛的涵義。作為正面或積極意義上的價值，其內涵在於合乎合理的需要。中國哲學曾對「善」做了如下界說：「可欲之謂善」。[14]這裡的「可欲」不同於單純主觀層面的欲求（desire），在廣義上，它既指值得追求的，也指人的存在所實際需要的，從後一方面看，善同時體現了人的需要，與之相聯繫，所謂向善，意味著使行動結果合乎人的合理需要。相對於主觀的欲求（desires or wants），

---

[14] 《孟子‧盡心下》。

需要（needs）更多地涉及人存在與發展的現實條件。就感性存在的層面而言，饑而欲食、渴而欲飲，其中的「欲」所體現的是欲求；生命的維繫離不開食物和水，這裡的生命與食物及水之間的關係，體現的則是客觀的需要。不僅物質層面的需要具有現實性，而且德性的培養、境界的提升等精神層面的需要，也包含現實的品格：後者體現的是人自我實現以及多方面發展的歷史需要。以上事實同時表明，人的需要本身包含多重方面：從生命存在的維護，到日用常行的展開；從不同實踐領域目標的達到，到人的自由全面發展，需要呈現多樣的形態。從基本或原初的層面看，向善在於滿足維持生命存在的需要；在終極的意義上，向善則體現於合乎人走向自由的存在形態這一需要。二者同時與成己與成物的過程呈現一致性：成己與成物的具體涵義在於成就人自身與成就世界，前者展現了人的自我實現這一內在價值需要，後者則意味著透過化自在之物為為我之物以實現人多方面的合理需要。所謂合理的需要，既在於體現人自身存在、發展的內在要求，也意味著與一定的歷史發展狀況相一致。這一意義上的合理需要，在不同的存在背景之下又有不同的表現形式。

　　作為實踐理性的相關方面，正當性原則與向善原則都包含價值意義，但二者同時呈現形式與實質之別。以社會認可與實踐認可為指向，正當性原則無疑展現了一定的價值取向，但這種認可又以合乎普遍原則和規範為前提：與普遍原則和規範的一致，構成了判斷行為是否具有正當性或是否「對」的標準。實踐及行動與規範的以上關係，更多地呈現形式的特點。這一意義上的正當，與中國哲學所注重的「義」具有相通性：義者，宜也，後者（宜）包含當然之意。行為之正當，表明行為之合乎義，後者意味著與當然之則（規範）的一致。相對而言，向善原則首先涉及實質層面的價值確認，從深層的方面看，這種價值確認體現了與中國哲學中的仁道相一致的取向：仁道的根本涵義在於肯定人不同於外在之物的內在價值，這種肯定從實質的方面構成了價值追求（向善）的出發點和具

體內容。進而言之，以上價值追求同時基於現實的需要以及具體的實踐背景，這種現實的需要和具體背景也不同於抽象的形式而包含實質的內容。就上述方面而言，正當性原則與向善原則既涉及形式與實質之辨，也關乎仁與義的關係。

　　實踐理性的價值之維，康德已有所注意。在突出普遍性原則的同時，康德又從道德實踐的角度，強調理性的存在（人）「自身就是目的」，[15]而實踐命令（practical imperative）也基於對人的這一理解：「如此行動，即無論是對你自己的人格中的人性，還是對其他人格中的人性，你永遠都要同時把他們當做目的，而絕不僅僅當做手段。」[16]人是目的，意味著人自身就包含內在價值，對人的存在價值這種肯定，無疑具有實質的內涵。不過，在康德那裡，人是目的的原則，與行動的現實過程往往彼此分離，這種分離首先表現在對行動結果的懸置。對康德而言，眞正的道德行為表現為僅僅關注道德律令本身，而完全不考慮行為可能產生的結果。從現實的形態看，如果與行動的具體結果相隔絕，則行動所依循的原則往往呈現為缺乏實質內容的空洞形式。事實上，與注重普遍的形式相應，康德在肯定人是目的的同時，又著重從普遍性的維度理解這一原則，認為它之所以能夠成為實踐理性的原則，緣由之一在於具有可普遍性，與之相對的原則則缺乏這種性質。[17]同時，如上所述，康德一方面將實踐理性的主體視為類似物自體的存在，由此略去了其現實的品格，另一方面又懸置了實踐活動展開的具體情境，從而把人自身以及人的存在境域都抽象化了。對行動結果的過濾、對人的存在及其背景的以上理解，使康德所提出的人是目的這一原則雖涉及實質層面的價值，但卻未能獲得具體

---

[15] Kant, *Grounding for the Metaphysics of Morals*, Hackett Publishing Company, 1993, p.41.

[16] Kant, *Grounding for the Metaphysics of Morals*, Hackett Publishing Company, 1993, p.36.

[17] Kant, *Grounding for the Metaphysics of Morals*, Hackett Publishing Company, 1993, pp.36-38.

的內容。

　　相對於康德的如上視域，體現實踐理性的向善原則呈現不同的意義。以多方面的合理需要為關注之點，向善原則不僅包含實質的價值內涵，而且基於人的現實存在，人的存在的這種現實形態既體現於人的社會性、歷史性，也表現在人對不同價值目標的具體追求之中，後者決定了實踐過程、行動過程與實踐結果、行動結果難以截然分離：價值目標的實現，總是落實於具體的實踐結果。作為實踐理性的現實體現，向善原則不僅關涉「應當做什麼」與「應當如何做」，而且以行動本身「意味著什麼」為關注之點，後者蘊含著對行動結果的預期和評價。與肯定行動過程與行動結果的統一相應，向善原則同時要求根據具體的實踐情境考察行動的價值意義，從而將實踐的具體背景引入了實質層面的價值評價，由此進一步揚棄了康德視域中實踐理性的抽象性。

　　在注重行動的價值意義方面，功利主義表現出與康德相對的另一重趨向。邊沁曾對功利原則做了如下概述：「它根據看來勢必增大或減少利益有關者之幸福的傾向，或者在相同的意義上，促進或妨礙此種幸福的傾向，來贊成或反對任何一項行動。我說的是無論什麼行動，因而不僅是私人的每項行動，而且是政府的每項措施。」[18]穆勒的看法也與之類似，他將功利原則理解為「最大幸福的原則」，認為：「最大幸福的原則（Greatest Happy Principle）主張，行為之對（right）與它增進幸福的趨向成比例;行為之錯（wrong）與它產生不幸福的**趨**向成比例。」[19]從實踐和行動的層面看，幸福的增進與否，具體表現為行動的結果，以此作為贊成或反對行動的標準，意味著以行動的結果來評判其價值。相對於康德，上述觀念無疑從更實質的層面肯定了行動的價值意義。

---

[18] Jeremy Bentham, *An Introduction to the Principle of Moral and Legislation*, New York, Hafner Publishing Co, 1948, p.2.

[19] John Mill, *Utilitarianism*, J. M. Dent & Sons Ltd, 1972, p.6.

就其確認實質的價值內涵而言，功利主義的功利原則與體現實踐理性的向善原則顯然有相通之處。然而，在對價值內涵作進一步理解時，功利原則與向善原則便呈現內在的差異。功利主義在總體上奠基於經驗主義，從邊沁的如下論述中，便不難注意到這一點：「自然把人類置於快樂和痛苦這兩位宰制者的主宰之下。只有它們才告知我們應當做什麼，並決定我們將要做什麼。無論是非標準，抑或因果聯繫，都由其掌控。它們支配我們所有的行動、言說、思考：我們所能做的力圖掙脫被主宰地位的每一種努力，都只是確證和肯定這一點。」「功利原則承認這一被主宰地位，把它當作旨在依靠理性和法律之手支撐幸福構架的基礎。」[20]快樂和痛苦固然不限於感性之域，穆勒對快樂的質與量的區分，也涉及這一點，[21]但從原初的形態或本原上看，苦樂首先與感性經驗相聯繫，將功利原則建於其上，也意味著賦予感性經驗以優先性。相形之下，向善原則以實踐主體的合理需要為價值判斷的依據，與人的自由、全面發展的歷史走向相一致，這種需要包括物質層面與精神層面、感性之維與理性之維等多重方面，對合理需要的理解和確認，並不限於感性經驗，而是基於包括理性在內的更廣視域。

功利原則的另一趨向，是追求利益的最大化。邊沁以「勢必增大或減少利益有關者之幸福」為行動選擇的根據，穆勒強調「最大幸福」，都從不同方面表現了這一點，當代具有功利主義傾向的哲學家帕菲特，同樣認同以上原則。在他看來，行動的選擇往往與「使事情趨向最好」（make things go best）的原則相涉，後者意味著達到最佳的結果，而所謂最佳的結果，就是每一個人都有充分的理由想要達到的結果，儘管這裡所說的最好或最佳不限於直接的功利後果，但在實質的層面，它與利益最大化的

[20] Jeremy Bentham, *An Introduction to the Principle of Moral and Legislation*, New York, Hafner Publishing Co, 1948, p.1.

[21] John Mill, *Utilitarianism*, J. M. Dent & Sons Ltd, 1972, pp.7-9.

原則卻具有某種相通性。[22]從價值取向看，利益最大化的追求，蘊含著走向「放於利而行」[23]（片面求利）的可能，儘管後來的功利主義者如穆勒一再申述利益最大化並不僅僅涉及行為者自身，而是所有與該行為相關的人，然而，當利益或幸福成為追求的主要目標時，廣義之「善」的其他方面往往便會被掩蔽：體現正面價值的「善」本來與人的多方面需要相聯繫並在深沉的意義上以人的自由、全面發展為內容，但單向的利益追求卻常常將以上方面推向邊緣。較之功利原則，向善原則基於對「善」的廣義理解，拒絕以快樂、利益等為唯一追求的目標。以人的多方面合理需要為關注之點，向善原則賦予價值追求以更深廣的內涵。

利益最大化以所謂「最大化」為追求的目標，然而，何為利益的最大化？對是否達到最大化如何加以判斷、確認？邊沁曾提出了計算快樂總量的如下方式：如果行動造成的快樂之總和大於痛苦的總和，則行動在總體上便對相關個體呈現有利的傾向。[24]但快樂與痛苦本質上並不僅僅是一個量的概念，所謂「快樂的總和」與「痛苦的總和」相應地也無法確切地進行計算。廣而言之，利益或價值本身難以完全加以量化，以「最大化」這種量化概念去規定功利原則，無疑具有抽象性。與「何為利益的最大化」相關的是「如何實現利益的最大化」，前者（「利益最大化」）本身的難以界定性，決定了後者（「利益最大化」實現過程）無法避免空泛

---

[22] 參見Derek. Parfit, *On What Matters*, Oxford University Press, 2011, Vol. One, pp.250-255，pp.373-418.順便指出，帕菲特在倫理學上甚為推崇承具有功利主義趨向的西季威克（Sidgwick），儘管他對西季威克也有所批評，但對其包含功利主義內涵的觀念往往持肯定態度，以下評論便體現了這一點：「西季威克正確地指出，我們有理由特別關注我們自己未來的幸福（well-being）。」（Ibid., p.136）這種看法也從一個方面表現了帕菲特自身的理論傾向。當然，帕菲特在具體的討論中更多地運用「後果論」（consequentialism）這一概念，並區分所謂行為後果論（act consequentialism）與規則後果論（rule consequentialism），不過，從理論內涵看，功利主義與後果論具有交錯性。以具體的代表人物而言，西季威克通常被視為功利主義者，但帕菲特則將其歸屬於後果論，這一現象也顯現了功利主義與後果論的相關性。

[23] 《論語・里仁》。

[24] Jeremy Bentham, *An Introduction to the Principle of Moral and Legislation*, New York, Hafner Publishing Co, 1948, p.31..

的性質，二者從不同方面表現了利益最大化這一功利主義原則的抽象性質。相對於功利原則的如上趨向，向善原則更多地基於一定條件下的價值確認，這種確認既與相關主體的合理需要相聯繫，又兼及一定的實踐背景，包括相關情境在歷史與現狀方面所涉及的多重關係，等等。它一方面並非以功利為唯一的指向，另一方面也不以「最大化」為絕對的目標，而是表現為在一定條件下對主體合理需要的肯定。這裡既關注價值的多重維度（非限於單一的功利），也承認價值實現的相對性（不同於絕對意義上的利益「最大化」），其中包含對實踐主體以及實踐背景的具體考察、權衡、判斷。如果說，以利益最大化為目標的功利原則表現為一種抽象的價值追求，那麼，向善原則所趨向的則是具體的價值確認。

相應於利益最大化的指向，功利原則以「最大多數人」為關注物件，穆勒便指出：「那個標準（指功利主義的標準—引者）並不是行為者自身的最大幸福，而是最大量的總體幸福（the greatest amount of happiness altogether）。」「作為功利主義正確行為標準的幸福並不是行為者自己的幸福，乃是所有與該行為相關的人的幸福。」[25]然而，與利益最大化相近，「最大多數人」或所有與某一行為相關的人本身是一種十分抽象的觀念：一方面，它蘊含著對特定個體的漠視，正是有鑑於此，後來羅爾斯對功利主義提出了批評；另一方面，它又承諾了一種虛幻的共同體，事實上，邊沁已承認，「共同體是個虛構體」（fictitious body）」，[26]這裡多少表現出對實踐主體的抽象理解。與之相異，在向善原則中，實踐的主體表現為社會歷史領域中的具體存在，它既是內在於群體的個體，又是一定實踐背景中價值關係的具體承擔者。作為社會群體中的個體，他在實現自身價值的同時，不能無視群體的價值；作為一定實

[25] John Mill, *Utilitarianism*, J. M. Dent & Sons Ltd, 1972, p.10, p.16.

[26] Jeremy Bentham, *An Introduction to the Principle of Moral and Legislation*, New York, Hafner Publishing Co, 1948, p.3.

踐背景中價值關係的具體承擔者，價值內容的實際確認和實現又離不開對相關實踐情境的具體把握。

　　價值確認的以上具體性，與作爲實踐主體的人自身存在的具體性難以分離。人自身的這種具體性首先體現於存在的多方面性，後者同時規定了價值之源 —— 需要的多重性。具體而言，人的需要既體現於感性的層面，也展開於理性之維；既關乎外在之物，也涉及內在精神，不同層面的需要，本身又呈現不同的價值意義。孟子曾指出：「人之於身也，兼所愛。兼所愛則兼所養也，無尺寸之膚不愛焉，則無尺寸之膚不養也。所以考其善不善者，豈有他哉，於己取之而已矣。體有貴賤，有小大，無以小害大，無以賤害貴。」**27** 這裡的「善」，即具有正面意義或肯定意義的價值，「考其善不善者」，意味著確認不同的價值性質。所謂「貴賤」、「小大」，則表現爲在感性與理性、外在之物與內在精神等視域中的不同價值意義。在以下論述中，孟子對存在的不同價值意義做了具體的闡釋：「魚我所欲也，熊掌亦我所欲也，二者不可得兼，舍魚而取熊掌者也。生亦我所欲也，義亦我所欲也，二者不可得兼，舍生而取義者也。生亦我所欲，所欲有甚於生者，故不爲苟得也；死亦我所惡，所惡有甚於死者，故患有所不辟也。如使人之所欲莫甚於生，則凡可以得生者，何不用也；使人之所惡莫甚於死者，則凡可以辟患者，何不爲也。由是則生而有不用也，由是則可以辟患而有不爲也。是故所欲有甚於生者，所惡有甚於死者，非獨賢者有是心也，人皆有之，賢者能勿喪耳。」**28**「魚」與「熊掌」，體現的是感性層面的不同價值意義，「義」與「生」則涉及理性責任的承擔與感性生命的維護。這裡包含對一定背景之下不同價值性質的分析、比較、權衡，而向善意義上的價值選擇，則基於這種具體的考察。孟

---

27 《孟子·告子上》。
28 同上。

子將「義」放在優先的地位，無疑體現了對理性責任的注重，不過，這種優先和注重，又是以分析、比較、權衡不同的價值意義爲其前提。從實踐理性的視域看，以上取向既不同於懸置實質的價值考慮（康德），也有別於單向地追求利益的最大化（功利主義）。

　　類似的觀念也存在於荀子。儘管在價值立場上，荀子與孟子表現出不同的趨向，但在注重實質的價值意義以及對價值的具體確認方面，二者又具有相通之處。在談到如何對具有不同價值性質的物件加以取捨時，荀子指出：「欲惡取捨之權：見其可欲也，則必前後慮其可惡也者；見其可利也，則必前後慮其可害也者，而兼權之，熟計之，然後定其欲惡取捨，如是則常不失陷矣。」**29**「可欲」與「可惡」分別體現了正面的價值意義與負面的價值性質，從實踐或行動的層面看，這種價值性質既涉及行動的主體，又關乎行動的物件；既與物件的自身規定相關，又與一定的實踐情境相涉，價值意義的確認，以上述各個方面的情況爲現實的根據。荀子特別強調了具體考察的必要性，所謂「前後慮」、「兼權之」、「熟計之」等等，便以具體地把握行動主體、行動物件、行動情境的不同方面爲指向，其中所體現的，是對一定行動背景中相關價值意義的具體確認：行動的選擇（取捨），即以這種具體的價值確認爲前提。

　　可以看到，作爲實踐理性的體現，向善原則以實質的價值承諾爲內容：以向善原則爲根據，實踐和行動的合理性表現爲在實質的層面追求和實現價值。實質的價值確認既以人的合理需要爲根據，也基於相關的實踐境域。從終極的意義看，合理的需要所體現的是人走向自由、全面存在形態的內在要求，它在人的現實存在過程中取得了多方面的表現形式。與之相關的價值實現過程既從肯定人之爲人的內在價值出發，又以行動主體、行動過程、行動情境的現實把握爲前提，從而不僅具有實質的價值指

---

29 《荀子·不苟》。

向，而且展開爲具體的價值確認，後者在克服康德將價值內涵形式化的同時，也揚棄了功利主義對價值追求的抽象理解。

（三）有效原則（the principle of effectiveness）

價值在實質層面的實現，涉及一定的手段、程序和方式。以廣義之善（價值）實現的方式爲關注之點，實踐理性具體表現爲有效性原則。如前所述，正當性原則要求行動合乎普遍的原則和規範，並以此判定行動的正當與否或對錯；向善原則以滿足合理的需要爲行動選擇的根據，由此體現實質的價值追求。相形之下，有效性原則關乎價值實現的方式、過程，其現實之旨在於爲達到具體的價值目標提供有效擔保。

價值的實現離不開多方面的實踐和行動過程。實踐和行動一方面表現爲具有目的指向的過程，另一方面其展開又以存在本身的法則爲根據，這裡所說的存在法則既涉及自然，也關乎社會，無論是對自然的變革，抑或社會領域的活動，實踐過程都基於存在的法則。實踐計畫的形成、實踐程序的確定、實踐手段和方式的選擇，都需要依據存在的法則。存在的法則可以視爲實然與必然的統一，唯有本於實然與必然，實踐活動才能有效地展開並達到預期目標，與此一致，作爲實踐理性的體現，有效性原則的內在涵義體現於合乎存在法則。不難看到，這裡的有效性並不限於目的與手段的關係：在目的—手段的層面，所謂有效往往體現於手段在實現目的過程中的作用（手段能夠有效地達到目的）。相對於此，實踐理性層面的有效性原則具有更本原的意義：它所涉及的乃是實踐過程與現實存在的關係。這一層面的有效性原則，意味著從知行之辯，進一步引向廣義的心物和名實關係，行動和實踐也相應地不再僅僅限於知行之域，而是關乎更廣的實踐背景。從實踐理性中的有效性原則看，手段之實現其對於目的所具有的功能和作用，本身也以合乎存在法則爲前提。以實踐和行動過程與存

在法則的一致爲內容，有效性原則同時展現了其本體論之維。

作爲實然與必然的統一，廣義的存在法則構成了實踐過程的本體論根據。就人的認識維度而言，實然與必然分別表現爲「事」與「理」，有效性原則在此意義上離不開對「事」與「理」的把握。事實上，實踐過程與存在法則的一致，本身有其認識論的前提：實踐計畫的形成、實踐程序的確定、實踐手段和方式的選擇，都基於對「事」與「理」的認識。綜合以上二個方面，有效性原則具體便表現爲透過把握「事」與「理」，使實踐過程合乎存在的法則，由此爲價值目標的實現提供有效擔保。

如前所述，康德首先將實踐理性與人的欲求機能聯繫起來。欲求在內在的層面上誠然體現了人的意欲，但從人的現實存在看，它又與客觀的需要相聯繫：欲求本身在某種意義上可以視爲需要的主觀體現。就實踐理性內含的基本原則而言，正當原則包含著對意欲或欲求的引導與約束，向善原則表現爲對滿足合理需要的確認，二者從不同方面體現了廣義的欲求機能。不過，作爲理性在實踐領域的運用，實踐理性所涉及的，不僅僅是人的欲求機能，如前文所論，它同時又基於作爲實然與必然統一的存在法則，忽略了現實的存在法則，實踐過程的理性化或合理性便無法眞正實現。在這方面，康德的看法無疑需要再思考。如所周知，在理論理性的領域，康德所側重的是人爲自然立法，後者（人的自我立法）在某種意義似乎趨向於消解存在自身的法則。與理論理性中的這一基本立場相聯繫，在實踐理性的領域，康德更多地強調理性的自我立法，[30]對道德原則的現實根據則往往未能給予必要的關注。對實踐理性的以上理解，多少表現出抽象的走向：它在相當程度上懸置了作爲道德實踐背景的社會歷史聯繫以及其中所體現的內在法則，從而難以避免自我立法與現實存在形態之間的張力。儘管康德對實踐理性的理解主要限於道德領域，但從邏輯上看，如果

---

[30] 康德一再提到意志的立法，然而，如前文所論，他所說的意志，也就是實踐理性。

以上立場引向更廣意義上的實踐領域，則後者（更廣的實踐領域）所關涉的實然（事）與必然（理）便無法獲得適當的定位。以此爲進路，不僅行動規範本身的形成，而且價值在實質層面的實現，都將失去現實的根據。克服對實踐理性的以上抽象理解，無疑需要引入有效性原則：以合乎存在法則爲指向，有效性原則在承諾實然（事）與必然（理）的同時，也對康德視域中實踐理性的抽象性做了進一步的揚棄。

正當原則、向善原則以及有效原則，並不是以相互並列或前後相繼的形式制約人的行動。在現實的行動或實踐過程中，它們往往彼此作用，從不同方面交互地影響人的活動。大致而言，正當原則更多地體現了社會層面的實踐秩序，這種秩序既折射了實踐的歷史發展，又體現了一定社會背景中實踐的普遍之維（實踐作爲人的活動所具有的普遍品格），康德對普遍性的強調，首先側重於以上方面。向善原則主要與實質的價值關切相聯繫，所體現的是人的存在過程中多樣的價值目的、價值理想。實踐過程既以一定的社會秩序爲背景，又落實於具體的價值目標，二者的內在聯繫決定了正當原則與向善原則無法彼此分離。有效原則進一步從社會要求、價值目的與存在法則之間的關係上，爲實踐過程提供了現實前提和擔保。三者的交互作用既使實踐活動的展開成爲可能，又在形式與實質的層面賦予實踐過程以制約人的存在和發展的價值意義。

三、實踐理性與實踐過程

如上所論，作爲實踐理性的不同體現，正當原則、向善原則、有效原則並非彼此隔絕。實踐活動的展開既關乎正當或對錯，也涉及有益與否（善或價值），價值是否得到實現，則牽連行動的有效性，以上諸方面的

聯繫，從本原的層面規定了正當原則、向善原則、有效原則之間的相關性。

實踐理性諸原則之間的彼此相關，首先呈現爲內在的一致性。就正當原則而言，其基本要求是行爲合乎普遍原則或規範：只有與一定原則或規範一致的行爲，才合乎「義」，亦即具有正當的性質。然而，以上的關聯體現的主要是形式的價值關係，如果不限於形式的層面，則正當性的確認便無法離開實質的價值視域。從實質的層面看，正當性的根本意義，就在於合乎人走向自由、全面發展的歷史趨向，這種趨向展示了廣義上的善（the good），後者作爲仁道的深層體現同時構成了向善原則的具體內容。進而論之，對人的自由、全面發展的歷史內涵以及實現方式的把握，最終基於現實的事與理，二者的這種關聯所展現的，則是有效原則。與仁和義、事和理的以上統一相聯繫，正當原則、向善原則與有效原則無疑也展現了內在的一致性。

向善原則以合理需要的滿足爲內容，後者意味著價值在實質層面的實現；有效原則進一步涉及價值實現的方式、過程。無論是價值目標的確立，還是價值目標的實現，都離不開價值原則、規範的引導：需要的評價（對合理需要的確認），總是以一定的價值原則爲依據，實現價值目標的手段、方式，也既本於必然，也依乎當然。不難注意到，正當性原則從普遍規則、程序等方面，爲行動的有益（體現廣義之善）、有效（成功地達到價值目標）提供了形式層面的擔保。從另一方面看，正當性原則如果僅僅限於自身，則往往容易流於空泛和抽象，向善原則與有效原則透過賦予實踐過程以實質的內容，對正當原則的抽象性做了揚棄。如果說，正當性原則以「對」（right——合乎規範意義上的正確）擔保「善」（good——價值在實質層面的實現），那麼，向善原則與有效原則更多地表現爲以「善」（實質的價值）確證「對」（形式的正當）。要而言之，正當應體現善，唯有如此，它才能揚棄自身的抽象性；有益或向

善則應合於正當，唯有如此，才能避免使價值目的僅僅限於個體性的、片面的需求，並由此超越價值追求的偶然性、無序性。「體現善的正當」與「表現爲正當的善」從不同的方面突顯了正當原則與向善原則的內在統一。

　　進一步看，如果說，向善原則首先體現了實踐的合目的性、有效原則更多地體現了實踐的合法則性，那麼，正當原則則進一步賦予實踐的合目的性與合法則性以社會層面的正當性。在以上關係中，一方面，當然（形式層面的合乎規範和實質層面的合乎需要）與必然（合乎法則）之間呈現了內在的統一，另一方面，追求價值（實現合理的需要及目的）、基於必然（依循法則）與走向正當（合乎規範）之間，也彼此相融。以上述統一爲指向，實踐理性在更深的層面展示了其具體內涵。

　　當然，正當原則、向善原則與有效原則之間的相關性，並不僅僅表現爲彼此的一致，其間往往呈現某種緊張。在實踐過程中，某種行動可能合乎一定的原則和規範，從而具有正當性，但卻不一定呈現實質的價值意義。以傳統社會中婦女的守節而言，如果某一婦女因守節而死，則這樣的行爲選擇，無疑合乎那個時代所宣導的寧可餓死也不能失節（「餓死事小、失節事大」）這一原則，從而呈現正當性；然而，從其否定自身的生命存在看，則這種行爲又表現出消極的價值意義。與上述情況相對，某種行爲也許具有實質的價值意義，但卻可能不合乎普遍的規範或原則。如「不說謊」，這是道德行爲的普遍準則，但當某一歹徒欲追殺無辜者、說出後者的眞實去向將危及其生命時，向歹徒說謊便呈現二重意義：就其使無辜者的生命免受傷害而言，這一特定條件下的說謊顯然體現了實質層面的價值意義，但就其不合乎一般的行爲準則（不說謊）而言，則似乎又缺乏正當性。解決以上張力既涉及具體行動情境的考察，也關乎實踐理性原則本身的定位。從後一方面看，這裡首先需要注意正當性所涉及的諸種原則及其不同內涵。實踐過程不僅展開於多樣的領域，而且關涉存在的不同

層面，實踐的原則和規範也相應地呈現多方面性與多層面性。以前面提到的婦女守節而言，其原則（寧可餓死而不能失節）涉及一定歷史條件下對夫婦關係的規定（婦從屬於夫）與人的生命價值的確認。從人的存在看，相對於婦對於夫的從屬性，人的生命價值無疑具有更重要的意義；以正當性原則爲視域，與後者（維護生命存在）一致的行爲規範也具有更普遍的意義或處於更本原的層面。這樣，從邏輯上說，當婦從屬於夫這一特定歷史條件下的規範與維護生命存在這一更本原的規範形成張力時，行爲的選擇無疑應當以後者（維護生命存在）爲更普遍的準則，而這一準則本身又與實質意義上的價值評判相一致：在此，行爲的正當性（與更普遍意義上的規範相一致）與行爲在實質層面的價值意義，已不再彼此衝突。可以看到，透過區分規範系統的不同層面及其不同的規範意義，行爲的正當性與行爲的價值意義之間的張力，可以得到某種化解。

　　與規範系統的不同層面相聯繫的，是價值意義的相對性。以上文提及的拒絕對歹徒說眞話而言，這裡既涉及社會交往過程中對他人的誠信（不說謊），也關乎對他人生命的維護，一般而言，堅持誠信是形成一定社會秩序的前提，然而，當不說謊這種表示誠信的方式將危及他人生命時，則對前者（誠信原則）便可以做出適當變通。這種變通的前提在於，人的生命存在較之一定條件下的交往形式（不對歹徒說謊）具有更根本的價值意義。從正當原則與向善原則的關係看，對生命存在的肯定所體現的是實質意義上的價值，但它同時又與人是目的這一具有普遍規範意義的原則相一致。質言之，一方面，當具有不同價值意義的行爲彼此衝突時，主體應當選擇具有更根本價值意義的行爲，另一方面，在這種行爲的選擇中，合乎向善原則（實現更根本的價值）與合乎正當原則（與更普遍的規範一致）並非完全相互排斥。不難注意到，在實踐理性的視域中，如果正當（合乎一定的規範）與善（體現實質的價值）在一定背景下形成某種張力，則應從更根本的價值層面或更普遍的原則上確定行爲的根據，並

由此化解二者的張力。

　　正當性原則既與向善原則相涉，也關乎有效原則。行為的正當性與有效性的一致，為實踐目標的達到提供了前提。然而，二者也可能形成某種張力。從現實的形態看，與人「在」世過程的多方面性相應，實踐領域具有多重性，實踐的原則也呈現多樣性，這裡首先需要關注義與利的關係。區別於「利」的「義」，主要表現為一般的道德原則，與「義」相對的「利」則是特定的利益。實現特定利益的手段、方式、程序關乎利益實現過程的有效性，當特定的利益追求與道德原則發生衝突時，其背後往往便蘊含有效與正當之間的緊張，而見利思義，則意味著正當原則對有效原則的優先性，肯定這種優先性，對於避免「放於利而行」或為了實現特定的個體之利而不擇手段，無疑具有積極的意義。

　　不過，廣義的正當與有效之間的關係，還具有另一重面向。以外部世界為作用物件，實踐過程往往涉及已有或既成的行動規範與一定條件下實踐目標的有效實現之間的關係。以生產過程而言，這一實踐過程存在著與一定勞動環節相聯繫的操作規程，作為必然之理的體現和實踐經驗的凝結，這種規程既賦予實踐過程以合乎規範意義上的正當或「對」（right）的性質，也使之獲得了變革物件並達到實踐目的方面的有效性。然而，隨著實踐活動的發展，已有的規則，可能無法適應新的實踐過程需要，為了提高生產過程的效率，便應當根據實踐的需要與現實的「事」（實然）與「理」（必然），對既成規則、規程作必要的調整。如果僅僅限定於已有規則，則實踐過程中的進步與發展常常會受到限制。事實上，生產活動中的技術革新，便既涉及器物層面的變革，也關乎已有規則、規程的轉換，技術的進步和生產的發展則由此而實現。從實踐過程中廣義的正當或「對」（right）與有效的關係看，當二者之間形成以上張力時，體現價值需要的有效性無疑構成了需要關注的主導方面。

　　以上不同方面的互動同時表明，價值的實現過程總是與價值實現的

方式相關，以後者爲視域，則進一步涉及向善原則與有效原則之間的關係。有效性以價值在現實條件下的合理實現爲指向，其意義在於爲達到價值目標提供現實擔保，就此而言，有效服從向善。當然，有效性追求與價值的實現之間，也可能發生複雜的情形。價值可以呈現正面或積極的性質，也可呈現負面或消極的性質。按其本義，向善的原則應以正面、積極的價值實現爲指向，但在某些情況下，實踐活動所選擇的手段、方式，其有效性可能體現於負面價值意義的實現過程，當威力增強的武器被作爲破壞性的手段運用於法西斯主義或恐怖主義的行動時，便不難發現這種情形，由此將形成向善原則與有效原則的緊張。以此爲背景，可以看到，在實踐理性的視域中，正面、積極的價值目標確立，較之價值實現方式的選擇，具有更本原的意義，這一關係同時意味著，實踐過程中的向善原則優先於有效原則。

如何理解實踐理性的基本原則，是實踐哲學難以迴避的問題。在當代哲學中，帕菲特（Derek. Parfit）曾試圖溝通康德的實踐哲學與後果論（consequentialism），由此爲後果論的實踐原則提供論證。在帕菲特看來，康德的倫理學與後果論倫理學並非相互排斥，二者可以加以融合。他特別關注康德倫理學中有關法則普遍性的觀念，認爲這一觀念包含某種普遍選擇或普遍同意的要求，從而與契約論（contractualism）相通，帕菲特將其稱之爲「康德主義者的契約論公式」。由此，帕菲特又肯定，契約論與後果論在理論上彼此相通，並認爲「康德主義者的契約論公式」與規則後果論（rule consequentialism）也具有一致性。規則後果論的基本觀點是：每一個人都應遵循這樣的原則，其普遍接受將使結果達到最佳狀態。按帕菲特的理解，上述規則後果論可以與康德主義者的契約論結合起來，從而形成康德主義者的規則後果論：「每一個人都應遵循利益最大化原則，因爲它是每個人都理性地願意接受爲普遍法則的唯一原則（the only principle that everyone could rationally will be universal laws）。」**31**這裡表現出在後果論的立場上融合康德實踐哲學的意向。

　　然而，從理論的層面看，以上嘗試存在著多重問題。首先，康德哲學中的普遍性原則與契約意義上的普遍同意並不處於同一序列：契約意義上的普遍同意主要體現了共同體中個體的選擇、立場、態度，康德的普遍性原則與之相對具有先天的性質，作爲先天原則，這種普遍法則超越了個體的選擇、立場、態度。帕菲特將普遍法則與普遍同意加以融合，似乎未能充分注意二者的以上差異。其次，就後果論而言，其利益最大化的原則往往與經驗的權衡和考慮相關，而康德的普遍法則的基本前提，則是超越經驗層面的權衡，二者在此意義上並不相融，與之相應，康德主義者的後果論是難以達到的。此外，根據帕菲特的看法，理性的特點在於基於好的理由去行動：在信念爲眞的前提下，如果我們去做具有好理由的事，則我們的行動就是理性的。但是，理由總是涉及具體境遇：什麼是好的理由，常常需要聯繫具體的境遇來判斷，康德對普遍法則的界定則超越了特定情景。同時，理由往往關乎行動後果（行動的理由包含對行動可能形成之結果的預期），然而，如前文所論，康德的實踐哲學以懸置對行動結果的考慮爲其內在特點。從以上方面看，以理由爲理解行動的出發點，顯然不同於康德關於實踐理性的看法。**32**

　　可以看到，康德的普遍性法則與後果論的利益最大化原則的內在理論差異，使二者的溝通很難成功。以實踐理性爲視域，眞正有意義的進路是關注正當原則、向善原則、有效原則之間的關聯。透過正當性原則與向善原則的融合，一方面，康德的普遍性原則被賦予實質的價值內涵，其形式化、抽象性趨向則由此而被抑制；另一方面，功利主義的價值原則得到

---

31 Derek. Parfit, *On What Matters*, Oxford University Press, 2011, Vol. One, p.411.

32 斯坎倫（Scanlon）已注意這一點，參見 T. M. Scanlon, How I Am not a Kantian, in Derek. Parfit, *On What Matters*, Oxford University Press, 2011, Vol. Two, pp.118-119.

了深化和擴展：實質的價值原則不再限於對特定功利目標的追求，而是獲得了確認人的存在價值這一普遍的形式。在此意義上，實踐理性相關原則的以上融合，可以視爲對康德的形式主義與功利主義的雙重揚棄。從另一方面看，正當原則與向善原則分別從形式與實質的方面體現了價值層面的理性，相對於此，以實踐過程中手段、程序、方式爲指向，基於「事」（實然）與「理」（必然）的有效原則更多地涉及邏輯——工具層面的理性，就以上意義而言，正當性原則、向善原則、有效性原則的結合，使實踐理性同時體現了價值理性與邏輯——工具層面理性之間的交融。

進而言之，正當原則中的正當（right），同時與權利相聯繫，事實上，不僅在語義的層面，正當與權利無法截然相分（「right」本身兼有正當和權利雙重涵義），而且從實質的方面看，正當與權利也具有相關性：如果個體所做之事具有正當的性質，往往便意味著他有權利做該事，現代法律系統中的所謂「正當」防衛，便是指相關個體「有權利」實施的防衛。由此考察正當原則與向善原則的關係，則不難注意到，二者既表現爲正當（right）與善（good）的一致，又從一個方面展現了權利（right）與善（good）之間所蘊含的統一性。如所周知，自由主義與社群主義之爭構成了今日重要的思想景觀，這一爭論所涉及的問題之一，是權利（right）優先於善（good）還是善優先於權利。正當原則與向善原則的上述互融，無疑也爲超越以上對峙提供了一種視域。

作爲實踐理性的體現，正當性原則、向善原則以及有效性原則同時從不同方面爲實踐領域中觀念和行動的統一提供了擔保。在考察理論理性時，康德曾肯定了認識的普遍形式（包括直觀形式與知性範疇）在整合感性材料、形成普遍知識中的作用。在主體之維，實踐理性直接面對的首先是內在的欲求，主體的欲求又呈現爲不同的方面，這些多樣的欲求如果無法協調、統一，則行動便難以合理地實施或展開。這裡，實踐理性所內含的價值原則具有類似知性範疇的作用：在價值原則的引導、制約下，不同

的欲求或者被認可，或者受到抑制，或者引向主導的方面，或者被置於從屬之維，由此，多樣的欲求獲得了協調並形成彼此統一的秩序。

　　康德在某種意義上已注意到實踐理性的以上作用。他一方面肯定了實踐理性與人的欲求能力之間的聯繫，另一方面又區分了較高層面的欲求與較低層面的欲求：「因愉快或不快必然地和欲求（desire）機能結合著（它或是與較低層面的欲求一樣，先行於上述的原理，或是從上述原理中引出，如同較高層面的欲求被道德法則所決定時的情形一樣）。我們可以假定，它將實現從純粹認識機能的過渡，也就是說，從自然諸概念的領域達到自由概念的領域的過渡，正如在它的邏輯運用中它使從知性到理性的過渡成爲可能一樣。」**33**這裡所說的較低層面的欲求，近於感性的欲求，較高層面的欲求，則與善良意志（good will）一致，後者同時表現爲實踐理性。這樣，對康德而言，在實踐領域，一方面，理性的作用與高一層面的欲求作用一致，具體表現爲自我立法：意志的自我立法，同時表現爲道德主體的自我欲求（自我要求）。另一方面，理性的特點又在於不爲偏離規範的欲求所左右而能對其加以統攝和抑制，康德之所以一再推重普遍的準則，其緣由之一就在於這些原則和規範能夠抑制、限定欲求。

　　從更廣的層面看，作爲實踐理性具體表現形式的正當原則、向善原則以及有效原則都關乎欲望（desires）與需求（needs）。以正當原則而言，一方面，它從形式及普遍的社會秩序等方面，爲人的欲求規定了界限，另一方面，它又要求行動合乎普遍原則和規範，並使之成爲道德主體的自我欲求；透過限制不合規範的欲求與承諾合乎規範的欲求，內在的欲求本身也得到了某種整合與範導。同樣，向善原則既從實質的層面，規定了基於合理需要的價值目標（廣義之善），又確認了價值本身的不同層

33　康德：《判斷力批判》，商務印書館，1985，第16頁，譯文據英譯本做了改動，參見Kant, *Critique of Judgment*, Hafner Publishing Co. New York, 1951, p.15。

面，從而使價值追求形成有序的系統。與之相聯繫，有效性原則透過規定欲求與需要的實現方式，從達到價值目標的手段、程序等方面，引導欲求與需要的實現過程趨向有序化。可以看到，實踐理性的原則從不同的側面，為實踐過程在觀念、行動中的統一提供了擔保。

　　從哲學史上看，普遍原則對欲求的整合、範導，往往未能得到充分關注。在這方面，休謨似乎具有一定的代表性。他曾提出「農夫難題」，其大致內容如下：二位農夫的穀物在不同時間段成熟，如果穀物晚成熟的農夫幫助穀物先成熟的農夫收割，而穀物先成熟的農夫反過來又給予穀物晚成熟的農夫以回報，則二人都可以獲益。然而，人的通常欲求往往是受別人的幫助，而自己不需回報，基於這一推測，穀物晚成熟的農夫勢必不願先去幫助另一農夫：他擔心在提供幫助後對方不予回報。由於他不先對穀物已成熟的農夫伸出援助之手，他自己相應地也得不到對方的幫助，結果，二人都無法透過互助而受益。[34]在以上這種假設的情形中，欲求似乎自發地左右著人的行動。然而，在現實的行動過程中，人的欲求總是同時受到規範的制約：受到幫助而不予以回報固然可以成為人的欲求，但這種欲求與禮尚往來的日常規範以及更自覺意義上信守諾言的原則又彼此相衝突：在日用常行的層面，受人之助應予以回報構成了日常的行為規範；在自覺的實踐活動中，做出承諾（你若幫助我，我將予以回報），則蘊含著理性的行為原則，這些原則和規範對人的欲求同樣具有引導或約束的意義：它們對「受到幫助而不予以回報」或「承諾回報卻不加以兌現」之類的欲求構成了內在限制，使其難以在實踐活動中成為現實的選擇。這裡不難看到廣義的價值原則對欲望的整合、調節。進而言之，理性的原則也可使欲望本身發生轉換：以上述例子而言，當禮尚往來或遵守諾言等原則和規範獲得自覺認同時，「受到幫助而不予以回報」或「承諾回報卻不加以

---

[34] 參見D. Hume, *A Treatise of Human Nature*, Oxford University Press, 1978, pp.520-521.

兌現」這一類欲求便將被「受到幫助而予以回報」或「履行承諾」的欲求
所取代。休謨的以上假定，多少忽視了實踐理性領域中普遍原則對內在欲
求的統攝和制約，這種看法與休謨關於理性缺乏能動性的觀點在邏輯上具
有相關性。

　　要而言之，實踐理性既與理論理性相涉，又表現爲理性的實踐運
用。基於如何使存在合乎人的理想及人的合理需要這一實踐關切，實踐理
性不僅涉及人自身的存在過程，而且關乎物件世界的變革。作爲理性在實
踐領域的體現，實踐理性既非限於康德哲學意義上的形式之域，也非囿於
功利主義視野中的功利關切。以求其善爲總的指向，表現爲合乎普遍規範
的正當原則、體現實質層面價值追求的向善原則、與價值實現方式相聯繫
的有效原則彼此相關，從形式與實質的統一、正當與善的交融、目的與方
式的互動等方面展示了實踐理性的具體內涵，並實際地統攝、引導著實踐
過程。

第七章　實踐活動、交往行動與
　　　　　　實踐過程的合理性

　　以正當性原則、向善原則、有效性原則爲具體的內容，實踐理性滲入並引導著實踐過程。從宏觀的層面看，人的實踐活動展開於不同的領域，並呈現多樣的形態。與本然的存在相異，實踐活動既以人對外部世界的作用爲形式，也涉及人與人之間的互動，相應於此，以物件的變革爲內容的活動與體現人與人之間關係的交往，也往往彼此交錯。作爲自覺的行動過程，實踐活動的展開同時面臨合理性或理性化的問題，後者不僅與物件相涉，而且關乎實踐主體。與實踐物件及實踐主體的具體性相應，實踐活動的合理性或理性化也包含多重內涵。在廣義的視域中，實踐過程的合理性或理性化既表現爲合乎當然與必然，又展開爲「情」與「理」的交融。

一、實踐活動與交往行動

　　以人觀之，與實踐相關的存在領域大致可以區分爲自然之域與社會實在。自然之域的存在是自然對象，社會實在則包括不同的體制與廣義的生活世界。從「贊天地之化育」這一視域看，首先可以關注的是自然之域。廣義的自然物件不僅涉及本然的存在，而且關乎人化的自然。後者具有二重性：它既打上了人的印記，又與人相對；既爲人的存在提供了空間，又構成了人作用的對象（object）。這一領域中的實踐活動，主要表現爲化本然之物爲爲我之物的過程。[1]以自然對象（object）的變革爲內

---

[1] 從人與自然的關係看，化本然之物爲爲我之物不僅僅在狹義上表現爲改變自然以合乎人的需要，而且包括人對自然環境與生態的維護，如保護原始森林等。然而，需要指出的是，即使在後一種情況下，依然體現了人對自然的作用：人所維護的自然、生態，已不同於本然的存在，它透過與人的獨特聯繫（維護與被維護）而打上了人的印記。作爲人的作用物件，被維護的存在同樣有別於自在之物而表現爲廣義的爲我之物。

容，展開於自然之域的以上實踐過程，同時具有對象性（objective）活動的特點。當然，需要指出的是，這裡所說的自然之域中的實踐並非僅僅涉及自然對象，事實上，在其展開過程中，相關的物件並未疏離於社會實在，肯定其爲自然之域的實踐，主要是就其行動指向（以自然物件的變革爲內容）而言。

在自然之域的實踐中，應當關注的基本形式是勞動。就其目標而言，勞動直接指向自然對象，並具體表現爲人與自然之間的互動。這一意義上的勞動首先呈現否定性：勞動的作用在於改變對象的本然形態或既成形態，使之合乎人的不同需要，這種改變，同時表現爲對相關對象本然形態或既成形態的否定。勞動的意義當然並非僅僅限於否定，事實上，當勞動透過改變對象而使之合乎人的需要時，它同時也使外在於人的物件與人形成了某種聯繫，並由此建構了人化的世界。

當然，以變革對象爲指向，並不意味著勞動僅僅限於主客體關係。在這方面，哈貝馬斯的相關論點顯然需要重新思考。如所周知，哈貝馬斯曾對勞動與交往行動做了區分，在他看來，勞動作爲目的性行動，主要涉及主客體關係，交往則關乎主體間關係。[2]對勞動的以上理解似乎多少趨於簡單化。從現實的形態看，勞動固然以自然對象的變革爲指向，但其展開過程卻離不開人與人之間的相互關聯。按其實質，勞動本身並不是孤立的、個體性的活動，從工具的製作和運用，到勞動過程中的分工與合作，都可以看到個體間的相互作用，即使是最簡單的男耕女織，也包含著主體間的互動。荀子已有見於此，在談到人不同於動物的行動特點時，荀子指出：「人……力不若牛，走不若馬，而牛馬爲用，何也？曰：人能群，彼不能群也。」[3]服牛駕馬（使牛馬爲人所用），可以視爲人作用於

---

[2] 參見J. Habermas, *The Theory of Communicative Action*, Vol.1, Polity Press, 1984.
[3] 《荀子·王制》。

自然的具體形式，它在廣義上包括變革對象的活動。在荀子看來，以上過程的實現，以「群」爲其前提，而「群」又基於人與人之間所建立的社會聯繫：正是透過合群，人不斷地駕馭並征服自然。這樣，「群」所體現的人與人之間的聯繫和互動，便並非隔絕於變革自然的過程之外，相反，它構成了後者所有可能的條件。荀子對「群」之作用的以上肯定，無疑已注意到：在人作用於自然的過程中，主客體關係與主體間關係並非彼此相分。較之哈貝馬斯將勞動主要限定於主客體關係而言，以上看法似乎更有助於理解勞動的實質。

相對於自然對象，社會實在與人具有更切近的關聯。作爲社會領域的存在形態，社會實在不同於自然對象的特點，首先在於其形成、作用都與人自身之「在」相聯繫。在自然之域，物件可以「在」知、行之域以外，社會領域中的事物或社會實在則形成並存在於人的知、行過程之中。以體制（institutions）、組織（organizations）等爲形式，社會實在更多地展示了社會歷史的內涵，並呈現更爲穩定的特點。從其具體形態看，上述形態的社會實在涉及經濟、政治、法律、軍事、教育、文化等各個領域。以現代社會而言，在經濟領域，從生產到流通，從貿易到金融，存在著工廠、公司、商場、銀行等各種形式的經濟組織；在政治、法律領域，有國家、政黨、政府、立法機構、司法機關等體制；在軍事領域，有軍隊及民兵等正規或非正規的武裝組織；在教育領域，有大、中、小學以及成人學校等各類教育、培訓機構；在文化領域，有出版社、報刊、媒體、劇團、各種文學藝術的協會等組織和機構；在科學研究領域，有研究所或研究院、學術刊物、各類學會等組織形式，如此等等。

社會實在既與人的理想、觀念相涉，又與人的實踐活動息息相關。從現實的過程看，實踐活動與社會實在之間存在某種互動性：一方面，社會實在不同於本然的存在而具有建構性，這種建構最終離不開人的實踐活

動；另一方面，實踐活動本身又以社會實在爲背景並展開於其中。進而言之，以體制、組織等形式存在的社會實在，其運作或現實作用，也無法與實踐活動相分。政府的運行及其職能的發揮，有賴於政府各部門的行政活動；公司、企業作爲市場經濟的實體，其作用透過生產、開發、銷售等活動而體現；劇團、樂隊等文化機構的職能，奠基於其排練、演出等活動，如此等等。與體制、組織化的社會實在形成、運行的如上過程相應，其變革也無法離開實踐活動。從歷史來看，政治、經濟、文化領域中各種體制的變革，總是通過相關領域的實踐過程而實現。

就實踐活動本身而言，與指向自然物件的實踐過程相近，展開於社會領域的實踐活動，也涉及雙重關係。體制、組織既超越於人，又無法離開人。體制本身是無生命的，其運行與人以及人的活動難以分離：可以說，體制的背後是人。與此相聯繫，人與社會實在的互動，總是關聯著人與人的互動，在此意義上，以社會體制爲背景的實踐活動，無法略去主體間關係。然而，另一方面，社會的實在又並非僅僅表現爲抽象的、觀念性的存在，它同時有其形之於外的方面，後者往往取得物或物理的形態。政府，有辦公大樓、各種保障政令落實的物質設施和手段；工廠企業，有廠房、機器、產品；軍隊，有武器、裝備；學校，有教室、校園，等等。這種大樓、機器、裝備，等等，無疑具有物理的性質，它們既將社會實在與觀念世界區分開來，又從一個側面賦予社會實在以客觀的性質和物件性的品格。相應於此，社會領域的實踐，同時關乎主客體的關係。如果說，以變革自然爲指向的實踐活動在主客體的互動之後蘊含著主體間關係，那麼，以社會實在爲背景的實踐活動則在展示主體間關係的同時，又以主客體關係確證了自身。

人不僅內在於體制、組織等形式之中，而且以日常的生活世界爲存在之域，後者構成了社會實在的另一重形態。從哲學的視域看，日常生活

首先與個體的存在與再生產相聯繫，[4]其基本形式表現爲日常實踐或日用常行。日用常行首先以生命的維繫和延續爲指向，所謂飲食男女，便從不同的方面體現了這一點。「飲食」泛指滿足肌體需要的日常活動，它是個體生命所以可能的基本條件；「男女」則涉及以兩性關係爲基礎的日常活動，它構成了個體生命延續的前提。維繫生命的日常活動當然不限於飲食男女，但它們顯然較爲典型地展示了日常生活與個體生命存在的關係。廣而言之，人既是生命的存在，又是社會或文化的存在。如果說，與肌膚需要的滿足等相聯繫的日常活動，主要從生命存在的層面擔保了個體的再生產；那麼，以語言及實踐行動爲形式的個體間交往，則從社會及文化的層面，爲個體的再生產提供了另一前提。

以日常生活爲內容，生活世界既是人的生存之域，又構成了人從事實踐活動的基本背景。中國哲學從日用常行的層面理解生活世界，已注意到生活世界的如上特點：「常行」便可視爲日常的實踐活動。從飲食起居到灑掃應對，從家庭生活到鄰里交往，從文化休閒到時事討論，生活世界中的日常活動展開於各個方面。這種活動既是個體生命生產與再生產所以可能的條件，又以生活世界本身的和諧、有序爲指向。就其基本形式而言，日用常行大致包括二個方面，其一，物質層面的消費與文化層面的消費，其二，多樣的社會交往。物質層面與文化層面的消費涉及飲食起居以及文化活動過程中對各種生活資料及文化產品的使用和消耗，社會交往則表現爲個體之間的溝通、互動。在生活世界中，以上二個方面具有相關性：物質層面與文化層面的消費過程往往伴隨著個體間的交往，社會交往也以不同形式關乎物質與文化的消費活動。

生活世界中實踐活動的以上內容，同時賦予這一領域的實踐活動以內在的特點。相對於人或主體，生活資料與文化產品在廣義上都屬於物件性

---

[4] 參見赫勒：《日常生活》，重慶出版社，1990，第3頁。

的存在，對這些物件的使用和消費，也相應地涉及主體與物件或主客體的關係。另一方面，以個體間的溝通、交往為內容的社會交往，則基於主體間的關係。這樣，儘管生活世界中的日用常行與指向自然物件的實踐活動以及社會體制之中展開的社會實踐具有不同的特點，但在不僅關乎主體間的關係，而且涉及主客體的關係這一方面，又與後二者呈現相近之處。

可以看到，自然之域、社會體制、生活世界呈現為實踐活動的不同場域，展開於其中的實踐活動相應地包含彼此相異的內容。涉及自然之域的實踐過程，首先以有效地變革自然為目標；社會體制中展開的實踐活動，以體制本身的合理運作及更廣意義上社會理想的實現為指向；生活世界中的日用常行，則更多地關乎日常生活的和諧展開。以上活動的最終目的，都指向人的存在：以成功地改變物件為目標的主客體之間的互動（所謂目的性活動），旨在使對象合乎人的需要和理想；體制之域中的實踐活動，目標在於透過體制的合理運作，為人的存在提供理想的社會空間；生活世界中主體間的交往，其作用之一則在於透過日常生活的和諧展開，為人與人之間的共存提供更良好的背景。當然，需要指出的是，存在領域與實踐形態的以上區分同時又具有相對性，不同的實踐領域以及實踐活動固然呈現不同的特點，但並非彼此截然分離。

哈貝馬斯曾對以上領域及過程的不同特點做了較多的考察，並主要區分了目的性行動與交往行動。在他看來，與自然之域相關的實踐主要是一種目的性行動：「物質的再生產透過目的性行動而發生」，[5] 它所涉及的是主客體關係，其目標在於成功；生活世界中的活動，則主要表現為交往行動，它展開於主體之間，所指向的是主體間的理解和共識。然而，在關注實踐領域以及實踐活動之間差異的同時，哈貝馬斯對其間的相關性卻未能予以充分注意。從形而上的層面看，自然之域、社會體制，以及生活

---

[5] J. Habermas, *The Theory of Communicative Action*, Vol.1, Polity Press, 1984, p.138.

世界，都表現爲屬人的存在：自然之域儘管更多地呈現物件性的特點，但作爲人作用的物件，它已不同於本然之物，而是展現爲人化的存在。人既透過知、行活動建構社會實在，又「贊天地之化育」，在基於人的知、行活動這一點上，人生活於其間的現實世界同時呈現了其統一性。與之相聯繫，展開於不同領域的實踐活動，也既具有不同的內容，又並非截然分離。[6]

　　如前所述，作用於自然物件的實踐活動（如勞動）固然首先涉及主客體之間的互動，但這種互動又以不同形式的主體間關係爲其現實的背景；同樣，基於社會實在的實踐活動（包括體制性的活動與生活世界的日用常行）誠然離不開主體間的交往，但作爲現實的過程，它們也無法隔絕於主客體關係。從行動的方式看，作用於自然物件的實踐活動不僅如哈貝馬斯所言，應循乎自然法則，而且需要依照社會的規範。以改造自然的實踐活動而言，其中既表現爲一個以現實之道（存在法則）有效地作用於物件的過程，也涉及如何避免環境的破壞等問題，後者意味著遵循旨在保護環境的法律法規與道德規範。[7]與之相近，社會之域（包括社會體制與生活世界）的實踐活動也既以社會規範爲依據，也需要遵循存在的法則。體制作爲具有建構性的社會實在，固然在某種意義透過合乎規範的行動過程而建構和運行，但社會實在又具有自在的性質，這種自在性使之同時表

---

[6]　進而言之，以成功爲目標的行動，與所謂工具理性相涉，以主體間的理解和共識爲指向的交往行動，則更多地關聯價值理性；目的性行動與交往行動的分離，邏輯上蘊含著二種理性之間的疏離。然而，從現實的形態看，正如不同領域的實踐活動並非截然相分，實踐過程中理性的不同形式也非彼此隔絕。諾齊克在考察理性的本質時，已注意到這一點。按他的理解，工具理性也具有內在價值（intrinsic value），可以延伸我們自己（extension of ourselves），並構成我們自我認同與存在（our identity and being）的重要部分（參見Robert Nozick, *The Nature of Rationality*, Princeton University Press, 1993, p.136）。所謂「延伸我們自己」、我們的「自我認同與存在」，顯然包含價值意蘊，工具理性與之交融，同時體現了工具理性與價值理性的相關性。事實上，工具理性作爲人自身存在、發展的重要擔保，本身確乎有其價值的向度並相應地無法與價值理性相分，這種相互關聯既體現了理性的統一，也從一個方面表明了人類行動和實踐誠然有不同的形式，但難以判然劃界。

[7]　即使在前現代的傳統社會中，已出現了與維護生態相關的要求，如「樹木以時伐」《禮記·祭義》，「斧斤以時入山林」（《孟子·梁惠王上》）等等，這些要求對作用於自然物件的活動具有多方面的引導和規範意義。

現爲「一種自然歷史過程」，[8]在經濟、政治、軍事等等活動中，都包含
必然的法則，後者決定了展開於其中的實踐活動離不開存在法則。二十世
紀五〇年代中國的「大躍進」之所以給社會經濟帶來嚴重的負面後果，就
在於違背了經濟活動的法則。就行動的指向而言，作用於自然物件的實踐
活動固然與成功地變革物件相關，但這一過程同樣涉及主體間的理解和
溝通：一方面，主體間的理解和溝通是變革物件之實踐成功的前提，另一
方面，這種理解和溝通本身又透過以上實踐活動而得到深化和提升。與此
類似，基於社會實在的實踐活動（包括交往行動）誠然關乎主體間的理解
和溝通，但這種溝通和理解本身又非抽象地停留於自身，而是進一步引向
體制的有效運作和生活世界的有序、和諧展開。所謂有效、有序以及和
諧，與廣義上的成功顯然並非毫不相關。就上述方面而言，不同實踐形態
之間的區分，不能等同於它們之間的截然劃界。

　　從另一方面看，生活世界與非生活世界的區分，本身也具有相對
性。生活世界中的活動並不僅僅限於衣食住行、飲食男女或鄰里、朋友等
日常的交往。按其內涵，生活世界不僅與空間相關，而且包含著時間的維
度。在時間的意義上，生活世界既涉及個體持久性的行爲，也包括佔據個
體日常時間的一切有關活動。以此而論，則通常列入工作之域的活動，如
生產勞動、公共管理、市場經營、政治運籌等等，以及文化領域的科學研
究、藝術創作等，也與日常生活難以分離。事實上，當我們不僅從生命存
在的層面，而且也從文化存在的意義上理解個體的再生產時，作爲這種生
產實現方式的日常生活，便以勞動及文化創作等社會活動爲其題中應有之
義。不難看到，在這裡，生活世界呈現狹義與廣義兩重形態：狹義的生活
世界與生命需要的滿足具有較爲直接的關聯，廣義的生活世界則內含個體
日常從事的勞動、文化創造等諸種社會活動及與之相關的事物和物件。

---

[8]　《馬克思恩格斯選集》第2卷，人民出版社，1972，第208頁。

　　廣義視域中的生活世界，為理解人的實踐過程提供了更具體的背景。事實上，在考察生活世界時，哈貝馬斯也往往側重於對其作廣義的理解。在他看來，生活世界與文化再生產、社會整合、社會化過程相關，包括文化、社會、人格：「與文化再生產、社會整合、社會化過程相一致的生活世界的結構內容是：文化、社會、與人格。」關於文化、社會、人格的具體含義，哈貝馬斯做了如下解釋：「我用文化這一術語表示知識的儲存（stock of knowledge），從這種儲存的知識出發，參與者在朝向對世界中某些事物的理解時，能夠使自己參與解釋。我用社會這一術語表示合法的秩序（legitimate order），後者擔保著社會的凝聚。我將人格理解為使主體能夠言說與行動的能力，它使主體處於能夠參與旨在達到理解的過程，並由此確認自己的自我認同（own identity）。」[9]文化作為寬泛意義上的知識系統構成了主體理解的條件，而理解的過程又以文化本身的再生產為內容；社會表現為合法的秩序，它以規範系統擔保了社會本身的整合與凝聚；人格以主體的言說能力與行動能力為內容，既使個體在參與理解的過程中走向社會化（個體的社會化），又為個體的自我認同提供了前提。不難注意到，以上意義中的生活世界，在實質的層面包含了不同的存在之域，與之相關的實踐活動，在邏輯上也關乎多樣的形態：無論是知識背景，抑或個體能力，本身都可以影響、制約彼此相異的實踐過程。

　　然而，哈貝馬斯在將文化、社會、人格引入生活世界的同時，又把生活世界中的活動主要限定於主體間的交往、理解。對他而言，從文化再生產、社會整合，到個體的社會化過程，都基於主體間的這種理解和交往，而理解和交往又主要透過言語行動而展開。在此意義上，哈貝馬斯認為：「生活世界與語言世界的結構具有內在聯繫。」[10]按哈貝馬斯的

---

[9]　J. Habermas, *The Theory of Communicative Action*, Vol.1, Polity Press, 1984, p.138.

[10]　J. Habermas, *The Theory of Communicative Action*, Vol.2, polity Press, 1989, p.124.

看法，生活世界中的交往旨在達到主體間的理解和共識，而「參與者之間共識的形成（consensus formation）從原則上說具有語言的本質」。**11** 由此，語言和言語活動對生活世界中的交往行動便呈現主導的作用。事實上，哈貝馬斯確乎將言語活動置於交往行動的核心地位，並由此主張「以形式語用學（formal pragmatics）重建交往行動的普遍、必然條件。」**12** 在他看來，生活世界中的行動者可以提出各種具有可批評性的陳述，透過主體間的相互交往，包括彼此的對話、論辯、批評，參與者便可以達到一致或共識。要而言之，言說、批評、相互理解，由此達到一致或共識，構成了哈貝馬斯視域中交往行動的主要內容。

作為社會性的活動，實踐無疑離不開主體間的溝通，語言則在這一過程具有不可忽視的作用。主體之間平等的討論、不同觀點和意見之間的相互交流、批評，不僅有助於實踐參與者之間的相互理解，而且對他們在行動中彼此協調、合作也具有積極意義。就這方面而言，哈貝馬斯從語用學的角度對言語行動及其功能的考察，顯然不無所見。然而，由肯定言語活動在交往行動中的作用，哈貝馬斯常常將言語行動以及這一過程中所達到的理解、共識本身視為目的，由此把言語之外的現實行動推向邊緣。這一點，從哈貝馬斯對行動的理解中不難看到。按他的理解，行動主要表現為與世界相關的「符號表達」，基於這一觀點，哈貝馬斯明確指出：「我將行動與身體活動以及操作區分開來，因為身體活動以及操作只是與行動同時發生的現象。」**13** 從現實的形態看，行動既涉及意向、動機以及可以透過語言加以表達的思想觀念，也關乎身體的活動，從而具體表現為心與身的統一，有「心」而無「身」或有「身」而無「心」，都不構成現實的行

---

11 J. Habermas, *The Theory of Communicative Action*, Vol.1, Polity Press, 1984, p.94.

12 J. Habermas, *The Theory of Communicative Action*, Vol.1, Polity Press, 1984, p.139.

13 J. Habermas, *The Theory of Communicative Action*, Vol.1, Polity Press, 1984, p.96.

動。哈貝馬斯將行動與身體活動以及實際操作分離開來，多少表現出把行動抽象化的趨向。事實上，即使是言說行動，也無法完全離開身體活動（如發音器官、聽覺器官等等的功能性活動）的參與，廣義的交往行動更不限於與身相分的觀念之域。

　　哈貝馬斯當然並非對行動的現實形態涉及身體活動這一點完全不了解，這裡，更實質的問題關乎「言」與「行」的關係。如前所述，哈貝馬斯區分了目的性行動與交往行動，前者以成功地變革物件爲指向，後者則旨在達到主體間的理解、共識。作爲變革物件的活動，目的性行動同時表現爲包含身體活動的現實之行；主體間的理解和共識，則基於言語的交流，在此意義上，二者的區分，同時表現爲「言」與「行」之辨。從基於主客體互動的實踐活動看，「言」與「行」、「說」與「做」無法截然相分：對現實存在的變革，總是意味著由「言」引向「行」。同樣，就主體間的交往行動而言，「言」與「行」也彼此相關：在主體間的交往中，除了「聽其言」，還需要「觀其行」。事實上，透過言語活動彼此達到的溝通、理解、共識，並不是主體間交往的全部內容，如果在言語層面的理解、共識不能同時在行動層面得到體現和落實，則主體間交往的意義便將受到內在的限制。哈貝馬斯將言語行動視爲主體間交往的核心，由此疏離與身體活動及操作相聯繫的具體實踐過程，這一看法在邏輯上包含「言」與「行」、「說」與「做」彼此分離的可能。

　　從言語行動本身看，它所面臨的問題不僅是言與行的關係，而且兼及名實之辨：言說過程既涉及言行是否一致，也關乎名實是否相符，後者進一步引向「怎樣說」與「說什麼」的區分。寬泛而言，名實關係中的「實」不僅指自然物件，而且兼涉社會領域的現實關係、價值立場和態度等等。「怎樣說」首先與言說的方式、程序相關，「說什麼」則指向言說的內容與物件。前者體現了言說的形式之維，後者則展示了其實質的方面。在將言語行動視爲主體間交往核心的同時，哈貝馬斯又把關注之

點更多地指向言語行動的程序、形式之維。除了眞實性、正當性、眞誠性、可理解性等寬泛層面的要求之外，哈貝馬斯還引入了若干具體的言說規則，如言說者不能與自己所說的相矛盾，言說者應當表達自己相信的觀點，每一個具有言說能力與行動能力的主體，都有權利參加討論和對話，排斥任何內在與外在的強制等等。[14]所有這些方面都側重於言說的程序，哈貝馬斯以此將其對話倫理學與其他的認知主義（cognitivism）、普遍主義（universalism）等區分開來。[15]作爲人與人溝通的方式，言說無疑離不開程序，然而，撇開「說什麼」，僅僅關注程序方面的「怎樣說」，則言說難免顯得空泛、抽象。唯有同時關注「說什麼」，言說過程才能超出單純形式層面的程序，進一步指向社會領域之中實際的人與人之間的關係、認識論意義上對客體的把握、價值層面的立場和態度，等等，從而獲得實質的內容。在言說層面上，主客體關係與主體間關係、形式層面的程序與實質層面的認知內容、價值取向，都無法彼此分離。哈貝馬斯雖然也肯定共識與理論性論辯及實踐性論辯相聯繫，理論性論辯涉及眞實性原則，實踐論辯則關乎價值意義上的善，但從總的趨向看，他更多地側重於理論性規範和價值性規範在「怎樣說」這一層面上所具有的程序意義，對「說什麼」所涉及的實質內容，則似乎未能給於充分關注。[16]

要而言之，實踐過程展開於不同的存在之域，相應於存在之域的多樣特點，實踐過程本身在背景、目標、方式等方面也呈現各自的側重。然而，以人與世界的互動爲實質的內容，實踐過程的不同形態之間同時又相互關聯。哈貝馬斯區分物件導向（客體）的目的性行動與主體間展開的交往行動，無疑有見於實踐過程的不同趨向和特點，但就其現實性而言，根

---

[14] J. Habermas, *Moral Consciousness and Communicative Action*, Polity Press, 1990, p.108.

[15] J. Habermas, *Moral Consciousness and Communicative Action*, Polity Press, 1990, p.122.

[16] 這裡的「說什麼」，並非規定或限制言說的內容，亦即並不限定什麼可說或什麼不可說，而是指：在關注言說方式的同時，也應將言說的內容及其意義作爲討論、理解的物件加以考察，以避免將言說行動空泛化。

據物件性與主體間性的差異、成功變革客體與主體間的理解及共識的不同來劃分實踐過程，也存在其內在限度。主體間的交往滲入於並體現在自然之域、社會體制、生活世界等不同領域的實踐過程，離開了以上的具體過程，交往活動便無從展開，在此意義上，交往行動並不構成獨立的行動形態。過分強化交往行動，並以疏離於言行關係和名實關係的言語活動為其核心內容，在邏輯上容易導向實踐過程的抽象化。

二、實踐過程中的多重關係

　　作為人的存在方式，實踐活動的展開涉及不同的關係。人與世界的互動首先表現為實踐主體對實踐對象的作用，與之相關的是主客體關係。以社會領域為背景，實踐活動又伴隨著實踐主體之間的相互關聯，後者具體表現為主體間關係。在實踐過程中，主體不僅與客體和他人相涉，而且需要面對自我，由此進而發生主體與自我的關係。以上關係呈現多重形態，其交錯、互動既構成了實踐活動展開的前提，也賦予實踐過程以現實的品格。

　　從實踐活動的視域看，主客體的關係本身形成於主體作用於對象（客體）的過程中：主體與物件的關係並不具有本然性，二者的聯繫乃是透過主體對客體的作用而建立起來。寬泛而言，主體對客體的作用以變革對象、實現主體自身的理想為內容，在這一過程中，一方面，本然的物件成為真正意義上與主體相對的客體，另一方面，主體與物件（客體）的關係被納入手段與目的之域：物件呈現為實現主體價值理想的手段。透過主體作用於物件的活動，物件由本然的存在（自在之物）轉換為人化的存在（為我之物），實踐過程的現實性、客觀性也由此得到確證。

　　與主客體關係相對的是主體間關係。主客體關係涉及的首先是人與物，主體間關係則指向人與人之間，後者不僅表現為靜態意義上的並存或共在，而且展開為主體間的互動過程。實踐活動既物件導向，又以主體間的互動為背景和條件。主客體關係主要呈現目的－手段性質，比較而言，主體之間的關係同時包含互為目的之維。作為實踐活動的背景，主體間關係可以從不同的層面加以理解。如前文已提及的，哈貝馬斯主要將主體間關係與生活世界聯繫起來，並以語言為主體間交往的仲介，以理解和共識為主體間互動的指向。對主體間關係的這種理解，似乎更多地限定在狹義的層面。

　　從現實的維度看，實踐過程中的主體間關係並非以基於言語活動的理解、共識為其唯一或主要形式，而是多方面地體現於經濟、政治、文化、日常生活等領域的活動之中。以主體在社會歷史中的具體存在為背景，主體間關係並不僅僅限於以語言為仲介的理性溝通，事實上，它同時滲入了價值的內涵，後者又直接或間接地涉及利益關係。在主體間的相互交往中，語言層面的理性溝通並不能涵蓋價值意義上的利益互動，以主體之間在日常生活中的共處而言，語言層面的價值承諾或「口惠」固然可以使言者和聽者彼此「理解」並達到某種共識，但若「口惠而實不至」，則這種語言上的溝通便僅僅具有抽象的意義。在人與人之間依然存在利益差異的歷史條件下，主體間的相處總是包含利益的協調：儘管主體之間的關係不能歸結為利益關係，但利益的協調無疑構成了主體間關係的具體內容之一，並賦予主體間關係以現實性。與現實利益相關的主體間交往當然也涉及哈貝馬斯所謂可批評的有效要求（validity claim）的提出、不同看法之間的相互討論、透過對話而達到某種共識，等等，但這種主體間關係同時又總是超出言語行動，包含更具體的社會內容。從以下事實中便不難看到這一點：在涉及利益問題時，主體間在言語之域的「共識」，無法等同於他們在實際利益方面的「共贏」，後者實現於更廣意義上的實踐過

程，這一過程既非囿於語義之域，又非言語行動所能限定。

　　按其本義，主體間的關係展開於不同的主體之間，這裡涉及主體間關係的內在性與外在性。作為社會的存在或荀子所說的「群」的成員，主體並不是孤立的個體，在其現實性上，主體的存在無法與其他主體分離。就此而言，主體間表現為一種內在關係（internal relation）。關係的內在性或內在關係展示的是：作為關係項的主體只能存在於關係之中，而不能存在於關係之外。懸置了主體之間的真實關係，將導致主體的抽象化。然而，主體固然不能離開主體間關係而存在，而只能存在於關係之中，但主體總是包含著不能為關係所同化或消融的方面。關係相對於主體而言，具有為我而存在的一面。主體之間總是存在某種界限，這種界限不僅表現在時空間隔上，而且具體化為心理距離、利益差異，等等。特定主體所承擔的某些社會角色固然可以為他人所替代，但其個體存在卻具有不可替代性。存在與角色的差異從一個方面表現了主體不能完全為關係所同化。從以上方面看，主體間又表現為一種外在關係（external relation）。

　　主體間關係外在性的更實質的體現，與關係中的主體所具有的內在世界相關。主體間的相互理解、溝通固然需要主體內在世界的彼此敞開，但敞開之中總是蘊含著不敞開。「我」之中不敞開的方面不僅非關係所能同化，而且構成了理解和溝通所以可能的條件：當「我」完全敞開並相應地取得對象形態時，理解的主體也就不復存在。主體間的溝通至少包含著為他人所理解與理解他人兩個方面，如果僅僅注重為他人所理解這一維度，則「我」便成為一種為他的存在（being-for-others）。即使主體在向他人敞開之時仍具有自覺的自我意識或主體意識，但只要向他人敞開成為交往的主要指向，則這種敞開便依然呈現「為他」的性質。從另一方面看，交往和理解既涉及主體間的行為協調，也關乎自我內在世界的安頓，僅僅以前者為指歸，便很難避免主體（「我」）的工具化。

　　在這方面，哈貝馬斯的看法似乎也包含需要關注的問題。從總的思

維趨向看，哈貝馬斯在強調主體間性的同時，對主體性多少有所弱化。按哈貝馬斯的理解，主體間的交往行動以言說爲條件或媒介，言說本身則需滿足如下前提，即眞實性、正當性、眞誠性。[17]這裡特別值得注意的是眞誠性，其具體要求在於言說應眞誠地表達個體的意見、意圖、情感、意願等。主體間的眞誠相對無疑有助於彼此的溝通，但其中也蘊含著主體向他人敞開自己的主觀世界（內在世界）之意。事實上，哈貝馬斯在肯定個體擁有「主觀世界」（subjective world）的同時，又強調這種「主觀世界」具有面向公眾的一面：「主觀世界是個體所具有並且可以在公眾之前表達的經驗的總和。」[18]對哈貝馬斯而言，主觀世界主要與戲劇或表演性的行動相聯繫，[19]表演意味著在公眾之前亮相，主觀世界的表演性，使之同時呈現外在性。與之相聯繫，如前所述，以言語活動爲主體間交往的主要形式，哈貝馬斯同時又將主體間的共識和一致（consensus）視爲理解和交往的目標：「理解過程的目標是達成共識，這種共識取決於對有效性要求的主體間承認。這些要求可以在交往中由參與者相互提出並加以徹底的批評。」[20]在透過主體間的相互批評、認同而達到的這種共識和一致中，主體間的趨同似乎多少消融了個體的不同觀念。個體的主觀世界（內在世界）向共同體的敞開與共同體的一致對個體之百慮的消融相結合，無疑容易使主體性趨向失落。

主體與主體間的關係在語言的層面同時涉及獨語和對話的關係。與突出主體間關係相應，哈貝馬斯更側重於以對話超越獨語，在道德領域中，他便把透過交談而非獨語來論證規範和命令的合理性，視爲交談倫

[17] J. Habermas, *The Theory of Communicative Action*, Vol.1, Polity Press, 1984, pp.89-100.

[18] J. Habermas, *The Theory of Communicative Action*, Vol.2, Polity Press, 1989, p.120.

[19] J. Habermas, *The Theory of Communicative Action*, Vol.1, Polity Press, 1984, p.86.

[20] Habermas, *The Theory of Communicative Action*, Vol.1, Polity Press, 1984, p.136.

理學的基本預設之一。[21]然而，從現實性的形態看，主體的存在過程，往往難以避免「獨語」：認識論意義上的默而識之、德性涵養層面的反身而誠、審美領域中自我精神的淨化和提升，等等，都包含著不同形式的「獨語」。在寬泛的意義上，「獨語」以自我為物件，可以視為無聲的言說。當然，個體在「思」與「悟」時，依然需要運用語言以及以往的認識成果，從而與個體之外的存在發生某種聯繫；同時，自我在思維過程中，也往往涉及對其他思想家相關觀念的肯定或否定，後者也可看作是意識層面的「無聲對話」。然而，作為內在的思維過程，以上形式畢竟不同於公共空間中主體之間的討論，它在面向自我本身這一意義上呈現「獨語」的形態。具體而言，以「思」或反省為形式，「獨語」既意味著化外在的社會文化成果為個體的內在精神世界，又以自我人格理想的實現和潛能的完成為指向。面向自我的「言說」或反思，每每使個體逐漸揚棄自在的形態、由存在的自覺而走向自為的存在。從語言的溝通看，主體間的交往過程側重於明其意義（meaning），主體的獨語則同時涉及得其意味（significance），對同一語詞、語句、陳述，具有不同生活背景、知識經驗、意向期望的個體，往往會賦予或領悟出不同的意味；基於語言的主體間交流，總是表現為明其意義與得其意味的統一。主體之間的對話與主體自身獨語的以上關聯，從一個方面體現了主體間性與主體性的交融。

主體間交往中的主體性不僅體現於獨語，而且以內在意願、情感等形式表現出來。主體的內在世界（主觀世界）並不單純地由理性、邏輯所構成，其中包含多方面的情意內涵，後者也以不同的方式制約著交往過程。以語言層面的交流而言，言說的過程中常常既滲入言外之意，又包含情感的負載。在某些情況下，主體之間充滿深意的一個眼神，其含義每每超過千言萬語。廣而言之，人與人之間的共在往往涉及「情感的溝

---

[21] 參見J. Habermas, *Moral Consciousness and Communicative action*, Polity Press, 1990, p.68.

通」，這種情感溝通中的獨特意義並非僅僅以明晰的語言來傳遞，它需要主體以自身的感受、體驗等方式來加以領悟，後者總是超乎語義層面的解釋、說明。共在中的這種情感關聯，使人真切地「感受」到友情、親情或與之相對的疏冷之意，並獲得「親」與「疏」、冷與熱、近與遠的內在體驗：個體之間儘管近在咫尺，但若情感疏遠，卻可能彼此「相距萬里」，反之，不同個體雖然天各一方，但若心心相印，仍可以有「天涯若比鄰」之感，如此等等。在這裡，主體的內在世界（包括情感世界）並不僅僅涉及向外敞開的問題，毋寧說，它在更實質的意義上表現為向內的建構：沒有主體反身而誠的內在心理建構，便難以真正達到主體間的深層溝通。

　　從語言與主體間交往的關係看，以上問題同時涉及言意之辨。與言相關的「意」既指意義，也兼及意味，二者在廣義都包含價值的內涵，並進一步與情意相涉。所謂言外之意、弦外之音，都關乎情意的內容。這一層面的「意」與語言的外在形式相對，更多地表現為主體內在的意識、精神形態。言與意的以上相關，則相應地體現了語言與意識之間的聯繫。邏輯地看，與關注重心由主體性轉向主體間性相聯繫的，往往是言意之辨上由注重意識向突出語言的轉化。在哈貝馬斯那裡，便不難注意到這一點。從關注主體間的交往出發，哈貝馬斯的注重之點，也更多地指向言語活動。在他看來，現代哲學經歷了從意識哲學向語言分析的轉化：「從意識哲學向語言分析的轉換，是由形式語義學完成的，後者發端於弗雷格與維特根斯坦。當然，這還是第一步。」進而言之，盧卡奇、霍克海默、阿爾多諾等人的趨向也表明了「建立在意識之上的進路的限度，以及從目的行動向交往行動範式轉換的理由。」[22]從這方面看，意識哲學向語言哲學的轉換，似乎構成了突出語言優先性的歷史前提。這一前提所蘊含的理

---

[22]　J. Habermas, *The Theory of Communicative Action*, Vol.1, Poity Press, 1984, pp.386-399.

論趨向之一，是以「言」消解「意」，事實上，在維特根斯坦那裡，這一點已表現得比較明顯。維特根斯坦在後期將語言的意義與語言的運用聯繫起來，並把語言的運用理解爲一個在共同體中展開的遊戲過程，而這種遊戲又以生活樣式爲背景。作爲共同體中的遊戲過程，語言首先被賦予公共的品格。然而，由強調語言的公共性，維特根斯坦多方面地對主體內在精神活動的存在表示懷疑。在他看來，內在的過程總是需要外部的標準：人的形體是人的心靈的最好的圖像。理解並不是一個精神過程，即使言說中的遵循規則（如語法規則），也主要體現爲實踐過程，[23]而與主體自身的意識活動無關。由此出發，維特根斯坦進而將「我」（I）的語法功能區分爲兩種，即作爲物件的用法與作爲主體的用法，並認爲後一意義上的「我」缺乏相應的指稱物件。[24]這裡已多少表現出懸置主體及其內在意識的趨向。哈貝馬斯在突出主體間性的同時又強調意識哲學的限度，與後期維特根斯坦的以上進路多少有相通之處。

　　與言意之辯相聯繫的是理解過程的明晰性與默會性之間的關聯。在主體間的交往中，語言的表達、交流趨向於明晰性，然而，理解的過程並不僅僅限於語言層面的明晰溝通，在實際的交往中，往往滲入了不同於明晰表達的默會之知。默會之知的特點之一在於尚無法以明晰的語言加以表述，按波蘭尼的看法：「我們所能知道的，多於我們所能表述的。」「默會之知首先表現爲一種方式，這種方式使我們可以獲得比可表述之知更多的知識。」[25]在這裡，默會之知與明晰的、可用語言表達的觀念顯現爲認識和理解的二種不同形態，而理解的過程則始終包含著默會之知的參與。作爲內在世界的構成，前文提到的情意等方面也往往融合於默會的意

---

[23]　參見維特根斯坦：《哲學研究》，§580、§202、II，iv，商務印書館，1996，第231、121-122、272。

[24]　Wittgenstein: *The Blue and Brown Books*, Harper, New York, 1958, p.67.

[25]　Michael Polanyi, *The Tacit Dimension*, Doubleday & Company, Inc, 1966, p.4, pp.17-18.

識，事實上，主體間的情感溝通，同時有其默會之維。對以上方面，哈貝馬斯似乎未能給予充分的關注。按其看法，主體間交往的共性更多地與語言相關：「主體間透過交往而達到一致，其共性在於：規範的一致，共用命題性知識，對主體真誠性的相互信任。這些共性又可以透過語言的理解功能來解釋。」[26]依此，則借助語言便可以達到主體間交往的普遍性（共性）。質言之，交往過程的普遍內容不能超出語言之外。從邏輯上看，如果將主體間的互動僅僅限定在言語行動的層面，則現實交往過程中的以上默會內涵便容易被忽略，而主體間的交往、互動也每每由此失去現實性品格。

引申而言，包含默會意識的內在世界往往以人格為其具體的存在形態。然而，對人格本身又可以有不同的理解。如前所述，哈貝馬斯肯定人格為生活世界的重要構成，但是，與強調生活世界是主體間交往的主要場域相應，哈貝馬斯同時又將人格的功能主要理解為實現個體的社會化。借用所謂適應方向（direction of fit）的表述，個體的社會化更多地表現為主體對社會的適應（individual to society），其內在的趨向在於從主體走向社會。對人格的以上看法與哈貝馬斯要求主體敞開其內在世界的主張具有邏輯上的一致性，二者的共同特點在於強化主體間關係而弱化主體性。

與以上看法有所不同的是中國傳統儒學的慎獨觀念。關於慎獨，《大學》做了如下概述：「小人閒居為不善，無所不至，見君子而後厭然，揜其不善，而著其善，人之視己，如見其肺肝然，則何益矣。此謂誠於中，形於外，故君子必慎其獨也。」類似的觀念亦見於《中庸》：「是故君子戒慎乎其所不睹，恐懼乎其所不聞。莫見乎隱，莫顯乎微，

---

[26] J. Haberma, *The Theory of Communicative Action*, Vol.1, Polity Press, 1984, p.308.

故君子愼其獨也。」閒居即獨處。[27]人在日常生活中並非總是處於他人的視線之下，相反，個人往往在相對意義上「獨」處，在這種獨處中，他人的目光、社會的輿論都似乎暫時缺席或不在場，個人的行爲也仿佛「隱」而不「顯」。當個體獨處某種特定境遇時，他已由面向外在的社會（公衆），轉向面對自我本身，儘管這裡依然存在注重普遍道德原則的問題，但這種注重已由「爲人」（爲獲得他人讚譽或避免他人譴責而遵循外在社會準則），轉換爲「爲己」（以自我的實現或內在人格的完善爲指向）。所謂愼獨，也就是在直面自我之際，依然保持個體內在的道德操守，它在某種意義上表現爲作爲社會存在的主體向自身的返歸：在經過社會化之後，主體在更高的層面走向自我。

　　主體的內在世界（包括以人格的形態呈現的精神世界）既包含社會文化、規範等內容，並相應地涉及個體的社會化，又與主體的自我認同、自我實現相聯繫。前者表現爲從個體走向社會（individual to society），後者則蘊含著在確認社會性的前提下從社會向主體的回歸（society to individual），二者的相互關聯，意味著對主體性與主體間性的雙重確認。單純地注重個體的自我認同、以此排斥個體的社會化，無疑將疏離個體的社會規定和主體間性，但若僅僅強調個體的社會化，由此弱化主體的自我認同以及自我實現，則容易導向消解主體性。哈貝馬斯將主體人格主要與個體的社會化聯繫起來，多少表現了後一趨向。

　　與個體的社會化相聯繫的，是對普遍共識的追求。在哈貝馬斯那裡，主體間的交往既展開爲主體之間的相互理解、溝通，又以達成共識爲指向。從認識論上看，共識以觀點和意見的一致爲內容，其邏輯的趨向在於超越認識上的多樣性、差異性。主體間的交往過程固然需要「求同」，但同樣離不開主體之間的「存異」，後者既包括對事物的不同認

---

[27] 參見朱熹：《中庸章句》。

識、看法，也涉及不同的價值取向、價值立場。如果單純地以達成共識爲目標，則可能導致以「求同」消解「存異」。就認識過程而言，僅僅按一定程序展開對話、批評和討論，並不能保證一定會獲得對於相關事物的正確看法，與一致的結論（共識）不同的意見，往往可能蘊含內在的眞理。從價值觀看，一定時期的某一共同體所形成的一致價值取向（價值觀上的共識），並不必然地具有正當性（納粹時期被普遍接受的某些觀念，便表明了這一點），與這種共識相異的觀念，卻常常包含更多的合理內涵。當「求同」壓倒「存異」時，在認識論上往往容易流於獨斷論、在價值觀上則可能導向權威主義。以主體性與主體間性爲視域，共識的追求同時又與主體內在世界的弱化具有相關性：當共識成爲主要甚至唯一的目標時，主體在認識論和價值觀上的自主意識及獨立判斷，便將消解於對主體間一致意識的追求中。

廣而言之，實踐過程中的主體性與主體間性，同時涉及公共領域與個體領域之間的關係。從當代哲學看，公共領域與個體領域往往被視爲彼此相分的二重領域，公共領域更多地與普遍的規範、程序相關，個體領域則與自我的信念、德性、人格等等相聯繫。比較而言，主體間關係每每被置於公共領域，主體性則首先被理解爲個體領域中的問題。當關注目光主要指向公共性領域時，主體間關係也常常會被提到突出地位，在哈貝馬斯、羅爾斯等哲學家那裡，便不難看到這一點；反之，以個體的本己存在（own being）或本眞存在以及與之相關的個體領域爲關切的物件，則聚焦之點便每每指向主體性，在海德格爾等哲學家那裡，這一趨向得到比較明顯的體現。對注重個體本己存在及個體領域的哲學家而言，公共性（與人共在）往往意味著沉淪於眾人（海德格爾）、與之相關的主體間性則趨向自我本身的否定，所謂「他人即是地獄」（薩特）。與此不同，在關注公共領域與主體間性的哲學家看來，意識、自我、德性等等作爲私人性的規定，都與公共領域無涉，唯有語言、規範、程序等等，才具有公共

性，主體間的交往也主要基於這些具有公共性的規定。不難注意到，在主體性與主體間性的相分之後，是公共領域與個體領域的張力。從現實的存在形態看，作爲個體性規定的意識、自我、德性等等，其形成和作用無疑無法離開公共領域中基於語言的交往以及社會規範的引導、制約。然而，另一方面，公共領域以及展開於其中的主體間交往，也並非隔絕於意識、自我、德性等主體性規定。事實上，無論是語言的運用，抑或規範、程序之社會功能的實現，都離不開意識、自我、德性等作用。要而言之，主體性與主體間性、公共領域與個體領域並非彼此懸隔。

從實踐的層面看，主客體關係、主體間關係以及主體與自我的關係所涉及的是實踐活動中的客觀性、主體性、主體間性。以主體間關係爲存在過程中的主導方面並將其至上化，往往引向突出「應然」而疏離「實然」和「必然」，哈貝馬斯之強調交往行動的規範性、將必然的法則主要歸之於目的性行動，多少表現出以上趨向。與強調規範性相聯繫的，是懸置物件意義上的存在，二者從不同的方面弱化了實踐過程中的客觀性。哈貝馬斯曾認爲：「在指向有效性要求的過程中，行動者與世界的關係被現實化了。」[28]這裡的有效性要求（validity claim）主要涉及以語言表達的、可批評的觀念，根據這一看法，則行動者與客觀世界的現實關係，便是透過有效的語言溝通而建立起來。在這裡，基於語言溝通的主體間關係，似乎呈現出某種主導或消解客觀性的意義。突出主體間關係可能導致的另一邏輯後果，是主體性的失落。從公共性語言對個體性意識的超越、主體間共識對個體性意見和觀點的揚棄、普遍程序對自主選擇的優先性等方面，都可以看到這種趨向。就其現實性而言，實踐過程的歷史展開既需要對主客體關係、主體間關係以及主體與自我的關係加以適當定位，也離不開對蘊含於其中的客觀性、主體性以及主體間性的內在確認。

---

[28] J. Habermas, *The Theory of Communicative Action*, Vol.1, Polity Press, 1984, p.136.

三、「合理」與「合情」

實踐過程在展開於多重現實關係的同時，本身又面臨理性化或合理性的問題。理性化或合理性包含不同內涵，它既可以從價值層面或工具（手段）的意義上加以理解，也可以從實踐過程所涉及的不同關係加以考察。就更實質的方面而言，理性化不僅指向狹義上的「合理」，而且關乎廣義上的「合情」。

從知與行互動的視域看，實踐活動的理性化首先與廣義的認識過程相涉。理性的認識既指向認知，也關乎評價。認知以眞實地認識世界與認識人自身爲目標，評價則首先表現爲對價值關係的把握：以人的合理需要爲關注之點，評價意味著基於利與害、善與惡的判定，以確認、選擇廣義的價值形態（「好」或「善」—— the good）。儘管利與害、善與惡的內涵有其歷史性和相對性，但在接受和肯定一定評判原則的前提下，唯有擇善而去惡，才可視爲理性的行爲；反之，知其有害或不善而依然執意加以選擇，則具有非理性的性質。不難看到，認知意義上對事（物）與理的把握以及評價意義上對價值的判斷和確認，構成了理性的二個方面，實踐過程的合理性或理性化意味著以此爲行動的根據。

以上二個方面的統一，在實踐層面進一步指向目的與手段（包括方式、程序等）的關係。作爲實踐過程的基本環節，目的與手段都存在合理與否的問題，當然，二者所涉及的合理性又有不同的內涵。目的的形成，以人的需要、欲求以及現實所提供的可能爲根據，是否把握、體現人的合理需要和欲求，直接制約著目的之正當與否。從實質的層面看，唯有合乎人走向自由的存在形態這一歷史趨向，需要和欲求才具有合理的性質，後者同時爲目的的正當性提供了擔保。在此，目的的合理性取得了正當性的形式。相對於此，手段的意義主要體現在如何實現目的，其合理性

則相應地表現爲如何以有效的方式，保證目的之實現。質言之，手段的合理性首先在於其有效性。這裡，可以對實踐意義上的有效性（practical effectiveness）與邏輯意義上的有效性（logical validity）做一區分。邏輯意義上的有效性一方面表現爲命題的可討論性和可批評性，另一方面又體現於前提與結論、論據與論點等關係，並以論證過程之合乎邏輯的規範和法則爲其依據。實踐意義上的有效性（effectiveness）則以實踐過程所取得的實際效果來確證，並主要透過是否有效、成功地達到實踐目的加以判斷。當然，前文已論及，實踐意義上的這種有效性，本身又基於認知層面的得其眞與評價層面的明其善。這樣，以實踐目的的正當性與實踐手段的有效性爲指向，實踐的理性化具體地展現爲眞與善的統一。

　　實踐意義上的有效性與邏輯意義上的有效性，從不同的方面體現了廣義的理性化。然而，在當代哲學中，與突出語言活動相聯繫，一些哲學家每每將邏輯意義上的有效性放在至上的地位，以此爲進路，實踐有效性意義上的理性化往往難以獲得適當的定位。在這方面，哈貝馬斯同樣具有一定的代表性。如前所述，哈貝馬斯以交往行動爲關注的重心，而交往行動的理性化，又與有效性要求（validity claim）相涉，後者表現爲提出可以批評的觀點，透過對話、討論、論辯，以達到相互理解和共識。這一層面的有效性——合理性，更多地呈現邏輯的意義，與之相輔相成，哈貝馬斯將涉及實踐有效性的所謂目的性行動置於理性化的視野之外，使之難以獲得合理定位。對理性化的如上理解，似乎未能充分把握理性化的內涵。

　　前文已論及，實踐過程展開於多重現實的關係。與實踐活動所涉及的不同關係相應，實踐過程的理性化也呈現不同的形式。以主客體關係爲視域，實踐過程的合理性具體關乎廣義之「理」。從現實的存在形態看，「理」不僅與認知或評價層面的理性相涉，而且與物件世界相關。就後一

方面而言,「理」包含二重涵義,即必然與當然。[29]前者(必然)涉及存在法則,後者(當然)關乎社會規範。與「理」的以上涵義相應,實踐過程中的合乎理既意味著與存在法則一致,也意味著循乎社會規範。以旨在變革物件的實踐活動而言,其展開不僅需要依乎存在的法則(必然),而且應當遵循社會的規範,包括實踐過程本身的行動規則。前者使實踐具有合乎事(物)與理意義上的正確性,後者則賦予實踐以合乎社會準則意義上的正當性。同樣,以社會體制的建構和運作為指向的實踐活動,也既應合乎社會規範(當然),又應與存在本身的內在法則一致,以此保證行動的正當與正確。可以看到,在合乎必然與當然的層面,實踐的合理性或理性化以正確性與正當性為其具體內涵。

相對於必然,當然與價值的規定具有更內在的關聯;較之形式或程序的方面,價值的內容本身則更多地呈現實質的意義。與以上方面相聯繫,實踐過程的合理性或理性化同時涉及形式與實質的方面。事實上,價值層面的正當性,往往同時體現了實質意義上的合理性;程序之維的合理性,則主要展現形式的意義。哈貝馬斯在談到生活世界的交往行動時,曾對金錢、權力對生活世界的滲入提出了批評:「金錢、權力這類仲介依附於經驗關係,它們體現了對待可計算的價值的目的—理性態度,它們使給予參與者的決定以一般的、策略性的影響成為可能,而使以共識為指向的交往邊緣化。」以金錢、權力為生活世界中交往的媒介,必然引向「生活世界的技術化」(technicizing of lifeworld)[30]在哈貝馬斯看來,生活世界中交往的理性化在於以語言為媒介,金錢、權力向生活世界的滲入,不僅導致了生活世界的非理性化,而且使生活世界中的交往行動具有

---

[29] 朱熹曾把「理」視為所以然與所當然的統一:「至於天下之物,則必各有所以然之故,與其所當然之則,所謂理也。」這裡的「天下之物」是就廣義而言,包括自然對象與社會實在,在引申的意義上,「所當然」與當然之則相關,「所以然」則可理解為必然。(朱熹:《大學或問上》)

[30] J. Habermas, *The Theory of Communicative Action*, Vol.2, polity Press, 1989, p.183.

非理性的特點。可以看到，上述意義上的理性化與非理性化，既涉及價值
內涵，也關乎實質的意義。就此而言，哈貝馬斯對交往行動的考察，無疑
也關涉實質的方面。

　　不過，如果作進一步的分析，便不難注意到，在哈貝馬斯那裡，實
質層面的非理性（不合理）與形式層面的理性化（合理性）似乎構成了彼
此相對的兩個方面：金錢（money）和權力（power）作為價值規定具有
實質的意義，行動的合理性在哈貝馬斯看來本來在於以語言為媒介，然
而，當實質層面的金錢和權力作為媒介滲入生活世界中的交往行動時，交
往行動便開始偏離基於語言活動的理性化方向。要而言之，實質意義上價
值規定（金錢和權力）的引入，導致的是交往行動的非理性化；透過語
言的溝通而實現的理性化，則更多地呈現形式的意義。事實上，如前所
述，哈貝馬斯將交往行動的合理性主要與真實性、正當性，真誠性等聯繫
起來，而所有這些方面又主要作為一種程序性的要求：它們首先涉及的是
言說的方式（「如何說」）而非言說的實質內容（「說什麼」），而言說
方式則以形式層面的程序性規定為其內涵。這樣，儘管克服金錢、權力對
生活世界的滲入體現了積極的價值取向，但就實踐活動的理性化而言，哈
貝馬斯顯然更多地關注於形式的層面。

　　與哈貝馬斯考察交往理性的以上進路有所不同，羅爾斯區分了理性
（the rational）與合理（the reasonable）。根據他的看法，理性主要關
涉「單個的、統一（united）的行動者（或者是個體，或者是合作中的個
人），這些行動者具有追尋其自身獨特目的和利益的判斷與慎思能力。
這些目的和利益的認可、確認，以及其優先性的獲得，都基於理性的運
用。理性也用於手段的選擇，這種選擇受到以下那些耳熟能詳之原則的引
導：採用對達到目的最為有效的手段，或者在同樣的條件下，選擇更可
能的那一項（the more probable alternative）。」「理性主體（rational
agents）所缺乏的是某種特定的道德感（moral sensibility），這種道

德感構成了從事公正合作的意欲之基礎。」與之相對，合理的（reason-able）儘管並不一定是道德感的全部內容，但「它包含與公正的社會合作觀念相關的道德感。」[31]具有合理意識的主體總是「考慮其行動對他人的利益產生的後果」。[32]可以看到，羅爾斯所說的「理性」與「合理」既涉及個體性與群體性的分野，也關乎功利的關切與道德的意識之間的區別，後者在某種意義上與工具理性和價值理性之分相關。羅爾斯將涉及道德內涵與價值關切的「合理」（the reasonable）與利益考慮與效率計較意義上的「理性」（the rational）區分開來，無疑體現了揚棄工具層面理性化的趨向。同時，在羅爾斯那裡，「合理」與「理性」首先與行動主體的能力相聯繫，從而，二者既涉及實踐過程的合理化或理性化，也關乎實踐主體自身的合理化或理性化，這一看法注意到了實踐主體自身的合理化或理性化對實踐過程的合理化或理性化的內在制約。

以上論域中的合理與理性本身應如何定位？一方面，羅爾斯肯定理性與合理雖不同而獨立（distinct and independent），但二者同時相互依存：僅僅具有合理性，則行動者便無從獲得他們希望透過公正合作以達到的自身目的；單純合乎理性，則行動者將缺乏正義感，[33]另一方面，羅爾斯又給予合理（reasonable）以更多道德上的優先性，後一趨向在「合理」與「理性」的以下區分中也得到了某種體現：「以『合理』與『理性』作爲方便的術語來表示康德對純粹的（pure）與經驗的（empirical）這二種實踐理性形式（two forms of practical reason）所作的區分是很有用的。前者可表達爲絕對命令中的命令（an imperative in the categorical imperative），後者則是假言命令中的命令（an imperative

---

[31] J.Rawls, *Political Liberalism*, Columbia University Press, 1996, pp.50-51.

[32] Ibid. p49.

[33] J. Rawls, *Political Liberalism*, Columbia University Press, 1996, pp. 51-52.

in the hypothetical imperative）。」[34]如所周知，在康德哲學中，理性的純粹形式相對於經驗而言具有主導性，道德的命令按康德的理解本質上則是絕對的，而非假言的。羅爾斯將合理和理性分別與康德道德哲學中的純粹形式與經驗形態、絕對命令與假言命令對應起來，顯然賦予他所說的合理以更爲主導、優先的性質。儘管羅爾斯將合理與道德感、正義感聯繫起來，從而使之區別於工具層面的理性而涉及價值之域，但作爲純粹形式、絕對命令的對應者，「合理」本身的形式之維也得到了更多的側重。在這方面，羅爾斯似乎又表現出與哈貝馬斯相近的取向。

實踐過程的理性化無疑包含形式和程序的方面，但同樣無法忽視實質的內涵。從實質的層面看，實踐過程的理性化既涉及「合理」，也關乎「合情」。這裡所說的「情」首先具有實在性的涵義，所謂「實情」、「情境」等等，便體現了這一點。事實上，在中國哲學中，「情」的原始涵義便與實在性相關。孟子在談到「物」時，曾將「物」與「情」聯繫起來，認爲：「夫物之不齊，物之情也。」[35]這裡的「情」，主要指事物的實際狀況：「不齊」即差異，在孟子看來，事物之間存在各種差異，這是事物的眞實形態。《墨子》一書也從實際區分的意義上理解「情」：「天地也，則曰上下；四時也，則曰陰陽；人情也，則曰男女；禽獸也，則曰牝牡、雄雌也。眞天壤之情，雖有先王不能更也。」[36]天地之有上下，四時之有陰陽，禽獸之有牝牡，等等，都屬不同物件固有的區分，「情」在此亦表示以上區分的實在性。荀子進一步從天人之辯的角度，談到了「情」：「故錯人而思天，則失萬物之情。」[37]萬物之情

---

[34] J. Rawls, "Themes in Kant's Moral Philosophy," in E. Förster (ed.): *Kant's Transcendental Deductions*, Stanford University Press, 1989, p.88.

[35] 《孟子‧滕文公上》。

[36] 《墨子‧辭過》。

[37] 《荀子‧天論》。

即萬物的真實形態，在荀子看來，如果懸置了人的能動作用，便無法把握萬物的真實形態，將「情」與「萬物」聯繫起來，則既突出了「情」作為真實、實在的含義，又強調了其與多樣性的關聯。與之相近，《易傳》肯定「吉凶以情遷」，[38]「吉凶」是指行動結果所呈現的不同價值意義，在《易傳》作者看來，這種不同的價值意義又根源於具體情境的差異（「以情遷」）。以上視域中的「情」，不僅涉及物件世界，而且與社會領域相關，從孟子的如下看法中，便不難注意到這一點：「故聲聞過情，君子恥之。」[39]這裡的「情」，便是指社會領域的具體事實（包括特定主體實際的所作所為），按孟子之見，真正的君子應當避免其實際的狀況與外在的名聲不相符合。作為與特定主體相關的事實，這裡的「情」也涉及具體性、特殊性。綜合起來看，在本體論的層面，「情」所表示的首先是事物多樣規定的真實性，其中既涉及實在性，也關乎特殊性、差異性，在此意義上，「情」更多地與存在的真實情境相聯繫。相對於「情」的以上涵義，「理」所展示的，首先是普遍的法則、原則或規範。與「情」和「理」的以上涵義相應，實踐過程中的合「情」與合「理」，意味著既合乎普遍的法則和規範，又適合於特定的實踐情境，二者的統一，構成了實踐過程中理性化的具體形態之一。

從某些方面看，哈貝馬斯也曾涉及情境的問題，不過，在他那裡，情境更多地與規範、原則提出的背景相關，從其如下論述中，便可注意到這一點：「命題與規範的有效性要求超越空間與時間，但在每一種現實的情況下，這種要求又是在此時此地、在一種特殊的情境之中提出的，其接受和拒絕對社會互動具有真正的意義（real implications）。」[40]不難看

---

[38] 《周易·繫辭下》。

[39] 《孟子·離婁下》。

[40] J. Habermas, *Postmetaphysical Thinking: Philosophical Essays*, Polity press, 1992, p.139.

到，這裡的關注之點主要不是普遍原則、結構在其作用過程中如何與特定的情境分析相結合，而是命題、規範本身在不同背景下的呈現方式。前文已一再提及，哈貝馬斯以交往行動為關注之點，這種交往過程又以語言為仲介，與之相聯繫，語言的規範與結構對他而言具有特殊的意義，而他在總體上所強調的，便是在語言基礎上形成的理解結構所具有的普遍性、確定性：「對於任何在語言所構成的生活形式之中宣稱有效的東西，在語言中達到的可能的相互理解的結構（the structure of possible mutual understanding in language），都構成了某種不可改變的東西。」[41]在此，結構—形式層面的普遍性，依然被視為主導的方面。這種看法，顯然有別於普遍之「理」與「實情」的交融。

　　「情」的另一基本涵義，涉及人的內在情感。[42]情感具有實質的價值意義：如果說，普遍的規範、原則主要從形式的層面體現了一定的價值取向，那麼，情感則從實質的方面展現了具體的價值意識。孟子曾指出：「君子之於物也，愛之而弗仁；於民也，仁之而弗親。親親而仁民，仁民而愛物。」[43]這裡的「仁」、「親」、「愛」，分別與不同的物件相關，並體現了不同的情感內容：「仁」作為人道之域的廣義情感，首先體現於人與人（廣義之「民」）的相互作用過程；「親」作為基於家庭倫理關係的情感（親情），主要展現於親子之間；「愛」作為寬泛意義上的珍惜、愛護之情，則更多地基於人與物的關係（表現為人對物的珍惜之情）。在此，無論是人我之間的「親親」、「仁民」，抑或物我關係中的「愛物」，其「親」、其「仁」、其「愛」作為實踐意向都不同於單純的理性謀畫、計較，而是內在地滲入了情感的關切。同時，這裡所展現的情

---

[41] J. Habermas, *Postmetaphysical Thinking: Philosophical Essays*, Polity press, 1992, pp.139-140.
[42] 就詞義的歷史演變而言，「情」的情感義較之「情」的實情義可能相對後起。這裡所關注的主要不是「情」在詞義上的前後衍化。
[43] 《孟子·盡心上》。

感的多樣性（「親」、「仁」、「愛」分別體現於不同的實踐關係，並相應地具有不同的情感內容）、真切性，與物「情」（實際的存在形態）的特殊性、真實性，也呈現某種關聯。情感的這種真切性和具體性，從一個方面體現了實質的價值內容。相應於此，「合情」意味著在實質的層面合乎一定的價值取向，與之相對的「合理」，則表現爲從形式的層面循乎價值原則，二者從不同的方面賦予相關實踐活動以正當性，這種正當性本身同時體現了價值意義上的合理性或理性化。

就主體間的交往而言，除了透過對話、討論、相互批評等語言活動而達到的彼此理解之外，還涉及主體之間基於情感的溝通。言說者對於聆聽者不僅應當曉之以「理」，而且需要動之以「情」；不僅應當透過理性、邏輯的力量論而使聆聽者不能不接受其所說的內容，而且需要透過「情」的感化，使之心悅誠服。從肯定或積極的方面看，「情」往往與「悅」相聯繫，所謂「凡人情爲可悅也」。[44]情的這一特點同時爲人與人之間的溝通提供了內在根據。對主體間溝通產生內在影響的這種情，在廣義上包括追求真與善的真誠之情和熱忱之意、願意接受批評的懇切之心，等等。僅僅憑藉理性和邏輯的力量，往往容易使言說成爲冷峻的強制，難以使人樂於接受。唯有同時滲入真情實意，才能使人既「信」又「服」、達到「信－服」之境。另一方面，從聽者對說者的態度看，則應當有同情理解的意向。此處所說的同情理解，既包括相信他人追求真理的誠意，也意味著從他人的視域考慮問題，包括設身處地加以思考，以把握他人的真切之意。事實上，主體間的溝通和理解，常常發端於情：「始者近情，終者近義。」[45]這裡的「情」在寬泛的層面表現爲直接、原初的內在意識，「義」則關乎理性層面的當然，在此意義上，始於「情」終於

---

[44] 郭店楚簡《性自命出篇》。

[45] 郭店楚簡，《性自命出篇》。

「義」同時意味著由「情」入「理」。

　　廣而言之，這裡同時涉及人我之間的相「感」。在中國哲學中，「感」既指事物（物件）之間的相互作用，所謂「天地感而萬物化生」，[46]又指人對世界、他人由「感」而「通」，所謂「感而遂通天下之故」。[47]這裡的天下兼及他人，與之相聯繫的「感」既不同於對物的靜觀，也有別於邏輯的思辨，「通」則不僅指理性層面的「達理」，而且也包括情感層面的「通情」，具體而言，由「感」而「通」也就是在「贊天地之化育」、成己與成物的具體過程中，達到對世界和他人之情理交融的領悟與把握，這種「感」─「通」既非囿於言語之域的交往，也不限於理性的論辯，其中不僅包含知與行的實質內容，而且表現為通「情」與達「理」的統一。與單純的程式合理性不同，通「情」而達「理」以人我相感、情理交融的方式，體現了主體間交往過程的合理性。

　　主體間同情理解與彼此相感的進一步引申，便是推己及人。孔子在談到如何貫徹仁道原則時，曾指出：「仁者己欲立而立人，己欲達而達人，能近取譬，可謂仁之方也。」[48]所謂「能近取譬」，也就是推己及人，其中包含二重前提：一方面，行動主體具有理性的推論能力，另一方面，主體應當對他人予以情感的關切，二者的結合，具體表現為一種情感的外推。孟子對此做了進一步發揮，並提出如下主張：「老吾老以及人之老，幼吾幼以及人之幼。」[49]這裡同樣既涉及由己及人的理性推論，又滲入了主體間的情感溝通。單純的理性推論主要表現為邏輯層面的活動，其中並不涉及實質的內容，它固然具有理性的性質，但其中的合理性主要呈現形式的意義；基於情感溝通的外推（情感的外推）則既體現了理性的

[46]　《周易‧咸‧彖傳》。
[47]　《周易‧繫辭上》。
[48]　《論語‧雍也》。
[49]　《孟子‧梁惠王上》。

形式（推論），又包含價值的內容（仁愛），由此展現的理性化，同時呈現實質的意義。對儒家而言，更廣視域中的道德實踐便建立在這一類的推論之上：「孩提之童，無不知愛其親也，及其長也，無不知敬其兄。親親，仁也；敬長，義也。無他，達之天下也。」[50]親親、敬長是一種包含倫理內容（仁義）並具有本原性的道德情感，「達於天下」，也就是將這種包含仁義內涵的本原性情感普遍地推行於外。作為貫徹仁道等價值原則的方式，這種情感外推所體現的合理性，內在地制約著由此展開的實踐活動，並賦予後者以實質意義上的理性化形態。

具體而言，以上論域中的「情」與「理」不僅統一於廣義的理性化過程，而且其本身也具有彼此互融的特點。一方面，合乎必然與合乎當然意義上的合「理」既涉及「實情」之「情」，也關乎「情感」之「情」：合乎必然與合乎當然都基於對實情的認識和把握，這種把握又與追求真和善的內在之情相聯繫；另一方面，不僅對實情的認識受到「理」的制約，而且情感也需要「理」的引導。就情感的性質而言，往往有健全與否的區分，以人我關係而言，對他人的不幸有同情之感，這是健全的情感反應；相反，對他人的不幸遭遇感到幸災樂禍，這種情感體驗則缺乏健全的性質。形成健全的情感，便需要包括價值規範的理性原則的引導。同時，情感表達的過程還涉及適度性。《中庸》曾提出：「喜怒哀樂未發，謂之中；發而皆中節，謂之和。」「未發」是就情感尚未呈現於外而言；「發而皆中節」，則指在情感流露於外時，既合乎一定的價值原則（具有健全性），又保持適當的「度」，避免「過」與「不及」。情感的這種「中節」，同樣需要「理」的內在引導。在以上方面，「理」與「情」無疑呈現相互滲入的關係。

從實踐的具體過程看，「情」與「理」的互動涉及多重方面。以社

會領域的實踐活動而言，如果既合乎情，又依乎理，便能使這種活動趨向於合理：「夫能通天下之情，不違其理，守大中之節，不失其時，以此而行，則合聖人中正之道。」[51]這裡涉及的首先是政治活動。「天下」包括天下之人，「天下之情」涉及天下之人心所向（包括情感趨向），「理」則是一定時代的價值原則、存在法則，「行」唯有順乎天下之人心（包括情感趨向）、依循當然之則與必然法則，才能達到「中正」（合理）的形態。這種看法可以視為「仁民」觀念的具體展開：「仁民」在實踐的層面兼涉政治活動。社會領域的政治實踐往往關乎變遷損益，這種活動如果不悖乎常理，則將呈現既合於情，也合與道的特點：「政有常，則其因革損益，莫不合於人情與夫先王之道。」[52]上述意義中的合「情」合「理」，已不限於主體之間的情感溝通，而是體現並滲入於現實的踐行過程之中。二者統一的形上前提，則是「道」與「情」的關聯性：「大道者，所以變化而凝成萬物者也；情性也者，所以理然不然、取捨者也。」[53]「然不然」（「然否」）屬實踐判斷，「取捨」則是與行相關的選擇，「道」所體現的存在法則與「情」所展示的實踐意向，在現實的世界以及人的踐行過程中彼此相關。

康德曾對規則（rules）與原理（principles）做了區分，在他看來，前者主要與知性相關，後者則涉及理性：「知性也許可以視為借助於規則（rules）使各種現象統一的能力，而理性則是使知性規則（rules）統一於原理（principles）之下的能力。」[54]知性雖然透過概念或範疇（純粹知性概念）賦予感性雜多以統一性，但仍有其界限，理性則進一步透過

---

[51] 胡瑗：《周易口義》，卷十。此書由胡瑗口授，其弟子倪天隱錄述。

[52] 林之奇：《尚書全解》卷三十八。

[53] 《大戴禮記·哀公問五義》。又，據相關考訂，此句所含「然不然」中後一「然」字疑為衍，「不」讀為「否」，「然否」與「取捨」相對應。（參見黃懷信：《大戴禮記匯校集注》，卷一，三秦出版社，2005，第67頁）

[54] Kant, *Critique of Pure Reason*, Bedford/St. Martin's, Boston/New York, 1965, p. 303.

理念將指向不同的物件、彼此限於一定界域的知性統一起來。如果懸置康德關於知性與理性的特定界說而在引申的意義上運用規則（rules）與原理（principles）這兩個概念，那麼，便可以將規則與狹義的理性聯繫起來，而賦予原則以更廣的涵義，使之同時涵蓋「理」與「情」。在此意義上，僅僅與理性規則一致，還只是在「不違其理」的層面上呈現理性品格，合乎廣義的原理，則進一步表現為「通天下之情」與「不違其理」的統一，從而真正達到了「中正之道」。

上述意義上與規則相對的原理，近於「心同此理」中的「理」。這裡的「理」既不同於特定的理性規定，也有別於超驗的法則，而是與人的內在意識或觀念相聯繫，所謂人同此心、心同此理。從實質的方面看，「心同此理」既關乎普遍之則，又表現為一種共通感（common sense），這種共通感不限於康德哲學中的審美意識，而是以共同的價值趨向為其內涵。[55]孟子曾說：「心之所同然者何也？謂理也，義也。」[56]以理和義為內容的這種內在的相通意識（心之所同然），便可視為以共通感形式出現的普遍價值取向。與包含「理」與「義」相聯繫，這一層面的「心之所同然」，同時又以普遍之則為題中之義。以上兩個方面相互融合，構成了「心同此理」中「理」的具體內涵。不難看到，後者以相通意識與普遍之則互融的形式，體現了「情」與「理」的統一，而區別於狹義規則的廣義原理，則可以理解為以上視域中的「理」。

實踐過程的合理性不僅涉及主體間的交往以及更廣意義上的實踐過程，而且關聯著實踐主體。作為具體的存在，實踐主體包含多重規定。從

---

[55] 在康德那裡，共通感（common sense）首先與審美活動相聯繫，其特點在於關涉情感（feeling）。對康德而言，情感的普遍可溝通性便以共通感的存在為前提，康德並以此區別共通的知性（common understanding），認為後者不是由情感，而總是透過概念做出判斷（參見Kant, *Critique of Judgment*, Hafner Publishing Co. New York, 1951, pp.75-77）。這裡所說的「共通感」具有引申的意義，其中不僅涉及審美趣味，而且包含普遍的價值意識。

[56] 《孟子·告子上》。

精神形態看，這裡關乎狹義的理性與情、意之間的關係。傳統的理學曾區分人心與道心，作為與心性關係中的「性」相一致的內在規定，道心更多地體現了理性的品格，與之相對的人心則表現為與人的感性存在相關的情、意以及感性的意欲。在人心與道心二者之中，理學的關注之點更多地放在道心：「須是一心只在道心上，少間那人心自降伏得不見了。人心與道心為一，恰似無了那人心相似，只是要得道心純一。」**57**「無人心」與「道心純一」相聯繫，不僅意味著以道心為主導，而且趨向於排斥人心，其中蘊含著理性與情意等精神規定之間的內在緊張。在實踐主體的內在人格或精神層面，廣義的合理性或理性化以健全的精神形態為其表現形式：當理性與情意彼此衝突時，實踐主體的內在人格便難以呈現健全、合理的形態。在其現實性上，人格的健全以理性（道心）與情意（人心）的統一為其題中之義，這種統一同時賦予實踐主體的內在人格以廣義的理性化或合理性的形態。從實踐過程看，這裡的人格包含二重意義：一方面，它構成了實踐活動展開的內在條件，並相應地呈現功能性品格；另一方面，它又表現為實踐過程的目的：從實質的層面看，實踐活動以成己與成物為指向，成物主要是成就世界，成己則意味著成就實踐主體自身。實踐過程的合理展開既需要在程序、方式等方面合乎當然與循乎必然，也應當使實踐主體自身達到健全、合理的形態，後者同樣涉及「合情」與「合理」的問題。

　　以上主要從實踐過程中的主體間關係及主體性之維，考察實踐過程理性化的不同內涵。從引申的意義看，上述過程所內含的「合情」與「合理」，也關乎主客體關係以及與之相關的實踐活動。前文提及的「仁民愛物」，便包含對事物的珍惜、愛護之情：如果說，「仁民」是從人我關係或群己關係方面體現了如何對待他人或群體的實踐原則，那麼，「愛

---

57 《朱子語類》，卷七十八。

物」則從物我關係或天人關係上，展現了對待自然、他物的實踐原則。張載的民胞物與之說，對此做了更具體的闡述：「乾稱父，坤稱母；予茲藐焉，乃混然中處。故天地之塞，吾其體；天地之帥，吾其性。民吾同胞，物吾與也。」**58**在此，張載將整個世界視爲一個大家庭，其中既包含對他人的關愛之情，也體現了對他物的珍愛之意，儘管與孟子所說的「仁民愛物」一致，以上看法所涉及的情感具有不同的內涵，但這裡又確實肯定了在「贊天地之化育」的踐行過程中應當既合乎理（天道），又合乎情（人道）。後來理學所一再確認的「仁者與天地萬物爲一體」，可以視爲民胞物與說的引申，它所體現的觀念，也與之前後相承。當代的一些倫理學說提出環境倫理或生態倫理的思想，其中所滲入的珍愛環境、保護自然、關心生態等意識，也涉及情境（物之情）與情感（人之情）。從上述觀念出發，則變革物件的實踐過程所涉及的合理性便不僅僅表現爲合乎理性的謀畫、計算（合理），而且在於它同時既關注具體的實踐情境，也體現了基於「民胞物與」的「愛物」之情（合情）。

可以看到，實踐過程的合理性或理性化既涉及形式之維，也關乎實質的方面。從實質的層面看，理性化不僅與「理」相關，而且也與「情」相涉。在積極的意義上，實踐活動的理性化表現爲合「情」合「理」，這一論域中的「合」既意味著普遍之理（存在法則與社會規範）與具體情境的交融，也展現爲形式層面的理性程序與實質層面的情感溝通、情感關切的統一。理性化的以上內涵與前文所論的實踐理性原則具有內在的一致性：如果說，實踐理性的正當原則（the principle of rightness）主要表現爲與「理」（作爲當然之則的規範）相合、向善原則（the principle of goodness）內在地蘊含合乎「情」（體現價值取向的人之情）的要求，那麼，有效原則（the principle of effectiveness）則既意味著合「理」

58　《張載集》，中華書局，1978，第62頁。

（合乎作爲必然的普遍法則），也**趨**向於合「情」（合乎體現實然的物之情）。[59]在相近的意義上，實踐過程的合理性或理性化與後文將討論的實踐智慧也呈現實質層面的相通性。當然，實踐智慧側重於從內在的觀念之維體現「情」與「理」的交融與統一，相對而言，實踐過程中的理性化則更多地在外在的實際活動中展現了上述統一。與積極意義上的理性化相對，消極意義上的「非理性化」或「不合理性」，表現爲實踐過程中的悖「情」違「理」。

綜合而論，正如對認識過程的理解應當超越單純的認知而賦予其廣義的內涵一樣，實踐過程中的理性化，也需要在廣義層面加以把握，後者意味著賦予理性化以合「情」與合「理」雙重內容。然而，理性化的以上意蘊，往往未能進入當代哲學的視野。在這方面，哈貝馬斯的交往行動理論無疑具有一定的代表性。交往行動理論以如何達到交往過程的理性化爲關注之點，但其主要**趨**向則是將交往行動與言語行動聯繫起來，並由此把與之相關的理性化首先歸之爲合乎規範等程序層面的合理性，這種看法延續了康德的進路，基本上忽視了合「情」與合「理」的統一。對理性化的如上理解無疑具有狹隘性。從現實的層面把握實踐過程的合理性，需要從廣義的視域出發，對「情」與「理」予以雙重關注。

---

[59] 關於實踐理性原則的具體內涵，參閱本書第六章。

第八章　實踐智慧

　　實踐理性以及實踐過程的理性化，從不同的方面展現了實踐的內在向度。在更深沉的意義上，實踐過程的展開同時關涉哲學視域中的實踐智慧。[1]按其本義，哲學層面的智慧，本身要求具體地落實於人的實踐，人的實踐活動及其展開，則在不同的層面受到智慧的內在制約。作爲智慧的實踐體現或智慧在實踐之域的具體形態，實踐智慧以觀念的形式內在於人並作用於實踐過程，其中既凝結了相應於價值取向的德性，又包含著關於世界與人自身的知識經驗，二者融合於人的現實能力。價值取向涉及當然之則，知識經驗則不僅源於事（實然），而且關乎理（必然）；當然之則和必然之理的滲入，使實踐智慧同時呈現規範之維。在成己與成物（成就世界與成就人自身）的過程中，實踐智慧聯結了對世界的解釋與對世界的變革，展現爲「是什麼」的理性追問與「應當成爲什麼」以及「應當做什麼」的價值關切之間的統一。它在賦予智慧以實踐品格的同時，也使實踐獲得了智慧的內涵。

一、解釋世界與改變世界：走向融合

　　就現實的形態而言，實踐智慧首先體現於人和世界的互動過程。從人與世界的關係看，人一方面以不同的方式認識與理解這個世界，另一方面又不斷變革世界，使之合乎自身存在的需要。這裡既涉及寬泛意義上的知行之辨，又在更實質的層面關乎解釋世界與改變世界的關係。解釋世界

---

[1]　作爲哲學範疇，「實踐智慧」（practical wisdom）可以追溯到古希臘哲學中的*phronesis*，後者的涵義與實踐背景下的明智（intelligence）、完美的判斷（soundness of judgment）等相聯繫。本書所討論的「實踐智慧」既與以上的哲學史背景相聯繫，又不限於哲學史的論域。在實質的層面，本書對「實踐智慧」這一概念做了引申性的理論考察，並賦予其以更廣的內涵。

與「是什麼」的追問相聯繫，其中內含著關於世界的知識經驗；變革世界則基於「應該成爲什麼」的關切，後者滲入了不同的價值取向並進一步引向「應當做什麼「的追問。「純粹」的理論理性或知識經驗往往主要關注「是什麼」的問題，「純粹的」實踐理性或價值關切則以「應該成爲什麼」爲首要的關切之點，[2] 相對於此，在實踐智慧中，「是什麼」與「應該成爲什麼」以及「應當做什麼」不再呈現爲彼此分離的問題：「是什麼」的理論性追問，以不同的形式（直接或間接）落實於「應該成爲什麼」以及「應當做什麼」的實踐性關切；「應該成爲什麼」以及「應當做什麼」這一實踐問題的解決，則以「是什麼」的追問爲其現實的根據。需要指出的是，這裡所體現的「是什麼」與「應該成爲什麼」以及「應當做什麼」的溝通，與休謨所質疑的從「是」之中推出「應當」，涵義有所不同。休謨視域中「是」與「應當」的關係，首先涉及邏輯之域，休謨所質疑的，主要是兩者之間是否具有邏輯上的蘊含關係。實踐智慧論域中的「是什麼」與「應該成爲什麼」以及「應當做什麼」之間，則不限於狹義上的邏輯蘊含關係，而是關乎廣義的知行過程以及價值關係。從邏輯的層面說，「是」與「應當」之間確實不存在邏輯上的蘊含關係，從而，我們也無法在演繹推論的意義上，從「是」之中推出「應當」。然而，從價值論的角度看，「是」與「應當」之間則呈現價值的蘊含關係：在價值論的視域中，凡是真正有價值者，便是「應當」成爲現實的；當我們判斷某種存在形態是有價值時，這一判斷同時也蘊含了如下預設，即相關的存在形態或價值「應當」成爲現實。引申而言，某種行爲如果「是」好的或善的（具有正面價值意義），那就「應當」去做。在此，以價值的蘊含爲前提，「是什麼」與「應該成爲什麼」以及「應當做什麼」之間，不再截然

---

[2]　康德意義上的實踐理性首先關涉「我應當做什麼」，然而，從更廣的層面看，即使在倫理的領域，「做什麼」最終也與「成爲什麼」（成就什麼樣的人格）相聯繫。

分離。舍勒已注意到這一點，他提出了「理想的應當」（ideal ought）的觀念，後者包含如下涵義：「凡是有價值（善）的，便是應當實現的（應當做的）」。[3]就更廣的知行關係而言，基於成己與成物的實踐目標，「是什麼」與「應該成爲什麼」以及「應當做什麼」之間也形成了內在的關聯：以價值關切爲內容的實踐意向，使「是什麼」的認識既不斷引向「應該成爲什麼」以及「應當做什麼」的行動選擇，又爲後者提供了根據。在實踐智慧的意義上肯定「是什麼」與「應該成爲什麼」以及「應當做什麼」的關聯，體現的便是以上視域。

與「是什麼」和「應該成爲什麼」以及「應當做什麼」的以上溝通相聯繫，解釋世界與變革世界的界限，也開始得到揚棄：對世界的解釋，構成了變革世界的理論前提，變革世界的歷史需要，則爲解釋世界提供了內在動力。質言之，以變革世界的實踐關切接引對世界的理論解釋，以解釋世界的理論觀念範導對世界的實踐變革，構成了實踐智慧的內在特點，在這一互動過程中，實踐智慧同時聯結了對世界的解釋與變革。

以人的行動和實踐過程爲視域，實踐智慧與前文所討論的實踐理性同時呈現出某種相關性：在不限於「解釋世界」、以「變革世界」爲指向等方面，實踐智慧與實踐理性無疑具有相通之處。[4]不過，就其深層的內涵而言，實踐智慧的內在特點在於以智慧爲題中之義。在哲學的意義上，智慧首先與知識相對。從人與世界的關係看，較之知識以分門別類的形式把握經驗領域的特定物件，智慧所指向的是關於事物以及世界的整體性認識。就內在的精神或意識之維而言，智慧涉及意識的不同方面：它既以理性爲內容，又關乎情、意、直覺、想像等方面，從而以綜合的形態展現了人的精神世界。寬泛地說，智慧不僅有其理論的向度，而且體現於實

---

[3] Max. Scheler, *Formalism in Ethics and Non-formal Ethics of Value*, Northwestern University Press, 1973, pp.210-211.
[4] 關於實踐理性的具體論述，參閱本書第六章。

踐之域。智慧的理論向度或理論層面的智慧不同於把握特定經驗對象的知識，而是主要展現於對世界的形上理解，智慧的實踐之維或實踐層面的智慧則同時體現於改變世界的過程；前者可以視為形上智慧，後者則表現為實踐智慧，二者既有不同側重，又在成己與成物的過程中相互關聯。[5] 與整體地把握物件相聯繫，智慧在實踐過程中的特點具體表現為以道觀之，與之相涉的整體視域同時構成了智慧作用於實踐過程的觀念背景，後者又進而與具體的情景分析相融合。基於綜合的內在精神世界，智慧則如後文將論述的，以「度」的原則為實踐取向。

從以上背景理解實踐理性與實踐智慧的關係，則可以注意到，前者（實踐理性）既表現為理性在實踐過程中的運用，又可以看作是實踐智慧在理性層面的具體體現：較之「以道觀之」的智慧視域，實踐理性更多地體現於對實踐過程中的相關原則及規範的把握，與行動的多樣展開也具有更切近的聯繫。同時，與實踐智慧內含精神世界的多重方面有所不同，實踐理性以判斷、推論等理性活動為主要內容，其特點不在於以綜合的形態展現人的能力，而是首先將人的能力置於理性的層面，其著重之點也相應地體現於理性的普遍原則和規範，康德在實踐理性的論域中一再將普遍準則和普遍法則提到突出地位，也從一個方面展現了實踐理性的如上特點。要而言之，實踐智慧與實踐理性都既體現了說明世界與改變世界的交融，也關聯著人的內在力量（能力）、普遍的原則和規範，但二者的側重之點又有所不同。

當然，從更廣視域中知與行的互動過程看，說明世界與變革世界又各有其相對獨立性。在後一意義上，形上智慧和理論理性以廣義的「是什

---

[5] 如所周知，亞里斯多德曾區分了哲學智慧（philosophical wisdom）與實踐智慧（practical wisdom），並認為哲學智慧關乎「按其本質是最高層面的事物」（參見Aristotle, *Nicomachean Ethics*, 1140b30-1141b5, *The Basic Works of Aristotle*, Random House, 1941, pp.1027-1028）。本書所說的智慧的理論向度或「形上智慧」與亞里斯多德的「哲學智慧」在某些方面具有一定的關聯。當然，亞里斯多德同時強調哲學智慧涉及科學知識與直覺理性（intuitive reason）的交融（ibid, 1141b.5, p.1028），本書則更側重於形上智慧與實踐智慧的相關性。

麼」爲主要的追問對象，這種追問包含著爲求眞而求眞的趨向，後者儘管並不直接以變革世界爲目標，但它不僅對於深化關於世界的認識具有不可忽視的意義，而且透過推進對世界的理解而制約著對世界的變革。事實上，實踐過程中理論理性與實踐理性、形上智慧與實踐智慧的統一，本身以肯定上述視域中形上智慧和理論理性的相對獨立性爲前提。就此而言，實踐智慧以及實踐理性所體現的說明世界與變革世界的統一，並不排斥形上智慧及理論理性相對獨立的展開。

　　人不僅與世界發生知和行的關係，而且面臨認識自己與變革自己（成就自己）的問題。中國哲學在肯定「自知」、「知人」的同時，又將「成己」、「成人」提到重要地位，已注意到了以上方面。「自知」、「知人」從狹義上看涉及認識自己與認識他人，就廣義而言則意味著把握作爲個體的人與作爲類的人；「成己」、「成人」作爲對「應當成爲什麼」的具體回應，相應地關乎個體（自我）的實現與群體（社會）的完善。以成己與成人爲指向，「是什麼」的追問具體化爲「何爲人」的探索，傳統儒學的「人禽之辨」便以「何爲人」作爲追問的對象。對人的理解（人「是什麼」），進一步構成了考察人應當如何「在」（「應當做什麼」）以及應當「成就何種人格」（「應當成爲什麼」）的前提。在這裡，同樣可以看到「是什麼」（理解人自身）與「應該成爲什麼」以及「應當做什麼」（改變人自身—成就人格、完善群體）之間的聯繫，這種關聯從人自身之「在」這一層面，展示了實踐智慧的品格。[6]

---

[6] 加達默爾曾對「實踐知識」做了考察，並將這種實踐知識與「技術」區分開來。按他的理解，在科學的時代，「技術概念」往往取代了「實踐概念」。（參見《眞理與方法》，下卷，第3版後記，上海譯文出版社，1999，第739頁。）這種有別於「技術」的「實踐知識」，近於這裡所說的實踐智慧。與亞里斯多德以來的傳統相近，加達默爾所理解的實踐，首先與道德、政治等領域的活動相聯繫，對他而言，這一視域中的實踐知識，同時又涉及造就人自身。（參見同上書，上卷，1992，第404頁）加達默爾的以上看法從一個方面注意到了實踐智慧與「成己」的相關性。當然，對於實踐智慧在更廣意義上溝通說明世界與變革世界的內在趨向，則加達默爾似乎未能給予充分的關注。

　　以成己與成物爲指向，實踐智慧同時有其形而上的依據。亞里斯多德在談到實踐智慧（practical wisdom）的特點時，曾指出：「善於考慮的人具有實踐智慧。沒有人會去考慮那些不可改變的事物，也沒有人會考慮他不可能加以作用的事物。」[7]這裡的「考慮」以事物的改變爲內容，它構成了實踐智慧的題中之義。不難注意到，按亞里斯多德的理解，實踐智慧的作用，乃是基於事物可以加以改變，在以下表述中，亞里斯多德更明確地指出了這一點：「實踐智慧處理可改變的事物。」[8]這裡蘊含如下的邏輯關係：實踐智慧體現於對事物和人自身的改變，這種改變的實現，又以物件和人自身的可改變性爲前提。由此做進一步的考察，則可看到：物件和人自身的可改變性固然表現爲一種本體論的規定，但這種規定的價值意義，又透過人的實踐過程而實現，在影響、作用於實踐活動的過程中，實踐智慧的本體論根據與價值意蘊也呈現內在的相關性。

　　寬泛而言，「應當做什麼」既關乎價值取向，又與自我認同相聯繫。價值取向具體落實於價值目標、價值方向的確認，它從總的方面規定著實踐主體對行爲的選擇。以個體與群體的關係而言，肯定並注重群體價值者，一般不會選擇危害群體的行爲。自我認同則包括兩個方面，其一，普遍層面的認同，包括承認自己爲「人」（亦即肯定自己爲「人」這一「類」中的一員）、肯定自己爲一定社會共同體中的成員，等等；其二，具體關係、境遇中的角色認同，如確認自身爲「教師」、「學生」、「父」、「子」等等。前者表現爲普遍意義上的社會歸屬，後者則同時具有身分定位的意義。價值取向爲行爲的選擇、實踐方向的確定提供了總體的範導，自我認同則從不同方面爲一定存在境域中行爲的選擇、實踐方向的確定提供了現實的根據。以中國傳統社會中的家庭倫理關係與

---

[7]　Aristotle, *Nicomachean Ethics*, 1140a30, *The Basic Works of Aristotle*, Random House, 1941, p.1026.

[8]　Aristotle, *Nicomachean Ethics*, 1141b1, *The Basic Works of Aristotle*, Random House, 1941, p.1027.

道德實踐而言，仁道所確認的價值原則（肯定人的內在價值）以及社會歸屬和身分定位層面的自我認同，具體地規定了父慈子孝的實踐方式：「父」之慈與「子」之孝既以普遍層面上確認人的內在價值為前提（儒家仁道原則的核心就在於肯定人不同於物的內在價值），又基於「父」與「子」不同的身分、角色認定，前者決定了為善的定向，後者則規定了「慈」與「孝」等不同的行為方式。在這裡，普遍的價值取向與特定的存在境域、類與個體、社會關係與歷史背景彼此交錯，實踐智慧則體現於對這些相關方面的具體把握，這種把握進一步制約著「應當做什麼」的實踐選擇。

　　亞里斯多德曾對實踐智慧的內涵做了具體闡釋，並認為，實踐智慧既體現於了解何者對自我及一般意義上的人有益，又涉及「合乎邏輯的、真實的能力形態」，並以此「為人的利益而行動」。[9]與利益相關，意味著實踐智慧以價值的關切為題中之義，也是在相同的意義上，亞里斯多德認為實踐智慧指向「一種好生活」，並關乎人「總體上的有益生活」。[10]合乎邏輯體現了理性的品格；「為人的利益而行動」則是與價值追求相聯繫的實踐活動，它以作用於世界並使之合乎人的需要為目標，其中內在地包含改變世界的要求。不難看到，對實踐智慧的以上理解，無疑也在某種意義上注意到其聯結「說明世界」與「改變世界」、「是什麼」與「應當做什麼」的內在特點。

　　以世界的變革與「應當做什麼」的追問為指向，實踐智慧在不同的層面都涉及目的性問題。從邏輯上看，在確認「應當做什麼」之後，可以進一步追問：「為什麼應當做所選擇之事？」後者便關涉目的性。同樣，對世界的變革，也基於一定的實踐目標（理想），這種目標（理想）同時

---

[9]　參見Aristotle, *Nicomachean Ethics*, 1140b5-20, *The Basic Works of Aristotle*, Random House, 1941, pp.1026-1027.

[10]　Aristotle, *Nicomachean Ethics*, 1140a25, *The Basic Works of Aristotle*, p.1026.

表現為相關的價值目的。與價值目的的如上關聯，構成了實踐智慧不同於「純粹」理性或理論理性的內在特點。

就最一般的層面而言，實踐智慧所指向的價值目標，具體表現為成己與成物。此所謂成己，在廣義上指成就作為個體或類的人自身（自我的完成與群體價值的實現），成物則既指化本然的實在為合乎人需要的存在，也包括社會領域的變革。以成己與成物為實質的內容，「應當做什麼」的關切與「為何應當做」的追問彼此交錯與重合，二者統一於實踐智慧。當然，在不同的實踐背景中，實踐智慧的目標指向往往有不同的側重。在社會領域，成就自己（個體的完善）與成就群體（社會理想的實現），常常成為主要關注之點；在人與物的關係中，化「自在之物」為「為我之物」則構成了更為主導的方面。

從哲學史上看，對實踐或行動的目的性，存在著不同的理解。在道德實踐的領域，道義論強調以道德原則作為行為的出發點，排除對行為結果的功利考慮，由此，實質層面的目的，每每也被置於視野之外：在道義論的論域中，考慮與行為結果相聯繫的目的，便意味著偏離道德之界。較之道義論要求在倫理層面超越目的意識，中國先秦的道家在更廣的意義上表現出消解行動目的性的傾向。在談到人的行為性質時，莊子曾指出：「無為為之之謂天。」[11]所謂「無為為之」，首先相對於目的性的追求而言，其特點在於非有意而為；以「無為為之」為「天」的內涵，相應地包含揚棄目的性之意。與之相聯繫，對道家而言，理想的行為方式便是「動不知所為，行不知所之」，[12]亦即無任何行為的目的與意向，這裡既意味著超越利害的計較，也包含以自然原則揚棄目的性的要求。

相對於以上進路，另一些哲學系統更多地表現出對目的的關注，功

---

[11] 《莊子·天地》。

[12] 《莊子·庚桑楚》。

利主義在這方面具有一定的代表性：與注重行為結果相聯繫，功利主義將指向行為結果的目的放在重要地位。在目的與行動的關係上，功利主義具有二重性：一方面，它以獲得幸福等功利的結果為行動的目的，就此而言，其目的之追求呈現某種一貫性；另一方面，對具體情景中何者為有利、何者有助於實現幸福，等等，功利主義的理解又具有多樣、變易的特點。與後者相應，功利主義視域中的目的，往往呈現某種偶然、外在的特點：對極端形式的功利主義（如行為功利主義）而言，所有特定情景中可能具有的功利結果，似乎都可以成為意向的目標。目的的這種偶然化、外在化，在邏輯上容易引向各種形式的機會主義：任何行動只要能夠實現當下確認的功利目的，便都可加以選擇。

與以上二重趨向不同，實踐智慧以目的之承諾為其題中之義，從而有別於道義論與自然主義從不同方面對目的之消解，同時又以成己與成物為目的之實質內涵，後者基於人在本源層面的存在價值，具有確定的價值內涵，正是在此意義上，亞里斯多德認為，具有實踐智慧的人不限於特定的利益，而是善於有意識地考慮「總體上的有益」，[13]相對於功利主義之將目的偶然化、外在化，實踐智慧無疑體現了不同的趨向。

揚棄對目的之消解與克服將目的偶然化，主要從價值承諾這一層面體現了實踐智慧的目的指向。目的本身與理想存在內在的關聯，理想可以在不同形式的目的中取得具體形式，目的也可以體現並轉化為理想，事實上，在不少情況下，目的與理想往往具有交錯、重合的特點，如人生的目的與人生的理想便具有一致性。目的與理想的形成既與一定的價值取向相聯繫，又基於對現實的具體理解和把握。具有不同價值取向的人，其追求的理想及實踐的目的也往往各異，而在多樣的實踐背景或行動情景中，目的也會獲得不同的內涵。肯定人的內在價值，可以視為一種基本的價值取

---

[13] Aristotle, *Nicomachean Ethics*, 1140a30-35, *The Basic Works of Aristotle*, p.1026.

向，這種取向在人我關係中具體表現為以人為目的而非手段，在面對自我時，則意味著以「為己」（自我的完成和實現）為指向，而超越「為人」（僅僅以獲得他人讚譽為鵠的）。在不同的歷史時期，相應於多樣的社會現實，以上目的和理想的具體內容以及表現形態往往呈現彼此相異的特點。

目的性與現實存在形態之間更實質的關聯，體現於目的與法則之間。實踐的過程既具有目的指向，又本於存在的法則（包括因果法則）。目的性賦予實踐過程以「有為」的性質：目的使實踐過程自覺地指向一定目標，從而既具有方向性，又表現為「有意而為之」。以存在法則為本，則使實踐過程呈現某種「無為」的性質：遵循法則，要求實踐主體避免僅僅從內在意向出發展開自我之「為」。單純地強調「有為」，容易導致以合目的性否定合法則性，僅僅講「無為」，則往往將以合法則性消解合目的性。在這裡，實踐智慧的特點在於化解合目的性與合法則性、有為與無為之間的張力，使二者在不同的情景中達到的具體統一。

與內含價值目的與價值取向相聯繫，實踐智慧同時在邏輯上涉及不同的作用方向。就現實形態而言，價值可以呈現不同的性質，通常所說的正面價值與負面價值、肯定的價值與否定的價值，便體現了這種相異的價值性質。同樣，價值目的與價值取向本身也往往包含不同的內涵。從終極的層面看，唯有體現走向自由這一人類發展歷史趨勢的價值取向，才具有正面的價值意義。作為實踐智慧的內在構成，價值取向既制約著行動的方向，也規定著實踐智慧本身的性質。正如知識既可以為實現正面的價值目標發揮作用，也可以運用於負面的價值目標一樣，實踐智慧也包含著作用於不同價值目標的可能。在這裡，賦予實踐智慧以積極的價值內涵，無疑具有不可忽視的意義。

不難注意到，以上視域中的實踐智慧不同於技藝或操作性知識。技藝或操作性知識有一定的程序或動作要領，從手藝等製作活動到體育競技

活動，呈現此特點。儘管僅僅懂得要領並不一定意味著做得好，但遵循要領（程序）卻是技藝或操作性知識的前提。與之不同，實踐智慧無法以程序、要領來限定。技藝或操作性知識往往運用於完成既定的目標、計畫，實踐智慧則體現於解決具體境遇中面臨的問題，後者固然也涉及計畫，但更側重於解決計畫實施過程中無法預期的各種問題。技藝或操作性知識通常基於已有的經驗：經驗對技藝的運用具有首要的意義，實踐智慧則既與以往經驗相聯繫，又關乎新的或特定的境遇、背景、情景，其運用更多地基於對特定情景的分析：如後文將進一步分析的，在實踐智慧中，一般原理總是與特定情景的結合。技藝或操作性知識指向確定的結果，其內在要求是合乎一定的標準與規範：手工勞動要求合乎技術規範，體育等技藝活動要求合乎動作要領，如此等等。相形之下，實踐智慧更多地涉及在不同的情景之下對規範的創造性運用。此外，技藝或操作性知識主要涉及人與對象的關係，實踐智慧則既與人與物件的互動相關，也體現於更廣意義上人與人的交往過程。

二、原則的引用和情景的分析

實踐智慧所內含的目的之維，內在地規定了實踐和行動的方向。從心物關係看，目的關乎存在的法則；以知與行的互動為視域，目的又與手段相聯繫。作為價值取向的體現，目的規定了「應當做什麼」；以目的之實現為指向，手段則主要涉及「應當如何做」的問題。「應當做什麼」與「應當如何做」在邏輯上相互關聯：前者以價值層面的理性關切為內涵，後者則更多地體現了工具層面的理性思慮。在實踐智慧中，「應當做什麼」所內含的價值理性與「應當如何做」所關涉的工具理性既對應於目

的和手段，又彼此呈現相互交融的形態。

就實踐過程而言，目的涉及實踐的目標，手段則關乎達到目標的具體方式或途徑。實踐的目標與實踐的方式之間本身並不存在直接的聯繫，二者的關聯往往需要透過實踐推理或實踐推論的方式建立起來。實踐推理或實踐推論（practical reasoning）在邏輯上包含如下方面：形成某種目的，並希望實現這種目的；基於對具體條件的分析，以確定實現以上目的的方式和手段；選擇這種方式和手段，以實現相關目的。這種推論不同於「是什麼」的追問，而是著重於溝通「應當做」與「如何做」，並由此聯結目的與手段。從推論的方式看，由目的到手段的進展，並不僅僅表現為一種形式層面的程序性過程，而是涉及實質層面的情景分析。事實上，實踐推論的一般特點便在於：就推論的指向而言，它主要不以說明世界為目標，就推論的方式而言，它則不囿於邏輯的形式，而更多地涉及實質的背景與條件。這裡可以同時對實質的推論與形式的推論做一區分。與形式推論主要基於前提與結論之間的邏輯關聯有所不同，實質推論（material inference）的特點在於不限於邏輯的形式而以存在的規定以及概念的內涵為其根據，布蘭頓已注意到這一點，在他看來，實質的推論是一種與本體論相關的、「建立在內容之上的推理」（content-based reasoning），它「涉及前提與結論之間非邏輯的概念內容」。[14]非邏輯的概念內容既牽涉事物的現實規定，也關乎事物之間的實際聯繫。以日常生活而言，從「空中出現了閃電」，可以推出「很快會聽到雷鳴」。這種推論便屬於實質的推論，它的依據不僅僅是概念之間形式的邏輯關係，而更多的是「閃電」、「雷鳴」這些概念所包含的實際內容，後者同時又涉

---

[14] 參見Robert B. Brandom, *Making It Explicit*, Harvard University Press, 1994, p.101, p102. 在布蘭頓之前，塞拉斯（W. Sellars）已提出「推論的實質規則」（material rule of inference）這一概念（參見W. Sellars,「Inference and Meaning」, in J. Sicha, ed. *Pure Pragmatics and Possible World: The Early Essays of Wifrid Sellars*, Ridgeview Publishing, 1980）布蘭頓關於實質推論的看法可以視為對塞拉斯相關觀念的引申。

及現實的事物（現實中的閃電、雷鳴）以及他們之間的關係：在現實的世界中，閃電和雷鳴具有事實層面的內在聯繫，實質的推論便基於如上的現實聯繫。在社會領域，可以進一步看到具有價值意義的實質推論，如「多行不義必自斃」。從「多行不義」引出「必自斃」，這種推論同樣不限於形式而包含實質的內容，其中涉及「不義」、「自斃」這些概念的具體內涵以及相關的存在形態：「不義」意味著完全悖離一定社會所普遍接受的規範，從而為社會所不容、為共同體所拒斥，如果所作所為一再「不義」，則終將自絕於正義的人們、自絕於社會，並最後走向自我毀滅。實踐推理（practical reasoning）在推論的具體進路上顯然與實質推論（material inference）具有更內在的關聯，其關注之點也相應地首先在於現實的存在背景。當然，這並不意味著實踐推論與邏輯形式完全無涉，事實上，儘管實踐推論不同於單純的形式化推繹，但在基於現實的背景及實踐需要的同時，其展開的過程總是同時蘊含著對相關環節之間內在邏輯關聯的確認。

　　透過實踐推論而使目的與手段彼此溝通，同時可以理解為根據目的以選擇手段的過程，這種選擇，離不開實踐智慧的作用。亞里斯多德曾指出了這一點：「實踐智慧則使我們選擇正確的手段。」「沒有實踐智慧，選擇就不可能正確，正如沒有德性，選擇就不可能正確一樣。」[15]在此意義上，與實質推論（material inference）相關聯、將目的與手段聯結起來的實踐推論方式，可以看作是實踐智慧在思維過程中的體現。

　　以實踐推論為仲介而溝通目的與手段，同時為揚棄目的之主觀性提供了前提。目的在形成之時，往往呈現主觀的形態，按黑格爾的看法，「目的最初僅僅是內在的東西，主觀的東西」。[16]作為實現目的之具體方

---

[15]　Aristotle, *Nicomachean Ethics*, 1144a5, 1145a5, *The Basic Works of Aristotle*, p.1034, p.1036.
[16]　黑格爾：《法哲學原理》，商務印書館，1982，第20頁。

式與途徑，手段將目的引向了現實的實踐過程，並由此使之走出觀念之域。透過實踐的過程，目的之主觀性進一步被克服和揚棄，事實上，目的實現的過程，同時也是目的之主觀性被揚棄的過程。從存在的層面看，當人的實踐活動尚未對其作用之時，事物常常呈現本然的性質。這樣，運用一定的手段、透過某種方式而展開的實踐活動，便獲得了雙重意義：一方面，它揚棄了事物的本然性，使之打上人的印記，成爲合乎人的需要的存在；另一方面，它又揚棄了目的的主觀性，使之化爲現實的存在形態。這種雙重揚棄既是實踐推論從觀念走向行動的過程，又是實踐智慧作用於現實存在的過程，它在確認實踐推論旨在改變世界的同時，也使實踐智慧的「實踐」品格得到了具體展現。

從另一方面看，手段誠然爲揚棄目的之主觀性提供了前提，但它本身又受到目的的制約。目的所具有的價值性質，往往爲手段的選擇規定了方向，具有正面價值意義的目的，總是要求將手段限定在合理的限度中，不容許「不擇手段」。在某些場合，爲了實現正當的目的，也許需要使用某種非常規的手段，這種手段甚至可能偏離既成的規範。然而，即使在這種情況下，手段的「非常規性」也有其限度：實踐過程可以在目的正當的前提下靈活地選擇某種非常規的手段，但後者不能悖離根本的價值原則。質言之，實踐過程要求以正當的目的引導手段的恰當選擇，不允許以目的之正當爲手段的不正當辯護。事實上，就否定的意義而言，手段的卑劣，往往折射了目的的不正當。在這裡，實踐智慧既表現爲以手段揚棄目的所內含的主觀性，也體現在以正當的目的引導手段的合理選擇，而目的與手段之間的溝通，則進一步呈現爲二者之間的互動。

如前所述，目的既基於一定的價值原則，又展示了一定的價值取向，就此而言，它更多地與價值理性或理性在價值層面的運用相聯繫。相對於此，手段作爲實現目的之方式和條件，其選擇固然也涉及價值的取向，但它的作用較爲直接地體現於能否實際地實現目的，從而也更多地

涉及工具理性或理性在工具層面的運用。價值理性的問題首先是正當與否，相應地，對於目的，我們可以追問並判斷其是否正當；工具理性的問題更直接的指向是否有效（能否有效地實現目的），從而，對於手段，我們所關切的主要是其有效性。在此意義上，當目的與手段在實踐智慧中彼此溝通時，不僅「應當做什麼」與「應當如何做」得到了內在的聯結，而且價值理性與工具理性也開始呈現統一的形態。

　　作爲目的之根據的價值原則，往往包含普遍的內涵，手段的具體運用，則關乎特定的情景，這樣，目的與手段的互動，同時又涉及一般原則與特定情景的關係。以實現一定目的爲指向的實踐過程無疑離不開普遍的觀念、規範，包括一般的價值原則、理論所蘊含的普遍規定或規則，等等，這些理論、觀念、規範、規則從不同的方面，爲行動過程提供了普遍的引導。然而，從現實的實踐過程看，行動主體所處的社會關係、所面對的環境往往各異，行動由以展開的背景及所涉的境域也總是具體多樣、變動不居；無論是變革世界的活動，抑或社會領域中人與人的交往，都是如此。一般的規範和原則無法窮盡行爲與情景的全部多樣性與變動性，那麼，如何將這些一般原則和規範應用於具體的情景？這裡，便發生了一般原則的引用與情景分析的關係。在具體的實踐過程中，一般原則的引用與情景的分析、判斷相互結合，是選擇、確定適當行爲方式的前提，而在二者如何溝通方面，不存在一成不變的程序，它需要訴諸實踐智慧。具體而言，這裡可以表現爲根據現實的情景，對某種原則運用之域及運用方式作相應的規定。以「說眞話」的原則而言，其運用便需要視具體情況而定。當恐怖主義者出於毀滅衆多無辜生命的目的而試圖了解有關的資訊、一旦向他提供這方面的眞實資訊，便可能導致災難性後果（衆多人將被奪去生命）之時，「說眞話」的原則便應當加以限定。當然，這並不意味著簡單地否定一般的原則，事實上，在以上情況下，拒絕提供眞實資訊（對「說眞話」的原則做出變通），同時意味著遵循更普遍的原則──維

護人的生命存在這一基本的人道原則。可以看到，這裡一方面表現為根據具體的情景對某種原則做適當限定，另一方面又展現為基於具體的情景分析，將某種行為準則納入更普遍的原則，並以後者（更普遍的原則）引導人的實踐活動。[17]以上過程的展開，本身表現為實踐智慧的具體運用。

　　一般原則與特定情景的關係，在「理一分殊」的觀念中得到了某種折射。「理一分殊」是宋明時期的重要哲學命題，儘管其最初的涵義主要側重於道德關係，但隨著理學的演進，其義已不限於倫理之域。從廣義看，「理一」涉及一般的原則，「分殊」則關乎多樣的情景。作為一般的原則，「理一」以普遍性為其內涵；「分殊」則更多地與特殊或差異相聯繫。在理學看來，一般的原則固然不可或缺，但僅僅執著於「理一」而未能關注「分殊」，則原則本身將流於空疏和抽象，從而難以落實：「不知萬殊各有一理，而徒言理一，不知理一去何處？」唯有結合「分殊」，「理一」的意義才能充分展現：「蓋能於分殊中，事事物物、頭頭項項理

---

[17] 康德曾在《論從利他動機出發說謊的假定權利》一文中強調，在任何情況下人都不應說謊。在他看來，說謊總是會傷害另外一個人：如果不是傷害某一個體，就是傷害普遍意義上的人類，因為說謊將有損於法則自身之源（it vitiates the source of law itself）。這裡包含二重相關前提：其一，之所以不能說謊，首先在於說謊將傷害人（作為個體或作為類的人），其二，說謊之所以傷害人，在於其有損法則自身之源。就第一個方面而言，它所體現的是人道原則（the principle of humanity），這與康德肯定人是目的無疑具有一致性，而從維護人的生命價值這一考慮出發不向恐怖主義者提供真實情況（或對其說謊），無疑在實質的意義合乎這一原則：它意味著在本源的層面避免傷害人。就第二個方面而言，這裡的根本問題不是要不要法則，而是將什麼樣的法則放在更優先的位置：不說謊作為道德規則首先體現了交往的真實性要求，對恐怖主義者說謊則從維護人的生命價值這一層面，體現了人是目的這一普遍的人道原則，就此而言，後者並非一般地否定道德的法則，而是把人是目的這一普遍法則放在更優先、更本源的層面。從以上方面看，康德無條件地反對任何形式的說謊，與這一主張本身所蘊含的前提顯然存在內在的張力。康德在同一論文中也曾列舉過是否應對凶手說謊的例子，但其分析主要側重於以下可能的情境：你雖認定凶手試圖謀殺的人在家，但卻向凶手謊稱那人不在，而事實上，那人也許確實出去了。結果，凶手可能在離開謀殺對象的住所時，在外面遇到那個他試圖謀殺的人，並將其殺死。相反，如果你如實地按你所知告訴凶手，那麼，凶手可能在搜尋謀殺對象時被鄰人發現，從而其行為也將由此被阻止（參見Kant, On A Supposed Right To Lie From Altruistic Motives, in *Critique of Practical Reason and Other Writings in Moral Philosophy*, ed. and trans. by Lewis White Beck, University of Chicago Press, 1949, PP. 346-350）。這一分析主要著眼於各種可能的巧合以及由此形成的不同結果，而多少迴避了其前述主張所涉及的實質關係及其內在張力。

會得其當然，然後方知理本一貫。」[18]「當然」與人之「行」相涉（應當做什麼或應當如何做），在這裡，「理一」與「分殊」統一的實踐意義在於具體地溝通一般原則的引用與特定情景的分析，它從一個方面體現了中國傳統哲學對實踐智慧的理解。

在近代哲學中，康德對行為的規範性給予了較多的關注，這一點突出地表現在道德實踐的領域。康德所肯定的基本道德法則之一便是：「僅僅這樣行動：你所遵循的準則（maxim），同時應當能夠成為普遍的法則（universal law）」。[19]按照康德的看法，「實踐領域一切合法性的基礎，客觀上就在於規則及普遍的形式（the form of universality）」。[20]普遍的道德規範主要表現為形式因，由強調行為的規範性，康德進而將形式因（普遍法則）視為行為的動力因，強調道德行為決定於道德法則。對行動之規範性的肯定，無疑有見於實踐需要規範的引導，但同時，康德對道德實踐的情景性、具體性未能給予充分的關注：作為無條件的絕對命令，道德法則超越於一切情景。道德原則誠然具有超越特定情景的一面，但其現實的作用，又是在具體的道德境遇中實現的，對某一情景中「應當做什麼」與「應當如何做」的判定和確認，既離不開一般法則的引導，也需要考慮相關的境遇。一般的法則如果游離於具體情景，便往往容易流於抽象的形式，其現實的規範作用也難以真正實現。

與以上進路相對，一些哲學家每每表現出另一偏向，即把關注之點主要指向特定情景。在實用主義者（如杜威）、存在主義者（如薩特）那裡，便不難看到這一點。杜威將具體情景中的探索與解題提到重要地位，並突出了行動的特殊性，認為「行動總是特殊、具體、個體化、獨特

---

[18] 朱熹：《朱子語類》卷二十七。

[19] Kant, *Grounding for the Metaphysics of Morals*, Hackett Publishing Company, 1993, p.30.

[20] Ibid. p.38.

的」。[21]薩特強調個體在行為選擇中的決定作用，並將這種選擇視為既無前例可循，又無普遍之則可依的過程等等，都表明了這一點。由強調情景的特殊性及個體作用，實用主義和存在主義常常將情景的特殊性與規範的普遍性視為相互排斥的兩個方面，並傾向於以前者消解後者。在否定普遍性的前提下突出特殊性，往往引向強化境遇與行動的相對性，後者在邏輯上無疑容易導致相對主義。

以實踐智慧溝通一般原則與特定情景，意味著揚棄以上二重偏向。一般原則若停留於自身而不落實於具體情景，便往往不僅具有抽象的性質，而且容易衍化為超越的教條，在此形態下，其現實性的品格也每每難以得到體現；特定情景中的問題如果僅僅以經驗的方式來解決，則常常也會呈現自發性和盲目性。當一般原則運用於特定的情景時，一方面，原則本身透過引導人們解決特定情景中的問題，開始由抽象向現實過渡，另一方面，特定情景中的經驗在一般原則的規範之下，也逐漸由自發、盲目向自覺的層面提升。在這裡，實踐智慧的特點既在於揚棄一般原則的抽象化與教條化，使之在特定的情景中獲得具體的內涵與現實的品格，又表現為克服經驗的自發性與盲目性，使之在一般原則的引導下獲得自覺的品格。從歷史上看，亞里斯多德在肯定實踐智慧關涉總的利益的同時，又指出：「實踐智慧不僅考慮普遍，而且考慮特殊，後者由經驗而為人所熟知。」[22] 總體利益每每體現於普遍的價值原則，特殊事物則涉及特定情景，這樣，實踐智慧指向具體事物，同時也意味著普遍原則與特定情景的溝通，而經驗的引入，則包含著對一般原則抽象性的揚棄。在相近的意義上，黑格爾認為，「為了能夠實現，善還必須得到特殊化的規定。」[23]

[21] J. Dewey, *Reconstruction in Philosophy, in John Dewey: The Middle Works, 1899-1924*, Southern Illinois University Press, 1988, p.175.

[22] Aristotle, *Nicomachean Ethics*, 1142a10-15, The Basic Works of Aristotle, p.1030.

[23] 《法哲學原理》，商務印書館，1982，第137頁。

這裡的「善」也與一般的價值原則、義務相聯繫，善的特殊化，涉及一般原則、義務的特殊化，其中同樣蘊含著一般原則在具體情景中的現實化問題。加達默爾在談到實踐知識時，也已注意到其與情景分析的關聯。按他的理解，實踐知識是「針對具體情況的，因此它必須把握情況的無限多的變化。」[24]這裡亦涉及一般的觀念與特定境域的相關性。不難看到，亞里斯多德、黑格爾以及加達默爾已從不同方面有見於實踐智慧溝通一般原則與多樣情景的內在特點。按其本來形態，實踐智慧不同於個體的偶然意識，其中包含著對普遍原則和規範的認同和接受，這種認同和接受隨著知與行的展開而逐漸內化、沉澱於主體的實踐智慧。上述過程既使實踐智慧本身獲得了內在的規範意義，也為一般原則與多樣情景在實踐智慧中的溝通提供了現實的根據。

　　從更廣的層面看，一般原則與特定的情景之間的關係，並非僅僅呈現為泛然的互動。相應於知與行的不同過程，二者的關係往往具有不同的側重。在以說明和解釋世界為指向的理論活動中，認識過程更多地側重於從特殊走向普遍，事實上，一般原則、規範的形成，總是伴隨著對特殊、多樣規定的揚棄。然而，在以變革世界為指向的實踐活動中，一般的原則、規範卻常常面臨著從普遍走向特殊的問題，如黑格爾已從一個方面注意到的，後者在某種意義上意味著一般原則的特殊化。在實質的層面，上述意義上的「特殊化」既意味著一般原則在特定情景的運用，總是具有條件性；也表現在：透過與現實背景的結合，體現一般原則的抽象理論開始被具體化。這裡需要對條件的作用給予特別的關注。在實踐過程中，條件的引入，常常使實踐過程及其方式具體化。以自然與人的互動而言，下雨對人的實踐有益還是有害？抽象地看，這一問題具有模糊性，但若引入抗洪或抗旱這類條件，則問題便變得清晰：在抗洪的條件下，下雨

---

[24] 《真理與方法》上卷，上海譯文出版社，1992，第26頁。

對人的行動不利；在抗旱的背景下，下雨則有益於人。同樣，在經濟活動
中，是否應該降低銀行的利率？一般地提出這一問題，往往無法做出確定
的判斷，但若引入與經濟發展的特定狀態相涉的條件，則問題便變得具體
化：在經濟發展滯緩、物價處於相對低位等條件下，應該適當降低銀行
的利率；反之，經濟運行如果過熱、物價又居高不下，則利率便不宜降
低。以實踐的歷史展開爲視域，一般原則的特殊化，總是伴隨著條件的引
人。

　　一般原則特殊化的實質涵義，也就是一般原則的具體化。在這一過
程中，一方面，原則的普遍引導意義不能被消解，另一方面，原則本身又
需要與不同的條件、背景相融合而獲得具體規定，適當地定位以上兩個方
面，構成了實踐智慧的內在要求。從現實的情形看，對行動具有實際規範
意義的往往既不是純粹的普遍原則，也非單純的特定情景，而是具體的實
踐判斷，這種判斷一方面以普遍的規範爲根據，另一方面又基於特定的
情景，它構成了規範的具體形態，並實際地引導相關的實踐活動。在這
裡，特定情景與普遍規範的統一，具體地表現爲從普遍原則出發，對特定
情景做出包含規範性的實踐判斷，後者同時可以視爲實踐智慧在普遍與特
殊互動中的表現形式。

　　綜而論之，在實踐過程中，一方面，普遍的原則需要特殊化，另一方
面，特殊的經驗則需要普遍化。康德曾區分了判斷力作用的二種形態：在
普遍的東西（如規則、原理、法則）被給予的前提下，判斷力表現爲透
過這種普遍的東西（規則、原理、法則）將特殊收攝於其下；在唯有特殊
被給予的情況下，判斷力則需要找到普遍的東西。與第一種形態相關的是
規定性的判斷力，與第二種形態相涉的則是反思性的判斷力。[25]在引申的
意義上，普遍原則的特殊化更多地與康德所說的規定性的判斷力相關，其

---

[25] 參見Kant, *Critique of Judgment*, Hafner Publishing Co. New York, 1951, p.15。

特點在於以普遍統攝特殊；特殊經驗的普遍化則涉及反思性的判斷力，其特點在於透過發現或確認普遍的原則而將特殊歸屬於這種普遍原則。以上過程的完成，以普遍原則與特定情景的結合爲前提，在二者的如上互動中，普遍原則透過走向特殊而不斷揚棄自身的抽象性，特殊經驗則在普遍原則的引導下逐漸獲得自覺的形態。

一般而言，實踐（行動）過程既滲入了理論性的知識，又涉及實踐性知識。理論性的知識更多地關乎「是什麼」（knowing that），其內容通常不限於特定的行動情景：它既非形成於該情景，也非僅僅適用於該情景。實踐性的知識則較直接地涉及「如何做」（knowing how），其內容與特定的行動情景具有更切近的關係：儘管其中也包含普遍的內涵，但這種內涵往往與具體的情景分析相聯繫，並融合了對相關情景的認識和理解。當然，理論性的知識與實踐性知識本身並非彼此隔絕，事實上，當理論性知識運用於具體情景時，其本身便不僅取得了現實的品格，而且也被賦予實踐的意義，當代哲學家馮契所提出的「化理論爲方法」，其內在的含義便是透過理論與具體實踐情景的結合，使關於「是什麼」的理論性知識，轉換爲關於「如何做」的實踐性知識。廣而言之，理論既源於現實，又還治現實，這裡的「治」不僅是指認識論意義上以一定理論概念去整理經驗材料，使之獲得內在條理，而且也意味著在實踐的層面爲人的行動提供範導，由此進一步變革現實。以現實指向與情景分析的交融爲進路，實踐智慧既不斷地化解理論性知識與實踐性知識之間的張力，又從一個方面爲理論之源於現實與還治現實的統一提供了現實擔保，而透過現實化與情景化，實踐智慧本身也取得較爲具體的形式。

從實踐過程考察一般理論與具體情景的關係，同時涉及理想性與理想化之辨。一方面，無論是成己（成就自我），抑或成物（變革世界），實踐活動總是要求超越現實的形態、走向理想之境，在此意義上，實踐過程無疑包含理想性。事實上，當一般的理論轉換爲規範實踐過程的具體計

畫、方案之時,理想性的內容往往便滲入於其中。另一方面,實踐所展開的特定背景,實踐過程所涉及的問題,又具有多樣、具體的形態,實踐過程同時需要切實地把握這種具體性、特殊性,而不能以理想化的方式對其加以消解。在這裡,顯然應當給予理想性與理想化的區別以必要的關注。理想化所涉及的,主要是以理論的方式把握世界的過程,在自然科學的研究中,這一方式得到了多方面的體現。作為科學研究手段的實驗,便常常使用理想化的方式,其特點表現為略去某些規定或關聯,在比較純化的條件下考察相關物件。這種理想化的方式,也往往被運用於自然科學之外的領域,如分析哲學經常運用的思想實驗,便可視為理想化的方式,現象學所提出的懸置判斷,也具有某種理想化的趨向,即懸置具體的存在及思想背景。以上形態中的理想化,每每呈現抽象性的特點:在略去多樣的規定、不同的關聯以及現實背景之後,相關的物件往往同時被抽象化。從理論的視域看,以理想化的方式考察世界無疑體現了說明世界的某種需要,在科學的研究中,這一點得到了較真切的體現。[26]然而,從實踐的視域看,存在的具體形態卻構成了現實的出發點:這裡的重要之點,不是以理想化的方式以一消解多,相反,它所需要的恰好是對多樣的規定、不同的關聯以及現實背景的關注。由此,不難看到實踐過程中理想性與理想化之間的張力,這種張力的化解,同樣離不開實踐智慧:在肯定理想性的同時,又揚棄理想化、從理想走向現實,構成了實踐智慧的內在趨向。從另一方面看,理想的形成既以內在於現實的必然之道為根據,又滲入了人的價值關切,而在必然之道與價值關切之後,則蘊含著對普遍的存在法則與一般的價值原則的承諾,與之相聯繫,對理想性的肯定同時意味著確認普遍的原則。理想化的過程則如前所述,包含著對多樣規定、現實情景的懸

---

[26] 當然,在分析哲學的思想實驗以及現象學的懸置判斷中,理想化的方式每每由抽象化而導向片面化,它從一個方面表現了以理想化的方式說明世界所具有的限度。

置，對理想化的揚棄，相應地意味著關注具體情景。要而言之，在理想化與理想性之別的背後，既存在著說明世界與改變世界的不同趨向，又不難注意到抽象與具體、一（一般原則）與多（多樣情景）的分野，以實踐智慧化解理想性與理想化的張力，可以看作是溝通一般原則與具體情景的邏輯引申。

三、「合度」與「中道」

以說明世界與改變世界的統一爲指向，實踐智慧在更爲內在的層面上表現爲對「度」的把握。作爲哲學範疇，「度」的基本涵義是質與量的統一。黑格爾曾對此做了較爲系統地闡釋，在他看來，「質與量統一於度，存在由此得到完成。」[27]由此加以引申，則「度」又指一定事物的相關規定或相關方面之間適當而具體的融合，這種融合與統一既保證了事物性質的穩定性與延續性，又使事物處於一定條件之下最合適的形態。超出了一定的限度，事物的性質便會發生變化，這種限度，黑格爾稱之爲「臨界線」或「交接線」（Nodal line）。[28]對度的以上理解，主要側重於本體論的維度。「度」同時蘊含實踐的意義：實踐過程中的判斷、選擇，基於存在形態本身的統一和限度，本體論層面的存在形態，則爲實踐過程中的判斷和選擇提供了根據。[29]對「度」的如上把握，進一步涉及實踐智慧的作用方式。

---

[27] Hegel, *Hegel's Logic*, Translated by William Wallace, Oxford: At the Clarendon Press, 1975, p.157.

[28] Hegel, *Hegel's Logic*, Translated by William Wallace, Oxford: At the Clarendon Press, 1975, p.160.

[29] 黑格爾在從本體論層面闡釋「度」的觀念時，也涉及了其實踐意義，他曾以開支爲例對此做了分析，認爲一旦超過了一定的度，則「原來被視爲節省的行爲，便可能轉化爲奢侈或吝嗇」。Hegel, *Hegel's Logic*, Translated by William Wallace, Oxford: At the Clarendon Press, 1975, p.159.

　　前文曾論及，在實踐過程的展開中總是面臨多樣的關係，包括對世界的實踐關切與理論解釋、行動的合目的性與合法則性、應當做什麼（目的）與應當如何做（手段）、一般原則的引用與特定情景的分析、理論性知識的參照與實踐性知識的應用等等。實踐關係中以上方面的定位既無確定不變的標準，也無普遍一律的程序，其處理、協調離不開對「度」的把握。事實上，「度」作爲實踐智慧的作用方式，其意義首先便體現在對上述實踐關係的合理處理。實踐關係中的相關方面需要揚棄彼此的分離、對峙而達到內在的溝通，然而，如何以最適當的方式對其加以溝通？這裡便需要把握具體的度：在以上方面，把握「度」的意義在於透過對一定條件下實踐需要、特定背景、存在法則、普遍原理等等的具體分析，使實踐關係所涉及的不同方面達到適合於或有利於實踐過程展開的統一形態。中國哲學曾提出如下觀念：「抱道執度。」[30]道表現爲統一的原理，「抱道」也就是以統一的原理爲知與行的根據，「執度」在此首先意味著把握普遍的準則和規範。引申而言，在「抱道」的前提下「執度」，既關乎存在的統一形態，也涉及實踐過程中相關方面的內在統一。

　　從本體論上說，「度」與事物的存在形態和方式相聯繫。某物之爲某物，有其一定的「度」：在一定的「度」之中，它呈現爲某物，超出此「度」，則不復爲原來意義上之物。進而言之，事物的內在之序及存在的穩定性，也關乎「度」，只有在一定的「度」之中，事物才能保持內在之序並獲得存在的穩定性。在此意義上，「度」涉及事物存在的界限、範圍。荀子在談到「禮」的作用時，曾指出：「禮起於何也？曰：人生而有欲，欲而不得，則不能無求，求而無度量分界，則不能無爭，爭則亂，亂則窮。先王惡其亂也，故制禮義以分之，以養人之欲，給人以求。使欲必

---

[30] 《黃帝四經・道原》。

不窮乎物，物必不屈於欲，兩者相持而生，是禮之所以起也。」[31]這裡所說的「度量分界」，便是指事物存在和變化的一定界限或範圍。在社會領域的不同時期，生存資源的分配都有其「度」，對已有資源的索求如果超出此「度」，則社會便會無序化，而資源的分配又以社會成員各安其位為前提。禮的作用就在於將不同的社會成員安置於一定的「分界」之中，使之都按其特定之位索求和獲取資源，彼此互不越位，由此保證社會的有序和穩定。荀子對社會結構、度量分界的理解無疑有其歷史性，但這裡或多或少已注意到了「度」的意義。從現實的層面看，對「度」的把握確乎表現為真切地了解事物有序存在的界限，而實踐智慧則在於透過把握「度」，將事物的變化保持在一定的界限之內，避免由超越界限而走向無序。

　　作為實踐智慧的表現形式，「度」的觀念同時與「中道」相聯繫。從哲學史上看，儒家很早已提出「中道」或「中庸之道」的主張，孟子便要求「中道而立」，[32]荀子也肯定：「道之所善，中則可從，畸則不可為。」[33]此所謂「中」，並不僅僅是量的概念。從量的概念去理解，「中」大致表現為與兩端等距離的那一點，然而，中國哲學所說的「中」，更多的體現為實踐過程中處理、協調各種關係的一種原則。這種原則，與道本身的涵義具有內在聯繫。在天道的層面，道首先表現為多樣的統一。從多樣的統一這一視域看，「中」就在於使統一體中的各個方面彼此協調。千差萬別的事物同處於一個系統，如何恰當地定位它們，使之各得其所？這就是「中」所涉及的重要方面。道同時體現於變化過程，表現為發展的原理。從過程的角度來看，「中」則關乎不同演化階段、環節

---

[31] 《荀子‧禮論》。
[32] 《孟子‧盡心上》。
[33] 《荀子‧天論》。

之間如何協調的問題。無論是統一體中各個方面的適當定位，抑或過程中不同環節的協調，都既無一定之規，也沒有一成不變的程序，它需要根據實踐生活的具體情形來加以把握。這種協調與定位作用同時體現了合乎「度」的實踐智慧。

以中道爲形式的實踐智慧，展開於不同的方面。就個體的精神生活而言，如《中庸》已指出的，喜、怒、哀、樂等情感的流露，都要「中節」，亦即把握適當的分寸，達到恰到好處。「過」與「不及」都是精神缺乏和諧、統一的表現，與之相對，精神層面的和諧應當保持在一定的「度」之上。在這裡，「中道」與「合度」呈現爲統一的形態，二者的交融體現了精神生活與人格涵養中的實踐智慧。在引申的意義上，「中道」同時意味著合乎道，這裡的道既指存在的法則，又表現爲普遍的價值原則。作爲存在過程中的最適宜形態，「中道」一方面與存在法則一致，另一方面又體現了普遍的價值原則，與之相聯繫，「中道」與「合度」的統一，也以合乎存在法則與合乎價值原則爲其深層內涵。

在中國哲學中，上述意義上的「中道」常常又透過「經」和「權」的關係得到展示。所謂「經」，主要是指原則的普遍性、絕對性，「權」則是對原則的變通，後者的前提是對不同境遇的具體考察。透過具體的情景分析使「經」和「權」之間得到適當協調，這也是「中道」的體現形式之一。孔子曾指出：「君子之於天下也，無適也，無莫也，義之與比。」[34]「義」本來指當然，但當它與「無適」、「無莫」相聯繫時，便同時帶有了適宜之意。面對天下各種複雜的物件和關係，人既不應當專執於某種行爲模式（無適），也不應絕對地拒斥某種模式（無莫），而應根據特定境遇，選擇合適的行爲方式。這種「無適」和「無莫」，具體表現爲在絕對地專執於某種行爲模式與絕對地排斥某種模式之間保持中道，它

---

[34] 《論語·里仁》。

既基於特定的境遇分析，又展現了把握「度」的實踐智慧。

就現實的過程而言，對「度」的把握，既需要運用理性的能力，也離不開想像、直覺、洞察等方式，後者的共同之點，在於以不同於一般理性或邏輯思維的方式，展示了人把握世界與人自身的內在力量。就想像而言，其特點首先表現為基於現實及既成的知識經驗而又超越現實的存在形態及與之相應的知識經驗，並由此敞開和發現更廣的可能之域（包括事物及觀念之間可能的聯繫）。以可能之域為指向，想像同時為創造性的把握世界提供了自由的空間。同樣，透過揚棄程序化的思路、簡縮習常的探索環節、轉換思維的方式，直覺使人不為已有界域所限定，以非推論的方式，達到對世界和人自身新的理解和領悟。與想像和直覺相聯繫的洞察，則進一步指向事物根本的、具有決定意義的聯繫、方面和規定，並賦予理解以整體性、貫通性的品格。在判斷中，人的能力得到了更綜合的體現。判斷基於人的諸種能力，同時又涵攝了多方面的認識資訊，從而，在更普遍的層面體現了實踐智慧的綜合性。具體而言，判斷以理性、感知、想像、直覺、洞察等方面的交融和互動為前提，表現為直觀、分析、比較、推論、決斷等活動的統一。作為一種具有綜合性質的能力，判斷基於人自身存在的具體性：能力的綜合統一，以人自身在身與心、個體規定與社會之維等方面的統一為本體論的前提。就作用方式而言，判斷的特點首先體現於聯結與溝通，後者既涉及上述不同能力之間的交融，也以觀念形態與外部物件之間的關聯為內容。引申而言，前文所提到的一般原則與特定情景的溝通，等等，都涉及不同能力的綜合運用。儘管在形式的層面上，對實踐過程中各種「度」的把握有時呈現出直接性、頓然性，但從實質的方面看，即使在以上情況下，依然滲入了不同能力的綜合運用。

作為實踐智慧的具體作用方式，「度」的觀念一方面涉及價值取向或價值目標，另一方面又基於對世界的認識與理解，二者同時凝結並體現於

人的現實能力。在明辨度量分界以及合乎中道、無適無莫的過程中，實踐
智慧與實踐方式互融互動，從成己與成物的實踐層面展示了其內在的方法
論意義。

四、「神而明之，存乎其人」

作為實踐智慧的具體表現形式，對「度」的把握難以離開知、行的
主體：無論是確認度量分界，抑或經與權的協調，都是透過認識與實踐的
主體而實現。《易傳》在談到人的活動特點時，曾指出：「化而裁之存乎
變，推而行之存乎通，神而明之存乎其人。」[35]「化而裁之」、「推而行
之」都涉及廣義的踐行，「神而明之」的內在涵義，則是在智慧的層面深
入地把握以上過程，後者最終透過知、行的主體而完成，所謂「存乎其
人」便強調了這一點。實踐智慧與實踐主體的不可分離性，意味著對實踐
智慧的考察無法忽視實踐主體。[36]

在論及實踐智慧的特點時，亞里斯多德曾指出：「那些理性的形態
都可能被遺忘，而實踐智慧不可能被遺忘。」[37]理性的形態首先與關於什
麼（knowing that）的具體的知識或意見相聯繫，它在形成之後，常常可
能隨著認識的發展而被懸置，實踐智慧則同時表現為關於如何（knowing
how）的能力，它不僅形成於知、行過程，而且也實際地存在並體現於
知、行過程。作為內在於知行過程的現實力量，實踐智慧已具體化為人的

---

[35] 《易傳・繫辭上》。

[36] 麥克道威爾認為：「人知道做什麼——如果他能知道——並不是由於他運用普遍的原理，而是在於他是某種
個體：這種個體以特定的方式了解某種情景。」（McDowell, *Mind, Value, and Reality*, Harvard University Press,
1998, p.73）這一看法也注意到了行動主體在行動中的主導性，後者包括對特定行動情景的具體把握。

[37] Aristotle, *Nicomachean Ethics*, 1140b25, *The Basic Works of Aristotle*, p.1027.

存在規定，而實踐智慧的不可遺忘性也就在於它與人同在。可以看到，在實踐智慧中，現實性品格與形而上的存在規定呈現彼此重合的形態，這種統一，同時構成了實踐智慧作用的本體論前提：正是透過融入並內在於人的存在，實踐智慧具體地制約和影響了人的實踐過程。

　　與實踐主體相融合，使實踐智慧同時呈現綜合的特點。較之單純的理性形態，實踐智慧包含更多的內容，後者首先與德性相關。亞里斯多德已指出了這一點：「實踐智慧是一種德性。」[38]這裡所說的德性既包含本體論的意義，也具有價值的內涵。在本體論上，德性可理解爲與人同在的內在規定，在價值論上，德性則呈現爲一種善的品格。與後一意義上的德性相輔相成的，是人的能力。相對於德性的價值指向，能力更直接地表現爲成己與成物的內在力量，前文所提及的理性、直覺、想像、判斷等等，即展現爲能力的不同表現形式。德性與能力的如上統一，可以看作是實踐智慧在實踐主體中的體現形式，作爲智慧的具體形態，它同時又爲實踐智慧溝通價值理性與工具理性提供了可能：如果說，實踐智慧的德性規定使之始終內含價值的關切，那麼，以能力爲題中之義，則使之與變革世界和成就自我的現實過程息息相關。

　　進而言之，與價值關切相聯繫的德性更多地涉及「應當做什麼」，體現於變革世界與成就自我過程的能力則更直接地關聯「應當如何做」。從現實的形態看，「應當做什麼」的問題首先關乎行爲的選擇，「應當如何做」的追問則基於行爲的落實、貫徹與展開。在行動的選擇與行動的貫徹與展開之間，往往存在著某種邏輯的距離：基於一定的價值原則而傾向並選擇某種行動，並不同時意味著將行動付諸實施；具有實施某種行動的能力，則往往不一定具有選擇相關行動的意向。然而，當德性與能力統一於同一實踐主體時，行動的選擇與行動的貫徹、落實之間便不再彼此間

---

[38] 參見Aristotle, *Nicomachean Ethics*, 1140b25, *The Basic Works of Aristotle*, p.1027.

隔。質言之，以德性與能力的統一爲前提，「應當做什麼」與「應當如何做」的關聯獲得了內在的根據。

從更廣的視域看，在行動的選擇與行動的落實之後，是知與行的關係。以實踐爲指向，實踐智慧首先在宏觀的層面呈現規範的意義：它引導著認識超越自身而向實踐轉化。就個體的層面而言，這裡涉及認識、實踐與主體的關係。在知行過程中，個體既是認識的主體，又是實踐的主體，認識與實踐透過人而彼此相關。不過，上述相關主要呈現本然的意義：人作爲知與行的同一主體，使知與行彼此溝通。以人在存在形態上的二重性（既是認識主體，又是實踐主體）爲前提的這種溝通，往往缺乏自覺的內涵。然而，當實踐智慧融入於人之時，知與行、認識與實踐的聯結，便獲得了自覺的範導：以德性與能力、理論理性與實踐理性的統一爲實質的內容，[39]實踐智慧既滲入了對世界的理解，又包含著實踐的意向。在實踐智慧的制約下，知與行的聯結已不僅僅建立於認識主體與實踐主體在本體論上（存在形態上）的同一性，而是進一步以認識旨趣與實踐旨趣的內在交融爲前提。

以德性與能力、理論理性與實踐理性的交融爲具體形態，實踐智慧首先體現於個體的行動。在輪扁斫輪的著名寓言中，莊子曾借輪扁之口，對斫輪的特點做了如下描述：「斫輪，徐則甘而不固，疾則苦而不入。不徐不疾，得之於手而應於心，口不能言，有數存焉於其間。」[40]「得手應心」是手與心之間的協調、契合，這種協調、契合不僅僅基於有意識的計畫、安排，相反，如果單純地按計劃、程序行事，行爲往往難免艱澀、生硬。「不徐不疾」、「得手應心」，意味著外在的「技」與「術」以及

---

[39] 寬泛而言，這裡的理論理性和實踐理性與康德所說的理性的理論運用與理性的實踐運用相涉，理性的理論運用則並不僅僅關乎康德所側重的數學、物理等普遍必然的知識，而且包括對世界的總體理解，後者與前文所提及的形上智慧具有相通性。

[40] 《莊子·天道》。

各種普遍的規範、程序已內化為個體的存在形態，作為內在於人的行為規定，這種存在形態同時取得了實踐智慧的形式。與之相聯繫，此所謂「數」不僅是一種具有本體論意義的行為定勢，而且也是實踐智慧的凝結。莊子在庖丁解牛的寓言中，曾提到庖丁之所以能夠使解牛過程達到出神入化之境，原因之一在於能夠「依乎天理」、「因其固然」，[41]斫輪中的所謂「數」，便表現為物件之固然（理）與行動之方式的內在契合。不難注意到，在個體的行動過程中，實踐智慧既與人同在，又融合於實踐過程，既表現為明覺的意識，又包含超乎名言（「口不能言」）的行動機能，以上方面彼此相關，同時又將德性與能力、理論理性與實踐理性的統一進一步具體化了。

　　作為一個過程，實踐活動既包含不同環節，也經歷不同的階段。實踐環節之間所呈現的是彼此互動的關係，不同的實踐階段之間則前後相續，具有連續性與延續性。實踐過程的這種連續性不僅與實踐物件、實踐背景的相對穩定性相涉，而且以實踐主體的連續性為其本體論根據。從行動意向（動機）的形成到行動計畫的擬定，從行動計畫的實施到行動結果的形成，從行動本身的反思，到其結果的評價，不同的環節、階段彼此交融，展開為一個統一、連續的過程，這一過程的完成，則以實踐主體的連續性、統一性為前提。另一方面，實踐活動的連續性，又以現實的方式，確證了實踐主體的連續性與統一性：實踐環節的彼此聯繫與實踐階段的前後相續，從不同的方面表徵了實踐主體的同一性質。實踐主體的這種連續性與統一性，既為實踐智慧揚棄抽象性、形成具體的觀念形態提供了本體論前提，也為其影響與制約實踐的整個過程提供了可能。

　　實踐本質上並不僅僅是個體性的活動，其展開過程涉及個體之間的關係。在社會領域，實踐過程需要個體之間在觀念層面的理解與溝通。首

---

[41] 《莊子・養生主》。

先是實踐目標的確認。對參與實踐活動的諸個體而言，關於確立何種目標，便需要達成一致的意見，缺乏一致的目標，不同的個體往往難以共同行動。在「應當做什麼」（實踐目標）確認之後，進一步的問題是「應當如何做」，後者所關涉的是行動的計畫，對此，實踐的主體同樣需要形成共識。實踐的目標與實踐的計畫在進入實際的行動過程之前，尚處於觀念的形態，與之相關的一致與共識，也屬觀念層面的溝通。這種溝通的實現，既需要宣導者的引導、說服，也需要參與者的理解、接受；既需要明晰化的交流，也需要默會性的相契，這一過程不僅涉及理性辨析，而且也處處滲入了實踐智慧：無論是實踐過程中的引導、說服，還是對行動計畫的理解、接受，都以說明世界與變革世界之間的關聯為其前提，實踐主體之間的交流與默會，同樣基於這一點。

與觀念層面的理解與溝通相聯繫的，是行動過程中的協調、配合。作為涉及多重方面、多種環節的過程，實踐活動往往需要不同主體之間的合作。實踐主體間合作的方式當然可以是多樣的，但無論何種形式，都關乎彼此之間的協調、配合，後者既以對實踐目標的理解為前提，又需要落實於具體的行動。從勞動過程中的相互協作、政治活動中的彼此支持，到體育比賽中的團隊配合等等，實踐過程中的協調體現於各個方面。

在不同主體共同參與的行動中，行動的協調既基於共識，也需要默契。共識的形成往往借助於語言層面的對話、討論、溝通，默契固然也滲入了理解，但這種理解並非僅僅以語言層面的討論、對話為前提。相對於共識之表現為顯性的理解，默契更多地以隱默的方式體現於行動過程中：事實上，觀念層面的默會與行動中的默契，本身存在內在聯繫。共識並不一定直接落實於行動：它可以存在與行動之前、行動之外，默契則已內在於行動之中，與行動過程具有更內在的融貫性、一致性。共識可以表現為觀念層面的一致，從而取得理性和邏輯的形態，默契則以行動者之間的相互了解、彼此互動為條件，與之相聯繫，默契離不開一定共同體中的

社會聯繫，這種聯繫已超越了邏輯之域。作爲觀念的一致與溝通，共識具有自覺的品格；相對於此，默契往往表現爲行動中的自然協調：後者包含自覺，但又超越了單純的理性自覺。要而言之，默契唯有建立在共識之上，才具有穩定性、持久性；共識唯有化爲默契，才能使行動過程出神入化、達到最完美的效果。不難看到，這裡涉及多重關係，包括由語言交流而形成的合作與超乎語言的默契配合、觀念及邏輯層面的一致與基於現實社會聯繫的相互呼應、理性的自覺與自然的融貫，等等。這些關係的應對與處理，也離不開實踐智慧。事實上，與觀念層面的理解和溝通往往借助於實踐智慧相近，實踐過程中不同方面的協調與配合，也並非僅僅表現爲程序性的過程，它同樣需要由實踐主體具體地運用實踐智慧。

　　從更廣的層面看，在實踐過程的展開中，行動的條件、背景每每具有多樣性、變遷性，面對變動不居的情景，如何採取適當的步驟、選擇適當的方式，以協調不同實踐主體的行動？這裡無疑需要訴諸具體的分析、權衡、判斷，而這種判斷、選擇，便涉及實踐智慧：以溝通「是什麼」與「應當成爲什麼」、「應當做什麼」與「應當如何做」爲實質的內容，實踐智慧同時也爲具體實踐情景之下的選擇、判斷以及行動中的協調提供了內在的根據。即使是某些似乎具有程序化特點的實踐活動，常常也需要運用實踐智慧，如生產過程中不同工序、環節之間的銜接以及整個過程的有效運轉，便既有程序的規定，也包含參與者的默契配合。可以看到，無論是觀念層面的理解與溝通（包含內在的默會），抑或實踐中的協調與配合（包括行動中的默契），實踐智慧都滲入其中，而以上作用同時又透過實踐主體的知、行活動而具體展現。

　　在實踐過程中，變革物件與成就自我往往構成了同一過程的兩個方面，實踐中的協調與配合既涉及實踐主體之間的互動，也關乎自我的成就。從後一方面看，這裡又涉及目的與手段的關係。人是目的，這是與人禽之辨相聯繫的基本價值原則，以此爲前提，則每一主體都不僅應將自

身視爲目的，而且也應確認他人（其他主體）的目的性規定，在此意義
上，主體之間呈現爲互爲目的的關係。儒家所謂己立而立人、成己而成
人，已蘊含這一觀念。然而，每一主體成就自我的過程，並不僅僅基於自
身的努力：成己需要多方面的條件，其中也包括其他主體的作用。相對於
自我成就這一目標，其他主體的作用無疑呈現某種手段性：其意義主要體
現於爲自我的實現提供條件。就此而言，主體之間的關係似乎又具有互爲
手段的性質。黑格爾在談到自我與他人關係時，曾指出：「我既從別人那
裡取得滿足的手段，我就得接受別人的意見，而同時我也不得不生產滿足
別人的手段。於是彼此配合，相互聯繫，一切個別的東西就這樣地成爲社
會的。」**42**根據這一理解，人我之間的互爲手段，主要體現了個體間關係
的社會性質。引申而言，在成己（成就人自身）與成物（成就世界）的過
程中，一方面，每一主體都將他人視爲目的，另一方面，他人又爲自我的
成就提供了條件，由此，主體之間的關係也獲得了雙重性質：兩者既互爲
目的，又互爲手段。在這裡，主體之間的互爲手段與主客體關係中主體以
物件爲手段具有不同的價值內涵：前者以相互成就爲指向，後者則表現爲
單向的工具化。作爲主體之間相互成就的形式，主體之間的互爲手段顯然
並非僅僅呈現功利性的消極意義。從實踐智慧的視域看，實踐主體之間
的如上關係，乃是基於價值理性與工具理性、理論理性與實踐理性的交
融：以如上統一爲實質的內容，目的即體現於手段之中。不難注意到，
在這裡，手段並不僅僅呈現消極的性質，也不再單純地表現爲外在的工
具，它以目的（主體間相互成就）爲指向，並構成了目的實現的內在環
節，兩者（目的和手段）在成己與成物的過程中彼此滲入，相互交融。如
果說，與人同在主要從個體之維體現了實踐智慧的本體論規定，那麼，成
己與成物過程中的目的與手段之辨，則從實踐主體之間的關係上，進一步

突顯了實踐智慧的具體內涵與實踐意義。

　　以成己與成物爲指向，實踐智慧既展現了不同於形上之智的作用趨向，又非與之判然相分。相應於此，實踐智慧融合了理論理性與實踐理性，體現了說明世界與改變世界的統一。在制約和作用於實踐的過程中，實踐智慧既滲入了「應當成爲什麼」以及「應當做什麼」的價值關切，又包含「應當如何做」的理性判斷，既涉及「是什麼」（knowing that），也關乎「怎樣做」（knowing how）。基於「度」的觀念，實踐智慧進一步注重度量分界，由此溝通普遍的理論引導與具體的情景分析，並展示了獨特的方法論意蘊。相應於德性與能力的統一，實踐智慧以實踐主體的存在爲本體論前提，內在於人並與人同在。可以看到，在實踐智慧中，價值取向、知識經驗、行動定勢彼此交融，形成爲統一的觀念性形態，後者作爲存在的規定而凝結於實踐主體。在賦予智慧以實踐品格的同時，實踐智慧也爲實踐過程的合理展開提供了內在的擔保。

後記

　　我對行動和實踐問題的關注，可以回溯到二○○六年至二○○七年。那一段時間，我在斯坦福大學從事學術研究，對行動理論亦做了多方面的涉獵。不過，其間及此後幾年，我主要集中於意義及意義世界的思考。二○一○年初，在完成《成己與成物——意義世界的生成》一書之後，我的研究重心轉向行動與實踐之域，本書可以視為這方面思考的階段性結果。

　　與前此的幾種著作相近，本書的部分內容，也曾在華東師範大學哲學系博士研究生討論班上作過講授，討論班中的提問與回應，使我有機會對書中涉及的一些問題做進一步的闡釋。成書過程中，若干章節曾在《哲學研究》、《中國社會科學》、《學術月刊》、《文史哲》等刊物發表，由此，我對相關問題的思考，也從博士生討論班進一步走向討論班之外的學術共同體，後者同時也為更廣意義上對話和討論的展開提供了空間。

　　黃勇教授曾閱讀了全部書稿，並做了具體的評論，宗德生教授也閱讀了書稿中的二章並提出了相關意見。此外，郁振華、方旭東、陳贇、貢華南、劉梁劍、陳喬見諸位年輕學人也都曾通讀書稿，並從不同方面表達了他們的看法。所有這些評論、意見、看法都有助於對本書相關問題作更深入的思考，在此，謹深致謝忱。

楊國榮

國家圖書館出版品預行編目資料

人類行動與實踐智慧／楊國榮著. ——初版.
——臺北市：五南，2014.06
　面；　公分
ISBN 978-957-11-7618-5（平裝）
1.實踐哲學
100　　　　　　　　　　103007598

1BAR

人類行動與實踐智慧

作　　者－ 楊國榮

發 行 人－ 楊榮川

總 編 輯－ 王翠華

主　　編－ 陳姿穎

責任編輯－ 邱紫綾

封面設計－ 童安安

出 版 者－ 五南圖書出版股份有限公司

地　　址：106台北市大安區和平東路二段339號4樓

電　　話：(02) 2705-5066　　傳　　真：(02) 2706-6100

網　　址：http://www.wunan.com.tw

電子郵件：wunan@wunan.com.tw

劃撥帳號：01068953

戶　　名：五南圖書出版股份有限公司

台中市駐區辦公室/台中市中區中山路6號

電　　話：(04) 2223-0891　　傳　　真：(04) 2223-3549

高雄市駐區辦公室/高雄市新興區中山一路290號

電　　話：(07) 2358-702　　傳　　真：(07) 2350-236

法律顧問　林勝安律師事務所　林勝安律師

出版日期　2014年6月初版一刷

定　　價　新臺幣350元